交通运输类“十四五”创新教材

符合《海船船员培训大纲（2021版）》《海船船员考试大纲（2022版）》要求

U0881349

船舶操纵、避碰与驾驶台资源管理

主　编 ◉ 郑罗坤　程文阁
副主编 ◉ 金建元　郭会晓　李宇申
主　审 ◉ 代广树

航海技术专业

大连海事大学出版社
DALIAN MARITIME UNIVERSITY PRESS

ⓒ郑罗坤　程文阁　2024

图书在版编目(CIP)数据

船舶操纵、避碰与驾驶台资源管理 / 郑罗坤，程文阁主编. — 大连 ：大连海事大学出版社，2024. 12.
ISBN 978-7-5632-4617-5

Ⅰ. U675；U692.1

中国国家版本馆 CIP 数据核字第 2025T0X952 号

大连海事大学出版社出版

地址:大连市黄浦路523号 邮编:116026 电话:0411-84729665(营销部) 84729480(总编室)

http://press.dlmu.edu.cn　E-mail:dmupress@dlmu.edu.cn

大连金华光彩色印刷有限公司印装　　大连海事大学出版社发行

2024 年 12 月第 1 版　　2024 年 12 月第 1 次印刷

幅面尺寸:184 mm×260 mm　　印张:14.5

字数:323 千　　印数:1~2000 册

出版人:刘明凯

责任编辑:宋彩霞　　责任校对:杨玮璐

封面设计:张爱妮　　版式设计:张爱妮

ISBN 978-7-5632-4617-5　　定价:69.00 元

编者的话

在浩瀚无垠的海洋上，船舶作为连接世界的重要纽带，承载着人类探索未知的梦想。然而，海洋的广袤与海洋环境的复杂多变，也对船舶的安全航行提出了极高的要求。船舶操纵、避碰与驾驶台资源管理，作为确保船舶航行安全的三大支柱，其重要性不言而喻。正是基于这一认识，我们精心编写了《船舶操纵、避碰与驾驶台资源管理》一书，旨在为广大的航海从业者、航海教育者及航海爱好者提供一本全面、系统、实用的学习与参考指南。

本书分为两大模块：理论篇与实操篇。理论篇从驾驶台资源管理的初识开始，逐步深入，探讨了驾驶台团队及其作用、船舶沟通与通信、驾驶台团队领导力和决策力、驾驶台情景意识的获得与保持、减少人为因素影响、增强自动化意识等关键议题。这些章节不仅阐述了相关理论概念，还结合了大量航海实践中的真实案例，使读者能够更直观地理解并掌握这些理论知识。实操篇则更加注重技能方面的训练与实践，从驾驶台的熟悉到航次计划的制订与执行，再到海上航行的各种方法与应急操作程序，本书都进行了详尽的介绍。特别是针对船舶在狭水道、分道通航制航行，以及在互见与能见度不良时的避碰行动，本书不仅提供了理论上的指导，还结合实际操作中的难点与疑点，给出了切实可行的解决方案。此外，对于船舶应急操作程序，本书也进行了全面的梳理与归纳，帮助读者在紧急情况下能够迅速、准确地采取行动，最大限度地保障船舶与人员的安全。

在本书的编写过程中，我们特别注重内容的实用性与可操作性。每一章节都力求做到条理清晰、逻辑严密，同时配以丰富的图表与案例，使读者能够边学边练，不断提高自己的航海技能与综合素质。此外，我们还特别邀请了多位具有丰富航海经验的船长与专家参与本书的审稿与修订工作，确保书中的内容与当前航海实践紧密贴合，具有较强的指导意义与实用价值。

本书由天津海运职业学院郑罗坤、程文阁担任主编；中国海事服务中心金建元，天津海运职业学院郭会晓、李字申担任副主编；天津海运职业学院代广树担任主审；天津海运职业学院张如凯、吴泽亮，南京航运职业技术学院赵默洋，山东理工职业学院崔少华参与了本书的编写。全书由郑罗坤统稿。在此，我们要感谢所有为本书编写提供支持和帮助的人员和机构，感谢他们的辛勤付出和无私奉献，使得本书能够顺利出版。

我们衷心希望，通过本书的学习，读者能够不断提高自己的航海技能与综合素质，为船舶的安全航行贡献自己的力量。同时，我们也期待本书能够成为航海教育领域的一部经典之作，为培养更多优秀的航海人才贡献力量。让我们携手共进，共同开创航海事业的美好未来！

编者
2024 年 9 月

目录

CONTENT

模块一 理论篇

模块二 实操篇

模块一

理论篇

知识图谱

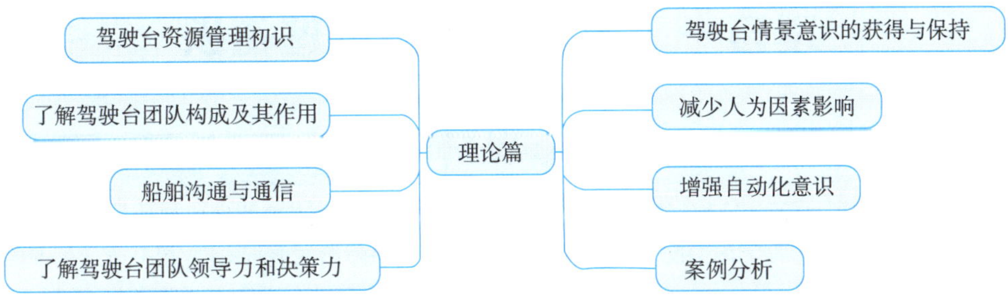

驾驶台资源管理(Bridge Resource Management,BRM)是针对避免人为失误而协调、利用驾驶台所有人员的技能、知识、经验和驾驶台及以外的其他资源,帮助驾驶台班组完成和达到预期的船舶营运的安全性和有效性的管理方式。国际海事组织(IMO)在1995修订的STCW 78/95公约的B-Ⅷ/2部分中强调了船舶驾驶人员组合工作的重要性,并指出:“参加驾驶台团队工作的人员必须由足够的、称职的和不同职级的航海人员组成,他们必须分工明确、任务到人,相互之间的对话与联系应明确无误,能随时对环境与局面的变化做出及时反应和采取有效的措施。”

在STCW 78/95公约中,驾驶台资源管理被列于STCW规则的B部分,这部分内容属于建议和指导。尽管此部分在STCW公约中并非强制执行条款,然而,鉴于船员国际化和航运国际化的发展趋势,我们必须紧跟形势。一方面,要充分认识到该条款在公约中所具有的建议性、推荐性与指导性意义;另一方面,要看到驾驶台资源管理为促进船舶海上航行安全提供了有力保障。与此同时,还应关注这一部分规定的实施会对我国船员走向国际舞台产生何种影响。因此,驾驶台资源管理条款的履约程度,不仅体现了国家海洋兴国、建设海洋强国的决心,更反映出一个国家的履约意识。

2010年,IMO在新修订的《STCW公约马尼拉修正案》中,把驾驶台资源管理作为强制性适任标准列入要求,放在表A-Ⅱ/1操作级中(500总吨或以上船舶负责航行值班的高级船员的最低适任标准),且在第Ⅱ章“船长和甲板部”人员适任能力的主要修正内容中新增“领导和团队工作技能的使用(操作级)”“领导力和管理技能的使用(管理级)”两项强制性适任要求。这一变化进一步表明“驾驶台资源管理”在当今船舶营运与人员适任中的重要性。

驾驶台资源管理强调的是船舶驾驶人员在团队形成,团队工作,联系与沟通,领导、决策和管理等方面的技术,并将这一技术运用到有组织和有规律的管理之中。驾驶台资源管理着眼于操作性任务、工作压力、工作态度以及实际风险,并贯穿于航行计划开始、执行和结束的全过程。

驾驶台团队通过对各种资源的有效控制和组织,可提高船舶安全管理水平,减少人为失误,确保船舶及其人员、货物和环境的安全。

项目一　驾驶台资源管理初识

<table>
<tr><td>项目主题</td><td>驾驶台资源管理</td><td>计划学时</td><td>2 学时</td></tr>
<tr><td>项目导读</td><td colspan="3">本项目的核心任务是深入且全面地了解驾驶台资源管理的组成架构,包括人员、设备、信息等资源的配置与协调机制,明晰其在保障船舶航行安全、提升营运效率方面的关键作用。通过对本项目的学习与实践,掌握驾驶台团队在团队形成、工作、联系与沟通、领导决策和管理等环节的工作技术与方法,提升在实际航行中应对操作性任务、工作压力以及实际风险的能力,能够将驾驶台资源管理理念与技术贯穿于航行计划的开始、执行和结束的全过程,最终提升船舶驾驶人员的综合管理素养与团队协作水平,以适应国际化航运对安全与高效运营的严格要求</td></tr>
<tr><td>学习目标</td><td colspan="3">(1)学习驾驶台资源管理的组成及作用。
(2)理解并能阐述驾驶台资源管理的目的。
(3)培养学员成为精益求精、合作共赢的技能型人才</td></tr>
<tr><td>知识结构</td><td colspan="3">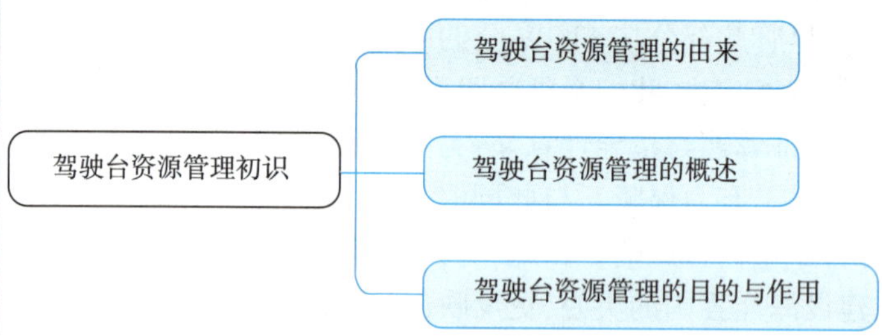</td></tr>
<tr><td>学习重难点</td><td colspan="3">重点:驾驶台资源管理的组成及作用
难点:驾驶台资源管理的作用</td></tr>
<tr><td>考核方式</td><td colspan="3">通过对模块资源的学习,掌握相关内容,积极参与讨论,完成相关作业和测试</td></tr>
</table>

任务须知

一、驾驶台资源管理的由来

驾驶台资源管理作为一个综合性较强的领域,融合了不同学科的知识与技术,通过各学科之间相互融合,为船舶驾驶台的高效运作提供了系统的理论与方法支撑。它并非传统意义上单一学科的线性发展,而是跨越多领域,集航海技术、船舶工程、管理学、心理学等多学科精华,最终汇集成的一套旨在优化驾驶台人力、信息、设备等各类资源配置,保障船舶航行安全与高效运营的知识体系。为保证航空安全,北欧航空公司探索行为管理科学在飞机驾驶员座舱的应用,成功创建了飞机驾驶员座舱资源管理(Cockpit Resource Management,CRM)。CRM 提倡标准操作程序,飞机驾驶员之间的工作更加协调,从而使得由于飞机驾驶员的管理错误而导致的事故比例由原来的 71%下降到 33%。

20 世纪 70 年代,北欧的瑞典、挪威、芬兰等国家借鉴 CRM 的成功经验,将其应用到航海领域。各大船公司最早提出了船舶驾驶台团队工作(Bridge Team Work,BTW)的概念,并将其列为各公司船员上船前的重要培训项目。这一培训项目后来改名为船舶驾驶台团队管理(Bridge Team Management,BTM),并增加了若干内容,最后定名为船舶驾驶台资源管理(Bridge Resource Management,BRM),并再次扩大了培训的内容和范围,除了驾驶人员外,轮机部的轮机长也要参加培训。之后在不断的提议下,IMO 将该项目加入"STCW 78/95 公约"B 部分(建议和指导)。

2007 年 1 月 22—26 日,船员培训和值班标准分委会(STW)第 38 次会议向海上安全委员会(MSC)提交的报告中,新加坡提出在 STCW 规则第 B-Ⅷ/2 部分添加建议船公司根据 BRM 原则为船长和高级船员制定指南。

2008 年 3 月 3—7 日,在 STW 会议向 MSC 提交的报告中,新加坡又建议将修订的 STCW 规则的 BRM 关键要素纳入 A-Ⅱ/1 和 A-Ⅱ/2 部分作为强制性要求;在这次会议上,美国也重点强调了将 BRM 纳入新修订的 STCW 规则 A-Ⅱ/1 部分。

2009 年 2 月 2—6 日,在伦敦召开的 STW 第 40 次会议上,工作组同意将 BRM 同机舱资源管理(Engine Room Resource Management,ERM)一起移入 A 部分,作为强制性要求。

2010 年 6 月,IMO 在马尼拉召开 STCW 公约缔约国大会,通过了《STCW 公约马尼拉修正案》,该修正案于 2012 年 1 月 1 日生效。其首次将参与驾驶台资源管理和机舱资源管理课程列入强制性适任标准范畴。这是 IMO 在研究人为因素对航行安全的影响的议题下提出的一种有效措施。

与 STCW 78/95 公约相比较,该修正案:

(1)明确了管理级和操作级的适任要求,即"领导和团队工作技能的运用""领导力和管理技能的运用"。

(2)增加了新的内容,即船上人员管理任务和工作量管理、有效资源运用的管理、决策技能的运用等方面的知识和能力。

二、驾驶台资源管理的概述

(一)驾驶台资源管理的概念

按照IMO的定义,驾驶台资源管理是指协调和利用驾驶台所有人员的技能、知识、经验和驾驶台及以外的其他资源,帮助驾驶台班组完成和达到预期的船舶营运安全性和有效性,也称为船舶驾驶台团队管理。船长、驾驶员等对驾驶台工作环境内可供利用的资源进行控制、管理、协调和组织,以保证船舶航行安全。

在STCW公约2010修正案中,表A-Ⅱ/1的第2栏对于BRM原则的介绍如下:资源的分配、分派和优先排序,有效的交流,决断力和领导力,情景意识的获得和保持,考虑团队的经验。

在STCW公约2010修正案中,表A-Ⅱ/1的第4栏关于BRM的评价标准如下:根据需要,按正确的优先顺序分配和分派资源,以执行必要任务;交流清晰,无歧义;有疑问的决定和/或行动受到适当质疑和反应认同有效的领导力;团队成员对当前和预测的船舶状态、航路和外部环境有着共同的准确理解。

(二)驾驶台资源管理的对象与组成

1.驾驶台资源管理的对象

驾驶台资源管理的对象是船舶驾驶台团队和驾驶台团队可利用的资源,目的是船舶航行的安全和效率。其中船舶驾驶台团队包括船长、大副、二副、三副、值班水手、在船的引航员以及值班的轮机员。团队的所有成员需持有相应的船员适任证书和国际海事公约规定科目的培训证明。驾驶台团队可利用的资源既包括在船工作船员的技能与经验等,也包括船舶上设备、仪器、物品、备件等硬件部分,还包括公司的规章制度、船长命令簿、手册、指导书、海图、地理信息、气象信息、船舶应急预案等软件部分,以及船舶所处港口指令、公司指令和搜救中心指令等陆上支援。

BRM的内容围绕人、船舶、环境中的各种因素,其中以人为因素最为重要,主要考虑以下关键性因素:

B——Bridge(驾驶台):船舶驾驶员、舵工、引航员的工作场所。

R——Resource(资源):包括人力资源、物质资源、信息资源和其他资源。

M——Management(管理):协调运用人、船舶、环境中可能利用的一切资源,并对其进行适当分配和排序,以达到管理目标。

2.驾驶台资源管理的组成(如图1-1-1所示)

虽然船舶事故是由人、船舶、环境、管理等多因素综合作用导致的,很难判定某一单独因素为主因,但人为因素在众多船舶事故中占据显著比重。大量事故源于船员失误引发一系列失误链,最终致使船舶事故发生。因此,为减少和预防船舶事故的发生,必须明确人为因素的影响,船舶驾驶人员需准确了解船舶周围的各种情况,对船舶安全航行做出周全计划,提高安全意识与工作积极性,丰富安全业务知识,利用集体智慧和力量共筑安全防线。

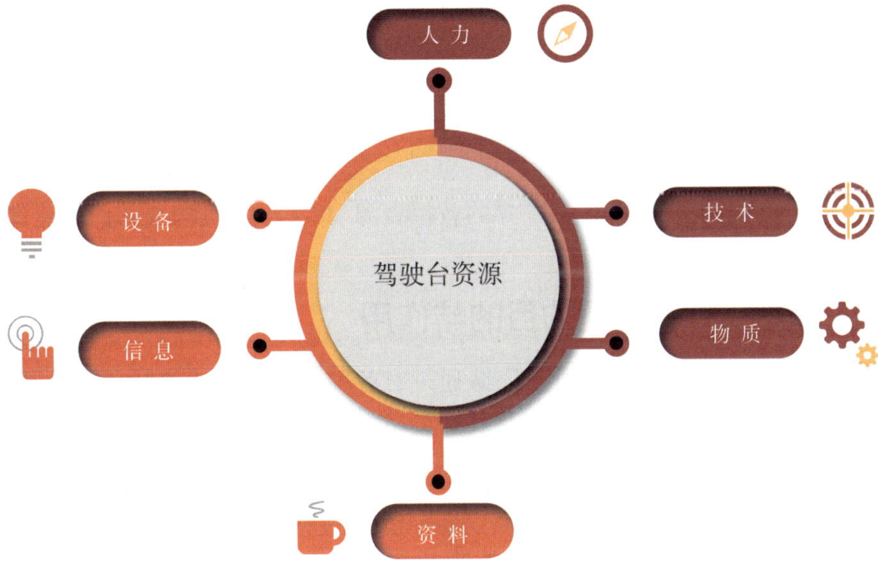

图 1-1-1 驾驶台资源的组成

通常情况下,驾驶台资源按照其重要程度降序排列为人力资源、物质资源、信息资源以及其他资源。

①人力资源包括整个驾驶台团队成员,包括船舶船长、驾驶台值班人员、轮机值班人员、在船引航员等,也包括岸基管理人员和操作人员。

②物质资源包括船舶的各种设备、仪器资源,如驾驶台的导助航设施,主、辅机系统,操纵系统,内、外部的通信系统,航海图书资料,各种机械设备和用品等涉及安全的所有设施与设备,也包括船舶靠离泊位作业过程中所需要的拖船或带缆艇等。

③信息资源是指通过各种手段和方法能够获得的保障船舶安全和营运效率的各种信息和资料,包括航海通告、无线电航行警告、天气预报、冰情预报、VTS、海岸雷达站提供的信息等。

④其他资源是指未包括在上述资源内的资源,如外部救援资源、相关部门提供的支持资源等。

驾驶台资源也可分为内部资源与外部资源。

①内部资源可以认为是船舶本身的资源,主要包括驾驶台团队(驾驶台团队包括船长、大副、二副、三副、值班水手、在船引航员以及值班轮机员等),驾驶台的导助航设施,主、辅机系统,操纵系统,内部,外部的通信系统,航海图书资料,各种机械设备和用品等涉及安全的所有设施与设备,船舶本身可以获得的信息等。

②外部资源包括陆上信息支援系统、港口支援系统、航运公司支援系统和其他相关部门的支援资源。

陆上信息支援资源是指通过船舶 AIS、NAVTEX 接收机、甚高频(VHF)、气象传真接收机、船舶数字气象仪、卫星通信等设备,由陆上定期向航行中的船舶提供海洋水文气象信息、地理信息、气象导航信息等。

港口支援资源是指为加强船舶交通管理,保障船舶交通安全,提高船舶交通效率,保护水域环境而由船舶交通管理部门发布的各种信息。

航运公司支援资源是指航运公司航行安全保障人员定期召开船舶航行安全会议,研究保证航行安全的策略、分析总结发生事故的原因及对策,并将相关内容通过通信方式传送至公司管理的每艘船舶。

其他相关部门的支援资源包括外界的救援资源、相关应急机构或部门的建议和指导等。

三、驾驶台资源管理的目的与作用

船舶驾驶台资源管理是指驾驶台团队通过对各种资源的有效控制和组织,提高船舶安全管理,减少人为失误,确保船舶及其人员、货物和环境的安全。驾驶台资源管理的目的和作用主要体现在以下各点:

(一)转变思想理念,端正工作态度,避免疲劳值班

通过有计划、有组织、有控制、有激励、有协调、有创新性的资源管理,将船舶的安全管理水平提升到一个新台阶,改变思想理念、端正工作态度,同时正确处理工作压力和有效使用消除疲劳的方法,避免疲劳值班。

(二)充分利用一切驾驶台资源,团队合作、一致性行动

通过有效的驾驶台资源管理,对资源进行合理的分配和排序,充分利用所有的驾驶台资源,提高团队成员的知识和技术水平,让每一名成员都能充分认识到驾驶台团队工作的必要性,并在明确自己职责和义务的基础上,协调好相互之间的关系,共同协作,做好船舶安全工作。

(三)保持情景意识,及时发现和终止失误链与事故链

通过有效的驾驶台资源管理,能正确认识和了解各种内、外界因素对船舶航行安全的影响,始终保持高度的情景意识,对即将发生的情况或局面做出正确的判断,检查和监督其他驾驶台成员所采取的操作行动,注意这些行动对船舶航行安全的影响;利用集体的智慧和团队合作,避免因人为失误而做出错误的选择和决策,规避风险。

正确了解船舶周围的情况,认识每一个失误链或事故链的形成过程与迹象,并能采取相应的措施,及时破断失误链或事故链,以中止失误链或事件链的发展和避免事故的发生。

(四)注重不同文化意识与背景,保持良好有效的通信与交流

船舶驾驶人员的实际工作涉及不同国家、不同地域、不同公司的船舶与人员。来自不同国家、不同地域的船员在他们各自的工作中经常体现出多元文化意识的特点,并对船舶安全工作的实际操作产生一定的影响。注重文化意识与背景,保持良好的沟通与交流,通过始终贯穿人性化管理的理念,加强对彼此文化意识的理解与尊重,从而保证船舶安全航行。

船舶之间的有效通信和人员之间良好的交流、沟通是船舶安全航行的基本保证之一。船舶驾驶人员应意识到船舶通信与人员交流、沟通的重要性,特别应注重相关人员

之间的文化背景差异，采用尊重、理解、学习等态度化解在信息沟通方面的障碍。采取多种有效的手段，加强内、外部的通信与交流，积极协调与 VTS 管理中心、码头泊位和港作拖船等多方外界之间的各种工作关系，从而有序地协调各方，共同安全地完成船舶航行各项工作任务。

（五）改进管理作风，提高操纵决策水平和应变能力

良好的驾驶台资源管理，有利于明确驾驶台团队工作的要求，使各成员在该团队中摆正自己的位置，并充分发挥团队成员的作用，依靠团队成员集体的智慧和力量，认真地收集信息资料，正确地操纵船舶。特别是在关键时刻或发生紧急情况的时刻，整个团队成员应能在船长的统一指挥下，积极果断地采取措施，防止事故的发生。

（六）有效执行规章制度与操作程序，提高船舶应急处理的技能

通过有效的驾驶台资源管理，合理使用驾驶台的人力和设备资源，可以使每一名团队成员充分认识到认真执行规章制度与操作程序的必要性与重要性，确保船舶在航行与靠离泊等作业中的安全。同时，通过有效的驾驶台资源管理，每一名团队成员可做到熟悉和掌握各种不同紧急情况与局面下的应急处理方法，提高应对能力。

课后作业

一、主题研讨

探讨船舶驾驶台资源管理的重要性及实施策略，分析其在提高航行安全与效率中的作用。

二、线下作业

简述船舶驾驶台资源管理的基本要素，并举例说明如何在实际操作中应用这些要素。

驾驶台资源管理的概念、目的和作用

项目二　了解驾驶台团队及其作用

项目主题	了解驾驶台团队及其作用	计划学时	2 学时
项目导读	本项目的核心任务是预防和减少船舶事故的发生。鉴于世界上超过 80% 的船舶事故是由人为失误引发的,且人为失误易形成失误链导致事故,故需着重减少人为失误。具体而言,要精准识别每一个失误链和事故链的形成过程与迹象,及时采取有效措施,阻断其产生与发展,避免事故发生。 同时,充分发挥驾驶台团队的作用至关重要。通过凝聚团队集体智慧,发挥各成员的专长,全面提升安全意识,降低或杜绝人为失误,从根本上规避船舶事故。此外,还需深入了解驾驶台团队的组成及特征,优化团队协作,使其在保障船舶安全航行中发挥最大效能,确保航运安全、高效和稳定		
学习目标	(1)认知驾驶台团队的组成及特征。 (2)学习驾驶台团队成员的职责及相互之间的影响。 (3)发挥团队成员才能,团结、合作、共赢		
知识结构	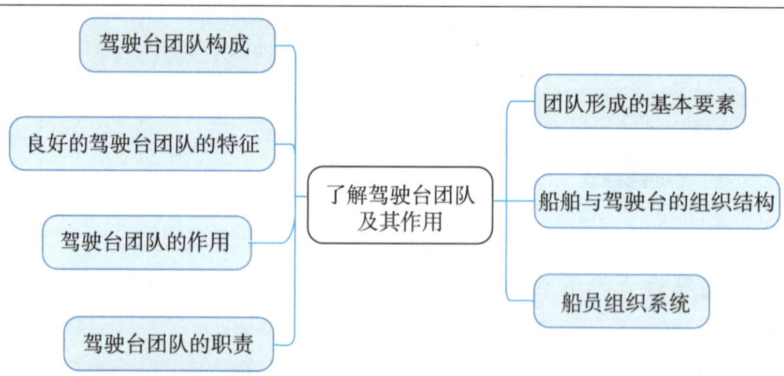		
学习重难点	重点:驾驶台团队的组成及特征 难点:驾驶台团队成员的职责及相互之间的影响		
考核方式	通过对模块资源的学习,掌握相关内容,积极参与讨论,完成相关作业和测试		

任务须知

驾驶台团队利用团队的集体智慧和力量，发挥各个团队成员的特长，提高安全意识，减少人为失误，从而减少或避免事故的发生。

一、驾驶台团队构成

驾驶台团队包括组成或协助驾驶台值班的所有成员，通常由船长、引航员、值班驾驶员、值班水手、值班轮机员和值班机工组成，组织结构如图 1-2-1 所示。

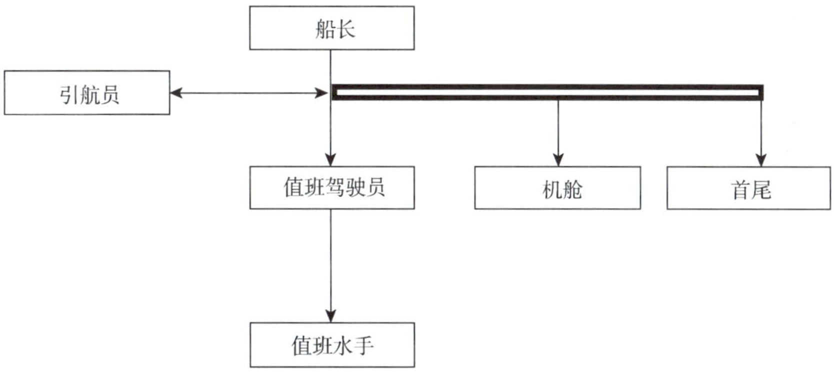

图 1-2-1 驾驶台团队构成

STCW 规则 B-Ⅷ/2 部分中强调了船舶驾驶台团队工作的重要性，并指出："参加驾驶台团队工作的人员必须由足够的、称职的和不同职级的航海人员组成，他们必须分工明确、任务到人，各人之间的对话与联系应明确无误，集中精力工作，能随时对环境与局面的变化做出及时反应和采取有效的措施。"

二、良好的驾驶台团队的特征

一个成熟的、良好的驾驶台团队应具备下列特征：

（一）明确的目标

驾驶台团队应对于要达到的目标有清楚的了解，并坚信这一目标包含着重大的意义和价值。而且，这种目标的重要性激励着团队成员把个人目标升华到团队目标。驾驶台人员的共同目标就是通过安全操纵和控制船舶，把货物或旅客从一个港口安全、高效地运抵另一港口，大家都是为了这一共同目标而努力工作，从而形成了一个特定的团队。

（二）相关的技能

驾驶台团队是由一群有特定能力的成员组成的。他们具备实现理想目标所必需的技术和能力，而且相互之间能够良好合作，从而能够出色完成任务。

（三）良好的沟通、一致的承诺

驾驶台团队成员通过畅通的渠道交换信息，同时与外界保持联系与合作的畅通。一致的承诺表现为对团队目标的奉献精神，愿意为实现这个目标而调动和发挥自己的最大潜能。对于良好的驾驶台团队而言，每一成员不仅需要充分利用自己的才能和技巧来完成既定的共同目标,防止任何人孤立地工作,而且要能够与包括轮机员、引航员、拖船船员、带缆工等在内的第三方良好协作。

(四)有效的领导

有效的领导能够让团队跟随自己共同度过最艰难的时期,因为他能为团队指明前途所在。他向成员阐明即将面临的变革及其带来的机遇,鼓舞团队成员充满自信,帮助他们更充分地了解自己的潜力。优秀的领导者不一定时时指示或控制,高效团队的领导者往往担任的是教练和后盾的角色,他们对团队提供指导和支持,但并不试图去控制它。作为驾驶台团队工作第一负责人的船长,有义务根据公司的目标与要求来确定自己船舶的工作目标。但在确定这些工作目标的具体内容时,应与相关的团队成员进行充分的讨论,并制订出详细的实施计划,以确保工作目标的顺利实现。

(五)相互信任

成员间相互信任是团队的显著特征,这就是说,每个成员对其他成员的行为和能力都深信不疑。为了真正做好船舶的各项工作,每个驾驶台团队成员应在工作中体现出自己对于团队的归属感,特别是在涉及船舶安全工作相关问题时或在关键时刻,团队成员应能主动提出自己的观点,并发表有益于船舶团队工作的意见与评论。

三、驾驶台团队的作用

驾驶台团队的作用主要包括:

(1)消除由于个人失误而可能造成灾难性局面的危险性;

(2)强调保持良好视觉瞭望的必要性和执行避碰相关规则的必要性;

(3)鼓励利用所有方法确定船位,以便在一种方法失效的情况下有其他方法立即可用;

(4)促使驾驶台团队的每位成员充分发挥自己的能力,竭尽全力履行其职责;

(5)保持驾驶台团队良好的情景意识。

四、驾驶台团队的职责

驾驶台团队的职责如表 1-2-1 所示。

表 1-2-1 驾驶台团队的职责

团队人员	职责内容
船长	船长是驾驶台团队的核心,作为领导者、决策者,其在驾驶台团队中需要担任协调者、创新者、监督者、凝聚者、完美者以及技术专家等角色,其主要的职责包括:开航前准备、安全航行、到港前准备、进出港口安全操作、应急管理和响应等
值班驾驶员	值班驾驶员作为驾驶台团队的核心成员,是船长的值班代表,在团队中需要担任实干者、协调者、推进者、创新者、信息者、监督者、完美者以及技术专家等角色,其职责包括:航行值班、港内值班、驾驶台管理、人机管理、值班过程中的通信联络等

续表

团队人员	职责内容
引航员	在引航时，引航员将作为驾驶台团队的一名主要成员，参与驾驶台团队工作，其在团队中担任实干者、协调者、创新者、信息者、完美者以及技术专家等角色。引航员在船时，船长仍对船舶安全负有责任。在引航员缺乏经验或判断有误的情况下，船长有责任、权利和义务行使船舶的指挥权
其他人员	驾驶台团队的其他人员如机舱值班人员、值班水手、值班机工等，将在团队中担任实干者、推进者、创新者、完美者等角色，并按照其分工履行其职责

五、团队形成的基本要素

团队是由两个或两个以上的人组成的，通过彼此之间的相互影响、相互作用，在行为上有共同规范的一种介于组织与个人之间的组织形态。其重要特点是，团队内成员间在心理上有一定的联系，彼此之间相互影响。团队形成的基本要素如下：

(1)成员有着共同的目标。共同的目标是团队存在的基石，团队成员需要有一个清晰、明确且共同认可的目标。这个目标不仅是团队努力的方向，也是团队成员个人奋斗的动力源泉，激励着每个成员为之付出努力，并在过程中形成合力，共同推动团队向前发展。

(2)成员之间相互依赖。团队成员之间需要建立一种相互依赖的关系。这种依赖不仅体现在任务分工上，更体现在相互支持和协作上。每个成员都明白，自己的成功离不开团队的支持，团队的成功也需要每个成员的共同努力。因此，他们愿意相互帮助，共同面对挑战和困难。

(3)成员具有团队意识。团队意识是团队成员对团队的一种归属感和认同感。它使每个成员都能够将自己视为团队的一部分，与团队同呼吸、共命运。具有团队意识的成员会更加注重团队的整体利益，愿意为团队的共同目标付出努力，并在团队中发挥自己的作用。

(4)成员具有责任心。责任心是团队成员对自己职责和任务的一种担当和承诺。它要求每个成员都能够认真履行自己的职责，确保任务的顺利完成。同时，责任心也体现在对团队成果的关注和贡献上。具有责任心的成员会时刻关注团队的发展状况，积极提出建设性意见，为团队的进步贡献自己的力量。

六、船舶与驾驶台的组织结构

在管理学中，组织的涵义可以从静态与动态两个方面来理解。从静态方面看，组织的涵义为组织结构，即反映人、职位、任务以及它们之间的特定关系的网络。这一网络可以把分工的范围、程度、相互之间的协调配合关系、各自的任务和职责等用部门和层次的方式确定下来，成为组织的框架体系。从动态方面看，组织的涵义为维持与变革组织结构，以完成组织目标的过程。通过组织机构的建立与变革，将生产经营活动的各个要素、各个环节，从时间上、空间上科学地组织起来，使每个成员都能接受领导、协调行动，从而产生新的大于个人和小集体功能简单加总的整体职能。

组织的类型，一般有非正式组织与正式组织之分。其中，正式组织一般指组织中体现组织目标所规定的成员之间职责的组织体系。我们一般谈到的组织都是指正式组织。在正式组织中，其成员保持着形式上的协作关系，以完成企业目标为行动的出发点和归宿点。非正式组织是在共同的工作中自发形成的，具有共同情感的团体。非正式组织形成的原因很多，如：工作关系、兴趣爱好关系、血缘关系等。非正式组织常出于某些情感的要求而采取共同的行动。

组织的主要形式有直线式组织结构（如图 1-2-2 所示）、职能式组织结构（如图 1-2-3 所示）、直线职能式组织结构（如图 1-2-4 所示）、矩阵式组织结构（如图 1-2-5 所示）、事业部组织结构（如图 1-2-6 所示）、控股公司组织结构（产权关系）、网络型组织结构（契约关系）。

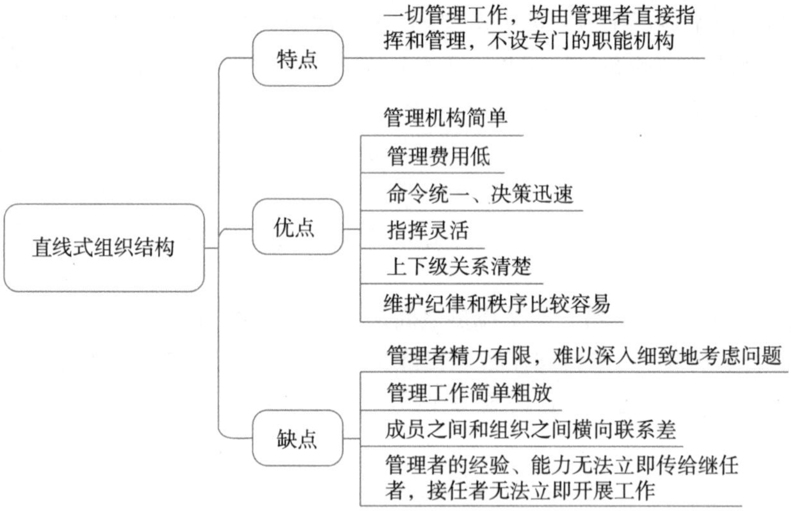

图 1-2-2　直线式组织结构

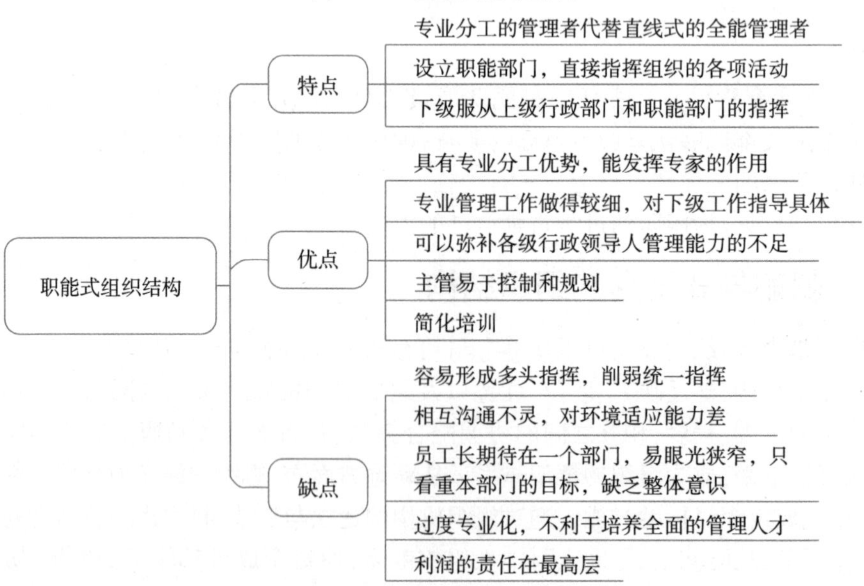

图 1-2-3　职能式组织结构

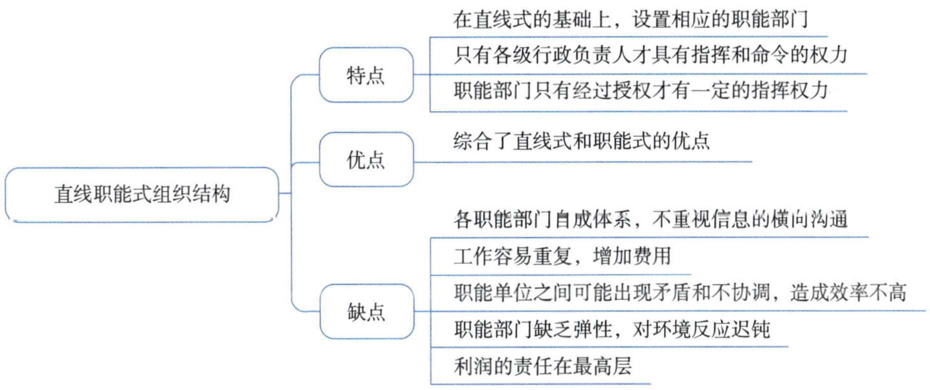

图 1-2-4　**直线职能式组织结构**

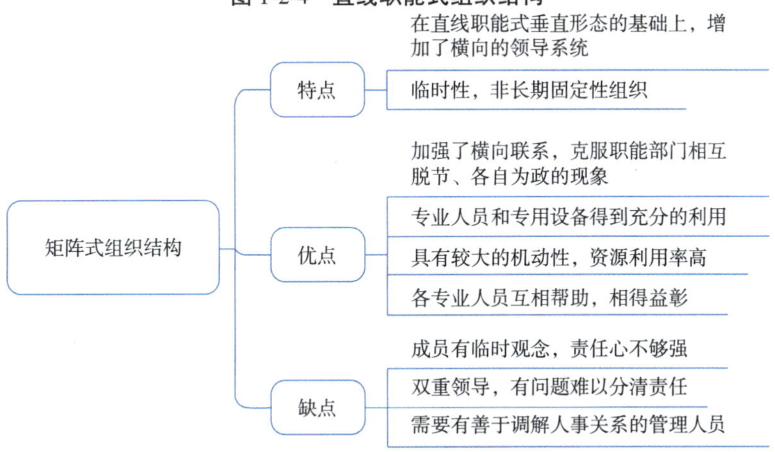

图 1-2-5　**矩阵式组织结构**

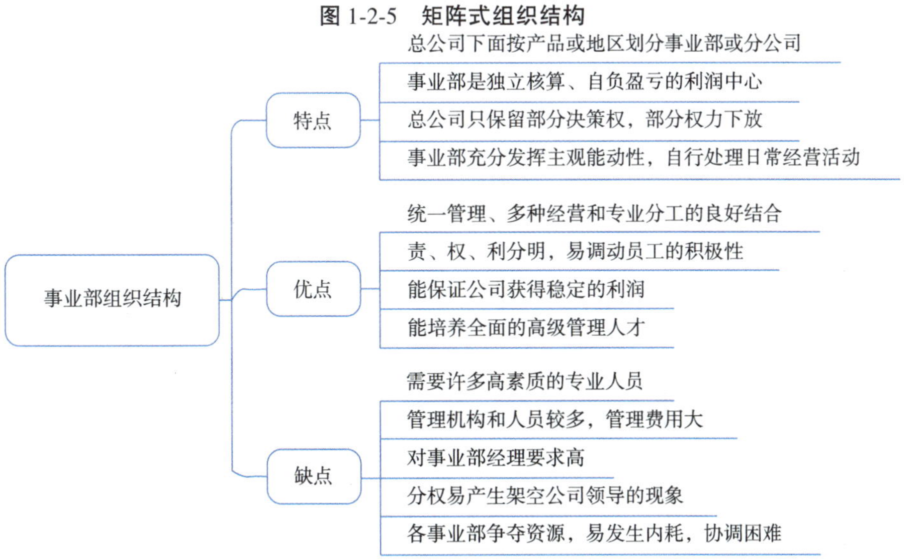

图 1-2-6　**事业部组织结构**

大部分组织结构非常复杂，不便于用语言叙述。因此，管理人员常常用组织结构图的形式将组织结构中的功能、部门、职位及其之间的相互关系展示出来。如图1-2-7 所示是典型货船组织结构图。

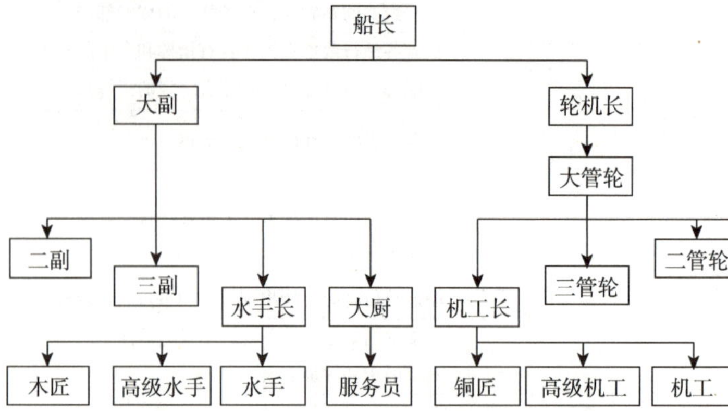

图 1-2-7　典型货船组织结构图

七、船员组织系统

船员组织系统分为甲板部、轮机部和事务部。每个部门都有明确的岗位分工。

（一）甲板部

甲板部主要负责船舶航行、船体保养和船舶营运中的货物积载、设备装卸、货物照管；主管驾驶设备，包括导航仪器、信号设备、航海图书资料和通信设备；负责救生、消防、堵漏器材的管理；主管舱、锚、系缆和装卸设备的一般保养；负责货舱系统和舱外淡水、压载水和污水系统的使用和处理。

（二）轮机部

轮机部主要负责主机、锅炉、辅机及各类机电设备的管理、使用和维护保养；负责全船电力系统的管理和维护工作。

（三）事务部

事务部主要负责全船人员的伙食、生活服务工作和财务工作。

课后作业

驾驶台团队及其作用

一、主题研讨

探讨船舶驾驶台团队成员的构成，并分析各成员在船舶航行中的具体作用与职责。

二、线下作业

简述船舶驾驶台团队在航行安全、资源管理、团队协作等方面的作用。

项目三　船舶沟通与通信

项目主题	沟通与通信	计划学时	2学时
项目导读	本项目聚焦船舶沟通与通信。船上沟通方式较为多元,有船员间语言、联络簿文字及肢体语言沟通等。船与船、岸通信依赖无线电、卫星等电子设备。为保障驾驶台团队的高效运作及船舶航行、操纵安全,团队成员需进行有效的内外沟通与通信。本项目的主要任务是明晰船舶各类沟通与通信的方式,掌握其运用要点,提升团队协作水平,筑牢船舶安全运营的沟通基石。		
学习目标	(1)学习驾驶台团队成员之间沟通的方式及有效性。 (2)理解驾驶台成员间通信的程序。 (3)明确沟通与通信的重要性		
知识结构	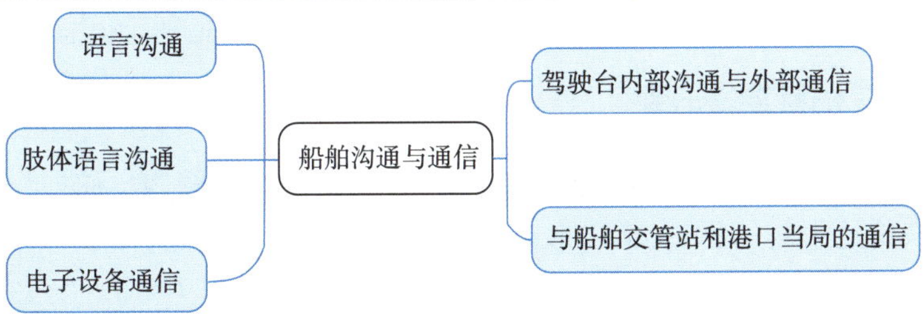		
学习重难点	船舶通信		
考核方式	通过对模块资源的学习,掌握相关内容,积极参与讨论,完成相关作业和测试		

任务须知

船上沟通方式包括船员之间的语言沟通、肢体语言沟通和联络簿的文字沟通等。本船与他船、岸上之间的通信主要依靠船上电子设备,包括无线电通信、卫星通信等。

一、语言沟通

语言沟通是人类特有的一种有效的沟通方式。语言沟通包括口头语言沟通、书面语言沟通、图片或者图形沟通。

(一)口头语言沟通

口头语言沟通包括面对面的谈话、开会等。

(二)书面语言沟通

书面语言沟通包括信函、广告、传真和 E-mail 等。

(三)图片或图形沟通

图片或图形沟通包括通过图片、图形文字、幻灯片等媒介而进行的沟通。

在沟通过程中,语言沟通对于思想和情感的传递而言,更利于信息的传递。

二、肢体语言沟通

狭义的肢体语言沟通,具体是指通过头、眼、颈、手、肘、臂、身、胯、足等人体部位的协调活动来传达人物的思想,借以形象地表情达意的一种沟通方式。而广义的肢体语言沟通还包括面部表情、语言声调等。

三、电子设备通信

人与人之间可借助网络、UHF、VHF、电话、传真、电传或其他电子设备等媒介交换信息。这是船舶间、船舶与岸站间的主要通信方式,港内操船时驾驶台与船舶首、尾间也采用该方式。

四、驾驶台内部沟通与外部通信

为了保证驾驶台团队的高效率工作,保证船舶航行和操纵的安全,驾驶台团队成员应该进行有效的内部沟通与外部通信。内部沟通包括航前会,驾驶台与机舱的联系制度,驾驶台与船首、船尾的沟通,船长与驾驶员的信息交换,引航员在船时船长与引航员之间的信息交换和沟通,驾驶员交接班等。外部通信主要包括与他船、VTS、引航站、代理公司、船公司的联系及船舶报告系统等。

任何干扰船上沟通或者影响船舶通信有效性的现象都属于船舶沟通与通信障碍,应采取相应措施防止上述现象发生,否则船舶将面临危险的局面。

为了做到有效的驾驶台沟通与通信,必须明确沟通与通信的目的,选择有效的沟通方式,准确、清晰地使用标准词语或短语,并使用标准的沟通与通信程序。

（一）明确驾驶台沟通与通信的目的

明确驾驶台沟通与通信的目的可以确保沟通与通信的充分性和有效性。管理级船员在船内沟通或者船舶通信之前，必须确定本次驾驶台通信或者沟通达到的目的，使用什么方式，提前需做好的准备，最好用文字的形式描述清楚。在驾驶台沟通或者通信时，相关人员应当言简意赅，使用标准航海用语，争取短时间内完成，并做好相应记录。

（二）选择有效的沟通方式

使用语言沟通可能出现信息被曲解的情况，因此船长或引航员的一个良好习惯就是当发出车/舵令时，辅以相应的手势，使值班驾驶员或舵工更易于明确他们的意图，而不致产生失误。他们更应该通过各种反馈途径来检验沟通的有效性，包括要求值班驾驶员或舵工复述车/舵令及核对车钟和舵角指示器等。

船上的许多操作是特殊性甚至是临界性操作，每项操作都需划分成若干操作步骤，每个步骤都需要各自的操作程序，而文字更适合描述这种工作，因此驾驶台团队成员间经常使用文字沟通。就符合有关国际规定的安全管理体系而言，这些文字也是重要的安全管理活动记录。

（三）使用标准词语进行船舶通信

为了保证通信内容能够在发送方和接收方间不产生歧义，通信使用的语言既要表达清楚，又要言简意赅。为了做到这一点，进行船舶通信时应使用标准用语和大家普遍接受的语言。特别是船舶与船舶间、船舶与岸站间的通信，应使用海上安全 MSC 制定的《IMO 标准航海通信用语》，船内沟通和船外通信应采用团队成员通用的工作语言。

（四）采用正确的沟通程序

在船舶通信时，相关人员应该有效遵守正确的通信程序，遵循“传递者→传达→接收者→反馈→传递者”的闭环过程，以实现通信双方信息的准确交流，特别在船舶间、船岸间运用 VHF 进行通信时更应如此。

船舶接近引航站时，典型的驾驶台团队各成员的信息交流模式如图 1-3-1 所示。在船舶接近引航站的过程中，船长作为驾驶台团队的总指挥指引船舶安全行驶，下达航行命令，为值班驾驶员和大副提供决策和行动所需的信息。此时，大副一般位于船舶首部备锚和瞭望，向船长提供当时环境及周围船舶动态信息，执行船长下达的操纵命令和指挥；值班驾驶员作为协助人员，应及时向船长提供航迹、航向、船速及到达报告点预计时间等信息，并执行船长下达的相关命令和指挥。

五、与船舶交管站和港口当局的通信

为了预防和减少海上交通事故，保障海上交通安全，提高运输效率，防止环境污染，船舶必须与船舶交管站和港口当局保持密切的联系。VTS 和港口当局将向引航员与其他航海人员发布有关 VTS 区域的细节内容，如区域的界限、提供服务的内容，并负责本辖区船舶的正常运行。

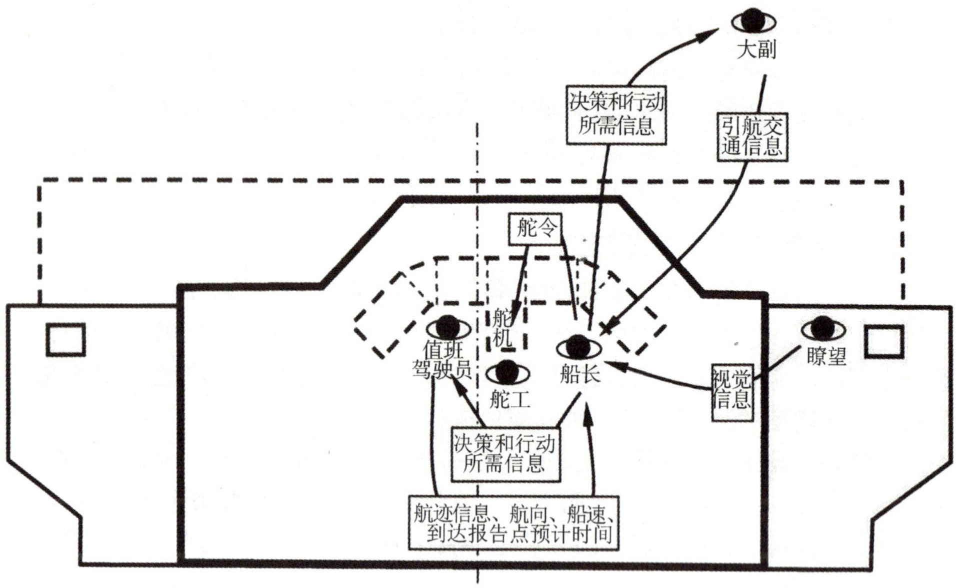

图 1-3-1　驾驶台团队各成员的信息交流模式

按照有关国际公约和国内规范，船舶进出各港口时，船舶应当使用通信设备，按照规定向 VTS 报告。在报告与交流中，须注意：保持交流简短准确，把多余的交流降到最少。如航次计划报告，应报告船舶的主要内容（包括进港、出港、过境和移泊船舶的船名、国籍、总长度、总吨位、吃水、最大高度，以及始发港、目的港或预靠泊位或锚位、预抵时间、载货种类与数量和旅客人数）。在联系前，事先写好相关信息是有帮助的。

在船舶工作中，无论是船舶内部的管理沟通，还是船舶与外部的通信协调，都要强调党的领导的重要性。通过船上的广播、内部通信系统等，传达党中央的决策部署和指示精神，确保全体船员在思想上、行动上与党中央保持一致，让船员们认识到党的领导是船舶安全航行和各项工作顺利开展的根本保证。

课后作业

船舶内部通信设备及船舶常规指令

一、主题研讨

讨论船舶内部与外部（如港口、海事局等）沟通的主要方式与渠道。

二、线下作业

列举在船舶沟通与通信中可能遇到的常见问题，并给出相应的解决策略。

项目四 了解驾驶台团队领导力和决策力

<table>
<tr><td>项目主题</td><td>驾驶台团队领导力和决策力</td><td>计划学时</td><td>2 学时</td></tr>
<tr><td>项目导读</td><td colspan="3">本项目的核心任务是深入理解驾驶台团队领导力与决策力，通过协调运用驾驶台人员的技能、知识、经验及内外资源，保障船舶安全生产，提升营运效益。本项目的具体任务包括分析人为失误与船舶事故的关系，重视多元文化对安全工作的影响，阐述驾驶台情景意识的作用，强调船舶通信和人员交流与沟通的重要性，明确团队工作在航行中的必要性。同时，探讨航行中决策与领导工作的改进方法，掌握应对工作压力、消除疲劳的方法，规范执行规章制度与操作规程，提高船舶应急处理技能，以全面提升驾驶台团队在保障船舶安全航行中的领导力与决策力水平，满足国际公约及我国相关法规的要求</td></tr>
<tr><td>学习目标</td><td colspan="3">掌握决策与领导工作、应急处理的技能</td></tr>
<tr><td>知识结构</td><td colspan="3">驾驶台团队领导力和决策力
├ 驾驶台团队领导力
└ 驾驶台团队决策力</td></tr>
<tr><td>学习重难点</td><td colspan="3">重点：决策与领导工作的改进
难点：应急处理能力的提高</td></tr>
<tr><td>考核方式</td><td colspan="3">通过对模块资源的学习，掌握相关内容，积极参与讨论，完成相关作业和测试</td></tr>
</table>

任务须知

驾驶台团队领导力和决策力对驾驶台团队的管理是至关重要的。

一、驾驶台团队领导力

所谓“领导”(Leadership),就是指设定目标,率领和引导组织或个人在一定的时间以及其他条件下,按照一定的计划或方法实现该目标的行为过程。其也可以解释为“指挥、带领、引导和鼓励部下为实现目标而努力的过程”。

(一)领导的作用

在任何组织或团队中,领导者的言行直接影响该组织或团队的工作。领导者在带领、引导和鼓舞团队成员为实现团队目标而努力的过程中,要具体发挥指挥、协调和激励等三个方面的作用,如表 1-4-1 所示。

表 1-4-1　领导的作用

作用	内容
指挥作用	为了帮助团队成员在工作中认清所处的环境和局面,明确行动的目标和达到目标的途径,领导者必须具有头脑清醒、胸怀全局、高瞻远瞩和运筹帷幄的特质。领导者只有以身作则,用自己的行动带领团队成员为实现团队目标而努力,才能真正起到指挥作用
协调作用	在许多人协同操纵的团队中,团队成员往往会因个人能力、理解力、工作态度、进取精神、性格、作风、地位等的不同或外部因素的干扰而导致思想上产生分歧、行动上偏离目标。这就需要领导者来协调团队成员间的关系,使各成员团结起来,统一思想,为共同的目标而努力
激励作用	在团队成员的协作过程中,尽管多数成员具有积极工作的愿望和热情,但是这种愿望并不能自然地变成现实的行动。这就需要通情达理、关心群众的领导者来为他们排除困难,激发和鼓舞他们的斗志,发掘和增强他们积极进取的动力,以保证每一个成员都能保持旺盛的工作热情,最大限度地调动自己的工作积极性

(二)领导者具有的基本素质

为了保证领导的正确性和有效性,领导者应具备一些特定的基本素质。作为一个领导者,要想带领下级去完成本部门的既定目标,就必须建立起自己的领导权威。一个优秀的领导者,能团结与其共同工作的同事和下属,充分调动他们的工作积极性,并通过自己的良好素质与魅力来树立其威信。领导者应具有的良好素质,包括:高尚的品德、充足的专业知识、丰富的工作经验、敏锐的观察能力、冷静的思考判断、巧妙的沟通方式、充沛的精神活力、坚定的目标意志和公正的立场与评判等。

(三)领导的类型与风格

领导者在实际工作中会根据具体的要求,结合自己领导工作的经验和风格从事具体的领导工作,他们也会因工作要求和具体的实施方式的不同而产生以下多种领导的类型(见表 1-4-2)和风格(见表 1-4-3)。

1.领导的类型

表 1-4-2 领导的类型

类型	内容
民主型	民主型的领导是领导者在工作中常采用民主协商的方式，听取成员或下属的意见，并鼓励他们积极发表改进工作的意见，从而提升自己组织管理上的灵活性和成员的责任感的领导方式
激励型	激励型的领导是领导者注重成员的个人情感，运用物质激励的管理方式，创造成员积极向上的氛围，不轻易对成员的工作方式进行不必要的责难，以最有效地调动他们的积极性的领导方式
制度型	制度型的领导是领导者要求成员一切按规则做，以任务为中心，通过制度来约束成员的行动的领导方式。领导者布置任务也以制度为依据，要求下属成员必须严格遵守规章制度
教育型	教育型的领导是以领导者本身为中心，帮助成员制订实现目标的计划，并给予大量的指导和反馈，启迪成员的思想，促使他们自觉采取符合领导者意图的行为的领导方式
榜样型	榜样型的领导是领导者通过以身作则、率先示范的行动来树立自己的权威，依靠个人的人格魅力和职位上的优势来领导和带动下属成员，引导他们仿效的领导方式
专制型	专制型的领导是领导者独断独行，通过下达命令来要求下属绝对服从的领导方式。这种类型的领导者可能具有一定的工作能力与魄力，敢于承担责任，在面临困境或者危急关头往往非常果断，常能发挥速战速决的作用
放任型	放任型的领导是领导者一般都会将工作任务与问题交付下属人员处理，自己不愿多加过问，也不想多担负工作责任的领导方式

2.领导的风格

表 1-4-3 领导的风格

类型	内容
命令型	具有命令型领导风格的领导者往往采用下达命令的方式给下属安排工作任务，并要求必须完成
指示型	具有指示型领导风格的领导者往往会向下属提供框架性的指示和要求，并要求下属通过自己的努力去完成相关的任务
参与型	具有参与型领导风格的领导者往往能在发出指示和布置具体工作任务的同时，主动地和下属共同讨论和决定完成工作任务与解决问题的最佳方案
委托型	具有委托型风格的领导者往往只是向下属发出指示和布置具体工作任务，很少向下属提供完成工作任务或解决问题的具体指导和人员支持，也不愿多承担责任和义务

（四）驾驶台团队领导

船舶驾驶台团队作为特殊的团队，需要有强有力的领导。驾驶台团队环境中的领导活动越多，其所起的作用越重要。

团队领导角色与传统领导角色并不完全相同。与传统领导运用权力相比，团队领导更侧重于通过授权团队成员来完成各项管理活动。团队领导的工作重点可分为团队内部事务管理和外部事务管理两部分，并进一步分解为四种具体的领导者角色，如表1-4-4所示。

表1-4-4 领导者角色

项目	内容
团队领导者是对外联络官	团队领导者代表整个工作团队。他需要保护必要的资源，澄清其他人对团队的期望，从外界收集信息，并与团队成员分享这些信息
团队领导者是困难处理专家	当团队遇到困难并寻求帮助时，团队领导者会出现并帮助他们解决问题。团队领导者处理的难题很少针对技术层面，因为团队成员一般比领导者更了解如何完成具体任务。问题越尖锐，领导者的作用越能得以体现。他们帮助团队成员针对困难进行分析和判断，并提供解决困难所必需的资源
团队领导者是冲突管理者	当出现不一致的意见时，团队领导者通过分析问题帮助团队成员解决冲突。例如：冲突的来源是什么？谁卷入了冲突？冲突的本质是什么？可能的解决方案有哪些？每种方案的优点和缺点是什么？通过这些方式使团队成员针对问题本身进行处理，从而把团队内部冲突导致的破坏程度降到最低
团队领导者是教练员	团队领导者明确目标和职责，提供教育与支持，为成功的团队成员喝彩，尽一切努力帮助团队成员保持高水平的工作业绩

二、驾驶台团队决策力

决策(Decision-making)是管理者在一定的条件下，运用科学的方法对解决问题的方案进行研究和选择的全过程。在船舶上，船长承担着船舶重大事务决策的责任；船上的大副、轮机长等高级船员也承担着对本部门的领导与管理责任，并承担着自己本职工作中所发生事务的决策义务及责任。

（一）决策类型

在船舶生产实践中，根据做出决策所处的情况不同，可将决策分为紧急决策、一般决策和日常决策，如表1-4-5所示。

（二）决策的程序

科学的决策要经过一系列步骤，它们有机地联系在一起，被称为决策程序。大体上说，一个完整的决策过程包括分析判断、确定目标、拟定方案、评价方案、选择方案、实施决策、监督反馈等多个环节。

表 1-4-5 决策类型

类型	内容
紧急决策	发生意外而紧迫的情况时，为了能及时处置和解决这些意外情况，决策者不得不立即采取相应的应急措施。采取何种措施和如何采取这些措施都涉及紧急情况下的决策，此即在危急关头做出的紧急决定和采取的紧急行动，也称为应急决策。例如，船舶在航行过程中突然发生因主机、辅机或舵机等故障而失控或遭遇特殊性复杂气象条件时，相关人员就必须根据当时的情况做出应急性的决策，并采取相应的措施与行动来保证船舶的安全。由于时间与条件的限制，这种决策必须是及时、果断和正确的，否则就会造成严重的后果
一般决策	在生产实际中，经常会出现原定的计划与安排因当时情况和局面的变化而无法继续实施，或因为遇到一些新的问题和情况，必须选用或做出新的决策的时刻。由于这些情况和局面并不紧急，可以有一定的时间来加以考虑和决策，故称为一般决策，也称短期决策。例如，船舶在正常的航行与作业过程中，由于航道的通航条件、码头等其他因素导致船舶靠离泊位时间与计划发生变化，驾驶人员就必须根据实际需要对原有的方案和决策加以调整，或做出新的决策
日常决策	在平时的工作中，人们必须根据常规性的工作计划或进度，做出具有日常操作特性的决定，而这些决定被称为日常决策。这些决策往往是根据平时工作的惯例而做出的。船舶航行作业中的许多规章制度都是在平时日常性决策的基础上制定的，也称为长期决策

课后作业

一、主题研讨

探讨驾驶台团队领导力在危机处理、团队协作中的作用。

二、线下作业

描述一个驾驶台团队领导在面对紧急情况时如何展现领导力。

领导和决策

项目五　驾驶台情景意识的获得与保持

项目主题	驾驶台情景意识的获得与保持	计划学时	2学时
项目导读	本项目的核心任务是掌握驾驶台情景意识的获得与保持方法。基于船舶驾驶台资源管理理念,通过协调运用驾驶台人员的技能、知识、经验及内外资源,实现船舶的安全生产与营运效益提升。 本项目需重点分析人为失误与船舶事故的关联,重视多元文化意识对船舶安全工作的影响,深入阐述驾驶台情景意识在保障船舶航行安全中的关键作用,同时强调船舶通信和人员交流与沟通的重要性,明确团队工作在航行中的必要性。 此外,探讨船舶航行决策与领导工作的改进,掌握应对工作压力、消除疲劳的方法,严格规范执行规章制度与操作规程,提升船舶应急处理技能。通过这些任务,全面提升船员对驾驶台情景意识的认知与运用能力,满足国际公约及我国相关法规的要求,保障船舶航行安全		
学习目标	通过对本模块的学习,培养多元文化意识以及情景意识		
知识结构	驾驶台情景意识的获得与保持： 个体情景意识 团体情景意识 驾驶台团队情景意识 情景意识丧失的征兆 良好情景意识的保持 提高情景意识水平的途径		
学习重难点	情景意识		
考核方式	通过对模块资源的学习,掌握相关内容,积极参与讨论,完成相关作业和测试		

任务须知

情景意识(situation awareness)是船舶驾驶台团队在特定的时段和特定的情境中对影响船舶和船员的各种因素、各种条件的准确感知。情景意识与安全密切相关,情景意识越高,事故风险越小;低情景意识产生高风险,高情景意识则产生低风险。丧失情景意识表明一个失误链正在形成。

一、个体情景意识

个体情景意识是指某个船员个体对影响航行环境的各种因素和各种条件的感知。个体情景意识的构成因素包括:

(一)知识、经验与训练

情景意识最基本的影响因素是知识、经验与训练。掌握的知识和获取的经验越丰富,理解力、判断力和适应性越强,情景意识自然越高;同时,针对性的训练将进一步丰富个体的知识和经验,并增强其技能,从而提高个体的情景意识。

(二)操纵与操作技能

操纵与操作技能是指通过实际技术训练获得的操纵船舶或操作设备的实际能力,它是构成情景意识的重要因素。操纵与操作技能越强,理解力和适应性也就越强,情景意识就会越高。

(三)个体的生理与心理状态

个体的生理和心理状态是个体情景意识非常重要的构成因素,它们是个体充分运用自己所有的知识和技能的前提条件。个体不适的生理状态将大大降低感知器官的功能,且容易出现疲劳,大大降低对影响船舶和船员的各种因素、各种条件的准确感知。同样,个体的心理状态也将极大影响个体的理解力、判断力和应急反应能力,从而极大地影响个体情景意识的高低。

(四)对情况的适应与熟悉程度

对情况的熟悉程度越高,认识过程中对局面和条件的感知就会越容易,在思考、分析和判断上越容易达成与实际情况相一致的结论,情景意识自然也会越高。

(五)领导与管理技能

船舶营运需要多部门、多团队的协调工作,单凭个人的力量不可能保持高水平的情景意识。而团队的领导和管理技能,将直接影响每一团队成员的情景意识的发挥。

二、团体情景意识

团队情景意识,即驾驶台团队的群体情景意识,主要是指作为一个整体的船舶驾驶台团队所具有的情景意识。船舶的航行安全主要取决于驾驶台团队的整体所能获得的情景意识。而驾驶台团队的群体情景意识又主要取决于船长所能获得的情景意识水平,但其绝不是个体情景意识的简单叠加。因此,在驾驶台团队的群体情景意识中,船长的情景意识是起决定性作用的。

与个体情景意识相同,团队情景意识的构成也受很多因素影响,包括知识、经验与训练,操纵与操作技能,生理与心理情况,适应与熟悉程度,领导与管理技能,工作态度和责任心等因素,如图 1-5-1 所示。

图 1-5-1 驾驶台团队情景意识

三、驾驶台团队情景意识

为了确保船舶航行与作业的安全,驾驶人员必须保持良好的情景意识。有关船舶航行和作业的情景意识的内容主要表现在图 1-5-2 所展示的各方面。

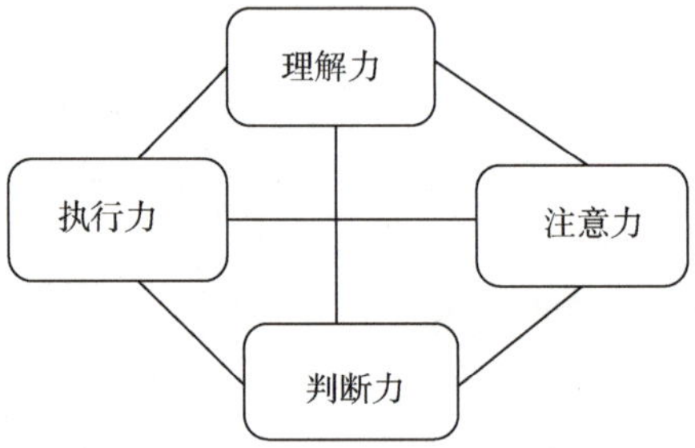

图 1-5-2 驾驶台团队情景意识的表现内容

(一)观察船舶周围实际情况与变化趋势

船舶在航行中受到周围风、流、浪、涌、能见度、浅水、航道、碍航物及他船的影响,船舶周围情况的变化势必影响船舶的航行和操纵安全,这就需要驾驶员能够敏捷地察觉其驾驶船舶周围的实际情况与变化趋势。船舶周围的实际情况包括船舶所处水域的自然条件、航道条件和交通条件等。

(二)感知本船实际条件、状态及其变化

船舶在航行中不仅受到周围情况的影响,也受到船舶自身实际条件、状态的制约。船舶在一定程度上具备了在预定条件下承受一般风险的能力,但如果船舶的实际条件、状态发生了变化,船舶就会处于不安全状态,因此,船舶驾驶员需要正确地感知船舶实际条件、状态及其变化。船舶实际条件、状态包括船舶载态、助航设备及操纵设备的性能和状态等。

(三)准确预判船舶周围情况和船舶条件、状态的变化

船舶的实际条件、状态和周围的实际情况的变化,势必影响到船舶的运动状况和相关设备的性能,进而影响到船舶的安全。因此,驾驶员应根据船舶周围情况和船舶条件、状态的变化,对可能导致船舶运动状况变化及相关设备性能的影响做出准确预判。

（四）采取有效措施与行动确保船舶安全

依据情况和条件变化对船舶运动的影响做出准确判断后，对于一名驾驶员来说，下一步要做的就是采取有效措施和行动克服此影响，从而保证船舶的安全。因此，情景意识不仅是体现在对变化的察觉和变化导致影响的判断，重要的是合理地采取有效措施和行动，消除情况和条件变化对船舶运动的影响，确保船舶的安全。

四、情景意识丧失的征兆

情景意识的丧失意味着失误链的产生，表明风险的存在，因此，工作中应注意发现情景意识丧失的征兆，使驾驶台团队始终保持良好的情景意识。情景意识丧失的征兆表现为：

（一）不确定性

不确定性表现为两个或多个独立来源的信息不一致，例如，两个不同的定位系统信息不一致、测深仪与海图水深不一致，或两个成员观点不一致。不确定性本身也许不危险，但它意味着差异，有差异就需要证实，不确定性也可能是经验不足或缺乏训练的结果。

（二）精神涣散

发生精神涣散的原因主要有：超负荷工作、压力、疲劳、紧急情况、注意力不集中、经验不足等；或者，尽管不危险，但意外事件（例如 VHF 呼叫）吸引了其全部注意力，从而使其忽视了对其他更紧迫的事件的处理。

（三）感知不全面或混乱

感知不全面或混乱表现在对局面难以确定、产生混乱的感觉、认识不统一、对即将发生的情况无法判断以及缺乏经验或训练等。

（四）驾驶台通信或沟通的中断

内部沟通可能被噪声等物理因素干扰，也可能因缺乏共同语言而中断；外部通信可能由于语言障碍或误解而中断。不正确或不良的沟通与通信将导致指令不能被正确地执行、要求重复指示、信息丢失、信息不能完整地被接收和理解等。因此，驾驶台沟通或通信中断为失误链形成的迹象，同时也是丧失情景意识的迹象。

（五）指挥或瞭望不当

指挥或瞭望不当，例如未能进行正确的控制和指挥、未能安排好瞭望人员等。

（六）偏离计划航线

在船舶航行中因指挥或监控不当而造成偏离计划航线，如没有及时修正风流压差而偏航，又如因避让其他船舶而偏航而又未及时定位加以纠正等，这些既是失误链形成的迹象，也是丧失情景意识的迹象。

（七）违反已建立的规则和程序

违反已建立的规则和程序，例如违背避碰规则、地方航行规定、公司政策、明确规定的操作规程等。

（八）自满

自满包括过度自信、自认为对从事的工作与业务很熟悉等。

五、良好情景意识的保持

良好情景意识的保持关乎船舶的安全，驾驶台团队需要时刻注意提高整个团队的情景意识。

（1）驾驶台团队良好的情景意识主要包括：

①正确地感知船舶本身的实际情况与变化趋势；

②敏锐地察觉船舶周围的实际情况与变化趋势；

③全面地了解周围情况变化对船舶运动的影响；

④正确地预测船舶即将面临的局面和安全状况。

（2）在平时的工作中最大限度地加强值班驾驶员情景意识的培养。例如，如何去正确感知周围情况、敏感地察觉周围情况的变化、全面了解周围情况变化的影响、正确考虑即将面临的情况和危险等。

（3）充分认识到其他驾驶台团队成员的作用。单凭个人的力量是不可能保持高水平的情景意识的，任何个人都需要其他成员的协助。团队成员应认识到自己承担的任务与发挥的作用，并做好分内的工作。为获得最佳的效果，即使团队成员做得不够好，也要鼓励，而不应采用批评、训斥等方式。

（4）船舶航行安全是动态的，因而情景意识也是动态的。应注意船舶周围的环境和情况的变化，使每个团队成员的情景意识适合当时的环境和情况。

六、提高情景意识水平的途径

（一）初始航行实习建立情景意识

老一辈的海员们着重于个人的技术磨炼，尚未形成情景意识的概念。然而，在当今时代，我们尤为强调每位航海专业的学生必须警惕一种倾向，那就是过分专注于基础的航海技能，而忽视了培养自身情景意识的重要性。为了构建一个高水平的情景意识，学生不仅需要具备敏锐的观察力，更需持之以恒地从航海实践中总结经验，不断反思各类事件，并与教师进行讨论。通过教师理论知识的传授、实践操作的指导以及案例分析的讲解，学生应当提炼并总结出具有普遍指导意义的规律。唯有如此，他们的经验框架才能逐步得到完善、丰富，并日益清晰化。

（二）不断提高对情景意识的警觉性

航海技术和经验能够建立一个航海心理图式，这些图式有助于对经历的事件和情况进行合理的解释，并帮助船舶驾驶台团队成员对它们做出适宜的反应。事实上，在航海实践中所采取的基于海员通常做法的许多行动是建立在经验的基础之上的。驾驶员不断地利用经验图式来做出适合于特定情境的决策和行动，使解决问题的速度进一步加快，进而使船舶操纵人员能够将注意力更多地投入需要高度重视的问题之上。在情景警觉性方面，要时刻自问：在哪里？去哪里？如何到达那里？

（三）模拟器训练建立复杂情景意识数据库

模拟器训练使驾驶员能够安全地重建日常船舶操纵中很少遇到的情景，这便使得他们能够在不用冒着死亡、受伤以及船舶受损风险的前提下增添新的经验数据库内容。这样，当他们在真正面临船舶碰撞危险时，就能够从经验数据库中提取相应的内容，并做出正确的反应。通过不断地复习特定的应急情况程序，许多问题可以通过在经验数据库中选择恰当的措施而比较容易地得到解决。譬如，执行与靠离泊操纵中船舶主机故障时有关的程序，对于一名经过精心训练的驾驶员来说如同一个自动化的过程。

（四）保持良好的情绪和身体健康状况

许多躯体上的和情绪上的因素会制约个体达到和维持较高的情景意识水平。情绪和身体健康状况直接影响人们对周围环境事件的知觉和对这些事件的解释。疾病或者个人问题可以削弱生理和心理功能，不能满足特定的航行环境的需要。反过来说，良好的情绪和身体健康状况是建构和保持较高情景意识的重要激发因素。这也是航海专业医师应时刻关注的内容。态度同样也会直接影响船舶驾驶员达到和维持较高情景意识的能力，良好的职业态度能够使人以更为积极的方式集中精力于需要解决的问题之上。良好的职业态度成为每一名船舶驾驶员保障船舶航行安全所必需的个性风范。

课后作业

一、主题研讨

探讨驾驶台成员如何获取并维持对航行环境的情景意识。

二、线下作业

分析情景意识丧失可能导致的问题，并提出改善措施，例如船舶在旋回运动、抛锚过程中情景意识丧失带来的后果。

情景意识的保持与事故预防

项目六　减少人为因素影响

项目主题	减少人为因素对船舶安全的影响	计划学时	1学时
项目导读	本项目的核心任务是减少人为因素对船舶安全的影响。依托船舶驾驶台资源管理，协调运用驾驶台人员的技能、知识、经验及内外资源，保障船舶安全生产，提升营运效益。 要深入分析人为因素与船舶事故发生及预防的关系，重视多元文化意识在船舶安全工作中的作用，明确驾驶台情景意识对船舶航行安全的关键意义。同时，强调船舶通信和人员交流与沟通的重要性，认识团队工作在船舶航行中的必要性。 此外，探讨船舶航行决策与领导工作的改进方法，掌握应对工作压力、消除疲劳的有效手段，严格规范执行规章制度与操作规程，提升船舶应急处理技能。通过这些任务，全面认识人为因素对船舶安全的作用机制，采取有效措施降低人为失误风险，满足国际公约及我国相关法规的要求，切实保障船舶航行安全		
学习目标	通过本模块的学习，可以掌握人为因素与预防船舶事故的发生之间的关系。		
知识结构	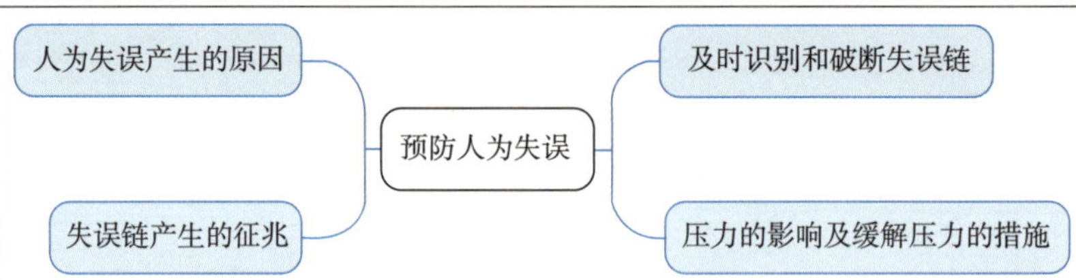		
学习重难点	人为失误		
考核方式	通过对模块资源的学习，掌握相关内容，积极参与讨论，完成相关作业和测试		

任务须知

海上事故统计表明,至少有80%的海上事故是由人为失误造成的。人为失误是指在某一特定系统中,操作人员在完成任务的过程中因意识、判断或行为等出现疏忽,从而不能根据当时环境和情况进行适当的操作,最终致使其无法正确处理面临的情况而发生系统运行失常的原因。

一、人为失误产生的原因

(一)疏忽或差错

疏忽或差错导致的人为失误是最为常见的,其的产生往往与人本身对待工作的态度和自己在工作所处环境中的实际情况密切相关。例如,由于操作人员对工作掉以轻心而注意力分散,或是对船舶的安全工作重视不够而未能保持高度警惕,或是在实际工作中工作压力太大或过度的疲劳等造成对正常可预见的环境变化不能采取适当而有效的行动而导致失误的发生。

(二)基于知识的失误

基于知识的失误主要是指因本身的无知而犯错,即由于操作人员缺乏足够的知识或错误理解了船舶航行或作业中的一些关键性原则,而无法或不能正确应对或处理相关的局面或情况而导致的失误。

(三)基于法规的失误

基于法规的失误主要是指操作人员因本身没有正确或充分考虑相应的法规要求而草率决定并采取行动,或是没有注意到法规的适用性而错误地执行了法规,或是凭主观判断错误地应用被“简化的”法规而导致的失误。

(四)基于技能的失误

基于技能的失误主要是指因本身缺乏从事本职工作的操作技能而在实际工作中发生的失误。它往往是因为缺乏足够的训练或缺少实际工作的经验而发生的,当然,这也和操作人员与同事间经验交流过少有关。

(五)基于文化制约的失误

基于文化制约的失误主要是指由于团队成员意识与文化背景的不同而造成的局限性所引发的失误。这类失误包括团队成员中由于不同语言的使用与理解,或缺乏上下级人员之间的交流与质询,或可能对意图的误解和毫无疑问地服从等具体原因而产生的失误。

(六)基于违反安全惯例的失误

基于违反安全惯例的失误是指未能严格遵守实际工作中形成的通常的安全习惯做法所引发的失误。这类失误的发生常与过于自信或自满,对工作中良好的通常习惯做法与安全之间的关系不够重视,喜欢凭个人经验办事,不注重团队工作的作用,忽视别人的建议,查阅的图书或出版物有误以及背离原定的计划航线有关。

二、失误链产生的征兆

每一事故都是由导致其发生的一系列失误链或事故链引发的。即一系列失误链(error chain)或事故链的连续发展,将导致事故或灾难的发生。这些失误链或事故链可能顺序地发展,也可能无序地发展;它们之间可能有联系,也可能没有联系;它们之间的联系可能是明显的,也可能是不明显的。

正确了解船舶周围的情况,认识每一个失误链或事故链的形成过程与迹象,并能采取相应的措施及时破断,就可以中止失误链或事故链的发展,避免事故的发生。船舶驾驶人员应对船舶的安全航行做出周全的计划,并加以认真的实施和全程监控,以达到预期的安全目标。

情景意识丧失就意味着失误链或事故链正在形成,所以情景意识丧失的征兆与失误链形成的征兆大体是一致的。有关情景意识丧失的征兆在前面已经叙述,故失误链产生的征兆不再赘述。

三、及时识别和破断失误链

为了能及时发现失误链与事故链的存在及其发展过程,船舶驾驶人员必须保持高度的情景意识,了解船舶内外部的实际情况和变化趋势,掌握和知晓周围环境、条件将对本船产生的影响,从而能在发现失误链与事故链的征兆后及时采取相应的措施来中止它们的发展。

在及时识别失误链与事故链并果断采取措施将其破断的过程中,必须做好一些具体的细节性工作,具体如下:

(一)多用心、多动脑

实践证明,认真能将事情做对,而用心才能将事情真正做好。船舶的航行是一项系统工程,而作为这项工程的主体,船舶驾驶人员需要充分发挥其适应能力、判断能力、操纵能力、应变能力、应急能力,以及自己的定力和体力。因此,仅有认真的工作态度还是不够的,还必须时时刻刻地用心做好工作。唯有多用心、多动脑才能及时识别失误链与事故链,并将其立即彻底破断。

(二)总结经验与教训

船舶航行是实践性特别强的技术工作,想及时地识别失误链与事故链,并将其彻底破断,需要依靠船舶驾驶人员自身经验的积累和综合能力的提高。事实告诉人们,聪明的船舶驾驶人员不仅仅能够通过自己的工作实践来积累经验与教训,更多的是总结其他人的经验,或从其他人所发生的事故中吸取教训来提高自己的业务水平。这种通过自己的工作实践不断总结经验与教训和通过交流吸纳以承袭别人的间接经验的方式,可以使自己具有更为良好的技术业务素养,拥有及时发现失误链与事故链并有效地破断它们的能力。

(三)勤勉

在长期的值班过程中,枯燥、单一的生活、工作很容易导致船舶驾驶人员产生懈怠和自负等不良心态。而这些不良心态恰恰是失误链与事故链产生的温床。在这方面最为突出的反映便是瞭望疏忽。对潜在危险的不敏感以及自身应急反应不力等导致的船舶事故是客观存在的。为了减少或避免这类事故发生,就必须勤勉,即对工作一丝不苟。在许多情况下勤勉往往是避免失误的一大利器。

(四)遵章守法

遵章守法是船舶安全的保证,严格的法律、法规和操作规程,大大限制了船舶驾驶人员的随意和冒进行为。更为重要的是,执行这些相关的规章制度或操作规程,有利于船舶驾驶人员及时做好对失误链与事故链的识别与破断工作。由此可见,作为担负船舶安全航行重任的船舶驾驶人员只有严格遵守规章和操作规程,才能确保船舶航行的安全。

四、压力的影响及缓解压力的措施

(一)压力的影响

压力是产生疲劳的原因之一。压力过大会使人产生短期反应和长期反应,长期高压之下人在工作方面、情绪方面、生活方面、处理人际关系方面都会出现问题。

1.短期反应

压力过大使人产生生理、精神和情绪方面的短期反应。

(1)生理方面的短期反应表现为:头痛、偏头痛、背痛、眼睛和视力出现问题、皮肤过敏反应、睡眠紊乱、消化失调、心跳加速、胆固醇增加、肾上腺素或非肾上腺素增加等。

(2)精神和情绪方面的短期反应表现为:对工作不满、焦虑、沮丧、易怒、失落、人际关系破裂、酗酒和大量吸烟,甚至吸毒、无法放松等。

2.长期反应

压力过大还会使个体和团队产生长期反应。对个体而言,易诱发消化器官疾病、哮喘、糖尿病、关节炎、中风、高血压、心血管疾病和心理疾病等。对团队而言,易出现旷工、不守时、劳动力流动率高、病假率高和生产率低等。

(二)压力与工作的关系

压力过大对人员的工作与健康会产生较大的负面影响,而保持适当的压力可以使团队成员保持相当的工作热情,可提高工作效率与业绩,即没有压力就没有动力。因此,管理者在工作中应适当对压力和工作的关系予以关注,处理好这一关系。

(三)预防压力过大的措施

(1)对团队进行关于压力的教育,以便使团队了解压力对人的影响,互相间达成谅解,使每个人了解自己。

(2)工作中应做到:熟悉潜在的压力局面,进行逼真的培训,每次都进行指示和总结;注意工作方法,协调人际关系,协调好工作与休息的关系。

(3)防止压力积累,使个人和团队放松的方法包括:保持好的健康状况;尽可能提供充足的睡眠时间;在紧张的工作中,应把幽默和愉快作为防止压力积累的良药;开展各种娱乐活动;尽力改善生活条件和生活环境等。

在船舶运营中，始终强调安全生产与科学管理理念。在船舶管理领域，通过党员干部发挥先锋模范作用，带头严格执行安全操作规程，加强船员培训与教育，提升船员的安全意识与责任感；引领建立完善的管理制度，强化监督考核，确保各项措施落实到位。在党的领导下，船舶运营团队能够凝聚强大合力，以高度的纪律性和严谨的态度，有效降低人为失误，保障船舶航行安全，推动航运事业稳步发展。

课后作业

杜绝酒后驾驶

杜绝疲劳驾驶

一、主题研讨

分析人为因素在船舶管理中存在的主要问题及其成因。

二、线下作业

列举一个船舶管理中的人为因素案例，分析其存在的管理问题及改进方案。

项目七 增强自动化意识

<table>
<tr><td>项目主题</td><td>增强自动化意识</td><td>计划学时</td><td>1学时</td></tr>
<tr><td>项目导读</td><td colspan="3">在船舶驾驶台资源管理中，自动化意识是一个至关重要的方面。随着船舶自动化程度的不断提高，船员和管理人员需要适应并充分理解自动化技术在船舶驾驶中的应用，以确保航行安全和提高效率</td></tr>
<tr><td>学习目标</td><td colspan="3">通过对本项目的学习，可以深入理解自动化系统的相关知识，掌握操作技能，增强风险管理能力，提高决策能力，并保持持续学习</td></tr>
<tr><td>知识结构</td><td colspan="3">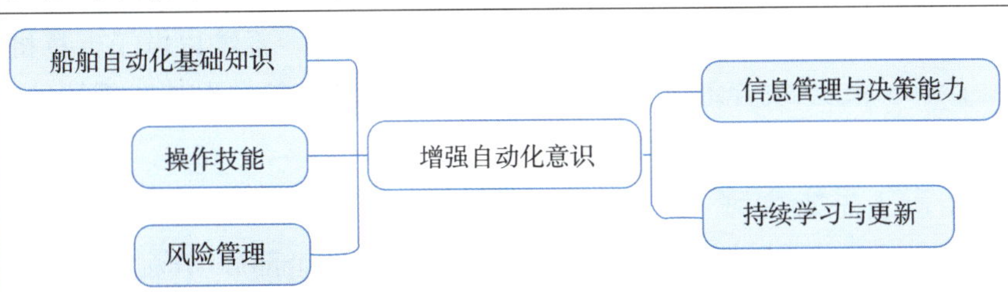
</td></tr>
<tr><td>学习重难点</td><td colspan="3">重点：信息管理与决策能力
难点：风险管理</td></tr>
<tr><td>考核方式</td><td colspan="3">通过对模块资源的学习，掌握相关内容，积极参加讨论，完成相关作业和测试</td></tr>
</table>

任务须知

自动化意识是指船员和管理人员具有对船舶自动化系统理解、掌握和运用的意识。它要求船员能够熟悉自动化系统的操作原理、功能特点以及可能存在的风险，并能够根据实际情况灵活运用自动化系统。在船舶驾驶台资源管理中，自动化意识是一个至关重要的方面。随着船舶自动化程度的不断提高，船员和管理人员需要适应并充分理解自动化技术在船舶驾驶中的应用，以确保航行安全和提高效率。以下是关于船舶驾驶台资源管理自动化意识的详细阐述。

一、船舶驾驶台资源管理自动化基础知识

（一）定义与原理

船舶驾驶台资源管理自动化是指通过集成多种导航设备和控制装置的综合导航系统，实现对船舶航行、操纵和运行的自动化控制。这一系统以电子计算机为核心，通过航法计算子系统、组合定位子系统、避碰操作子系统、航向保持子系统等多个子系统的协同工作，实现对船舶的全面监控和智能控制。

（二）系统组成

船舶驾驶台资源管理自动化系统主要由以下几个部分组成：

（1）硬件设备：包括导航定位设备（如雷达、GPS 等）、自动操舵仪、船舶动态监控设备等，这些设备负责实时收集船舶航行数据，为自动化控制提供基础信息。

（2）软件系统：包括监控和控制软件、数据处理和分析软件、通信和网络软件等，这些软件通过编程和算法实现对船舶各类设备和工艺过程的监控和智能控制。

（三）功能特点

驾驶台资源管理自动化系统具有以下功能特点：

（1）提高船舶运行效率：通过自动化控制技术，实现对主机和辅助设备的智能调节，提高燃料利用率和动力系统的效率。

（2）提高船舶安全性：驾驶台资源管理自动化系统可以实时监测船舶状态，预测并避免潜在风险。例如，自动舵控系统可以实现自动驾驶，减少人为操作的风险；船舶环境监测系统可以实时监测海况和水质，为航行安全提供保障。

（3）应对复杂情况：在恶劣天气、能见度低或交通密集等复杂情况下，驾驶台资源管理自动化系统能够提供更准确、更及时的信息，帮助船员做出正确的决策。

（四）注意事项

使用船舶驾驶台资源管理自动化系统需要注意以下几点：

（1）定期对该系统进行维护和检查，确保其正常运行。

（2）加强对船员在该系统操纵方面的培训和教育，提高其对该系统的认识和操作技能。

（3）在使用该系统时，要遵循相关操作规程和安全标准，确保航行安全。

二、操作技能

（一）操作技能概述

船舶驾驶台资源管理的操作技能主要涉及对船舶驾驶台资源管理自动化系统的熟练掌控和应用。这包括系统启动、运行监控、故障排除以及应急处理等多个方面。

（二）具体操作技能

1.系统启动与初始化

（1）船员需要按照既定的操作流程，正确启动该系统，并进行必要的初始化设置。

（2）熟悉系统启动过程中可能出现的异常情况，并能迅速做出应对。

2.运行监控

（1）船员需实时监控系统运行状态，包括导航设备、自动操舵仪等硬件设备的运行情况。

（2）通过软件系统，监控船舶位置、航向、速度等关键参数，确保船舶按照预定航线航行。

（3）定期对系统数据进行备份和检查，确保数据的完整性和准确性。

3.故障排除

（1）船员需掌握系统故障的识别与排除方法，包括硬件故障和软件故障。

（2）熟悉系统故障的常见表现，如设备异常、数据错误等，并能迅速定位问题所在。

（3）在遇到复杂故障时，能够按照既定流程进行排查和处理，必要时可请求外部支持。

4.应急处理

（1）熟悉各种应急情况下的处理流程，如设备故障、恶劣天气等。

（2）在紧急情况下，能够迅速启动应急预案，采取有效措施保障船舶和人员的安全。

（3）熟练掌握应急通信设备的使用，确保在紧急情况下能够与其他船舶或岸上机构保持通信畅通。

（三）注意事项

（1）应定期接受培训和考核，确保对船舶驾驶台资源管理自动化系统的操作技能达到熟练水平。

（2）在操作过程中，应严格遵守操作规程和安全标准，确保航行安全。

（3）应时刻保持对系统的监控和关注，确保及时发现潜在问题并处理。

三、风险管理

船舶自动化技术的不断发展，虽然极大地提高了船舶的运行效率和安全性，但同时也带来了新的风险和挑战。以下是关于风险管理的详细阐述：

（一）风险识别

在船舶驾驶台资源管理自动化过程中，风险识别是首要步骤。这包括识别出可能影响船舶安全、运行效率和经济效益的各种风险因素。具体而言，风险因素可能包括以下几个方面：

(1)技术风险：由于自动化技术本身的复杂性和不确定性，可能导致系统故障、数据误差或操作失误等问题。

(2)人为风险：船员对系统的操作不当、疏忽大意或过度依赖，可能导致系统被误判或无法正常工作。

(3)环境风险：天气、海况等自然环境因素的变化，可能对系统的正常运行产生影响。

（二）风险评估

在识别出风险因素后，需要进行风险评估，以确定各风险因素对船舶安全、运行效率和经济效益的影响程度。风险评估可以采用定量和定性相结合的方法，通过收集和分析历史数据、专家意见和模拟实验等方式，对风险因素进行量化评估。

在风险评估过程中，需要关注以下几个方面：

(1)风险发生的概率：评估各风险因素发生的可能性，以便采取相应的预防措施。

(2)风险影响的程度：评估各风险因素对船舶安全、运行效率和经济效益的影响程度，以便确定风险管理的优先级。

(3)风险控制的能力：评估船舶及其团队对风险的预防、控制和应对能力，以便制定切实可行的风险管理措施。

（三）风险应对

在风险评估的基础上，需要制定相应的风险应对措施，以降低或消除风险因素对船舶安全、运行效率和经济效益的影响。风险应对措施可以包括以下几个方面：

(1)技术措施：通过改进自动化系统、加强设备维护和升级等方式，降低技术风险的发生概率和影响程度。

(2)管理措施：通过加强船员培训、制定操作规程和应急预案等方式，提高船员对自动化系统的操作能力和风险应对能力。

(3)应急措施：在发生紧急情况时，通过启动应急预案、采取紧急避险措施等方式，确保船舶和人员的安全。

（四）风险监控与反馈

在风险管理过程中，需要建立风险监控和反馈机制，以实时掌握风险状况并采取相应的应对措施。具体而言，可以采取以下措施：

(1)建立风险监控体系：通过实时监测船舶运行状态、收集和分析数据等方式，建立风险监控体系，及时发现和处理风险。

(2)加强沟通与协作：与船员、岸基管理部门等各方保持密切沟通与协作，共同应对风险挑战。

(3)定期评估与反馈：定期对风险管理措施的有效性进行评估和反馈，不断完善风险管理体系和提高风险管理水平。

四、信息管理与决策能力

信息管理与决策能力是确保船舶在自动化技术支持下安全、高效航行的关键要素。

(一)信息管理

1.信息收集与整合

船舶驾驶台在自动化运营中,需要收集各类航行信息,包括导航定位数据、天气海况信息、船舶状态数据等。这些信息来源广泛,包括雷达、AIS、GPS 等导航设备,以及气象预报、港口信息等外部数据源。

船员需要熟练掌握各类信息源的获取方法,并能够将不同来源的信息进行有效整合,形成全面、准确的航行信息数据库。

2.信息处理与分析

在收集到航行信息后,船员需要运用专业知识对信息进行处理和分析,提取出对航行决策有价值的关键信息,包括对船舶当前位置、航向、速度等参数的实时监控,以及对天气海况、交通状况等外部环境的预测和评估。

通过有效的信息处理和分析,船员能够及时发现潜在风险,为航行决策提供有力支持。

3.信息共享与沟通

在船舶驾驶台资源管理中,信息共享和沟通至关重要。船员需要及时将关键信息传递给其他相关部门和人员,以便协同应对各种航行挑战。

同时,船员还需要与岸基管理部门、其他船舶等进行有效的信息交流和沟通,共同维护海上交通的安全。

(二)决策能力

1.基于信息的决策制定

在船舶驾驶台资源管理中,决策的制定必须基于全面、准确的信息。船员需要根据实时航行信息和外部环境预测,制订合适的航行计划和策略。例如,在遭遇恶劣天气或交通拥堵时,船员需要根据实时信息调整航向、航速等参数,以确保船舶安全通过。

2.快速响应与决策调整

船舶在航行过程中,外部环境可能随时发生变化。船员需要具备快速响应和调整决策的能力,以应对各种突发情况。当遇到紧急情况或风险时,船员需要迅速启动应急预案,采取必要的避险措施,确保船舶和人员的安全。

3.团队协作与领导力

在船舶驾驶台资源管理中,团队协作与领导力同样重要。船员需要与其他部门和人员保持密切合作,共同应对各种航行挑战。船长作为驾驶台团队的领导者,需要具备良好的领导力和协调能力,确保团队成员之间的信息畅通和决策一致。

五、持续学习与更新

持续学习与更新是确保船舶在日益发展的自动化技术中保持高效、安全航行的关键。

(一)了解行业动态和技术更新

(1)跟踪技术发展:密切关注船舶自动化设备行业的最新动态,包括新技术、新设备的研发和应用。

(2)参与行业交流:通过参加行业会议、研讨会等活动,与同行交流经验,了解行业前沿技术和发展趋势。

(二)深入学习新知识和新技能

(1)自动化技术知识:掌握最新的自动化技术原理、系统和应用方法,以适应自动化水平的不断提高。

(2)安全管理知识:学习最新的安全管理理念和方法,提高船舶安全管理的水平。

(3)应急处理能力:学习各种突发情况的应急处理措施,提高船舶在紧急情况下的应对能力。

(三)更新和优化操作流程

(1)操作手册更新:根据新技术和新设备的特点,更新和优化船舶驾驶台的操作手册和流程。

(2)培训与教育:定期对船员进行新技术和新设备的培训,确保他们熟练掌握新的操作技能。

(四)实践应用与经验总结

(1)实践应用:将新知识和新技能应用到船上的实际工作中,检验其效果并不断改进。

(2)经验总结:及时总结和分享在工作中遇到的问题和经验,促进团队成员之间的互相学习和进步。

(五)持续改进与自我提升

(1)反思与评估:定期对自己的学习和工作进行反思和评估,找出不足并制定改进措施。

(2)自我提升:通过持续学习和更新,不断提高自己的综合素质和能力水平。

综上所述,船舶驾驶台资源管理中的自动化意识是一个重要的方面。船员和管理人员需要具备自动化意识,以充分利用自动化系统的优势,提高航行安全性和工作效率;同时,也需要通过培训、实践和技术更新等途径不断提升自动化意识水平。

在船舶自动化的发展进程中,中国共产党高度重视船舶行业的科技发展,通过政策引导和组织动员,激励广大党员干部和科研人员投身于船舶自动化技术的研发与推广。干部船员积极组织开展培训教育活动,提升船员对自动化系统的认知和运用能力,为船舶自动化的推进实施起到了积极的推动作用。

课后作业

一、主题研讨

探讨船舶自动化技术在驾驶台资源管理中的应用与挑战。分析如何利用自动化技术提升航行安全性与效率,并讨论船员在自动化系统中的角色转变与培训需求。

二、线下作业

写一篇短文,概述船舶驾驶台资源管理自动化系统的基本操作与监控要点。要求结合实际案例,分析在紧急情况下如何通过自动化系统进行有效应对。

项目八　案例分析

航行安全管理是船舶运营中至关重要的环节,涉及船舶的航行安排、安全保障以及时间管理等多个方面。本项目要求学生根据《1974 年国际海上人命安全公约》《STCW 公约马尼拉修正案》《海船船员培训大纲(2021 版)》《海船船员考试大纲(2022 版)》等操作规范和标准要求,完成指定水域航线设计、航行值班、船舶定位、船舶避让和应急处置等内容,考查学生船舶定位与导航、船舶值班与避碰、船舶操纵、雷达操作与应用及驾驶台资源管理的能力。

案例一

2017 年 1 月 10 日约 0305 时,HCI 所属的马恩岛籍散货船 A 船(马迹山开往太仓)与 SCS 所属的新加坡籍散货船 B 船(张家港开往澳大利亚悉尼港)在长江口灯船以东约10.6 n mile 水域处发生碰撞(概位:31°05.4′N,122°43.3′E)。事故造成 A 船首舷墙及球鼻艏凹陷变形、左锚丢失;B 船右舷船中处洞穿破损,部分货舱及机舱进水。事故未造成水域污染和人员伤亡,构成一般等级水上交通事故。

一、事故经过

2017 年 1 月 10 日约 0224 时,A 船起锚,驶往长江口引航作业区,准备在引航员登船后从长江口深水航道进口,0235 时左右,加车至“HALF AHEAD”,航速逐渐增加,朝东南方向航行,如图 1-8-1 所示。

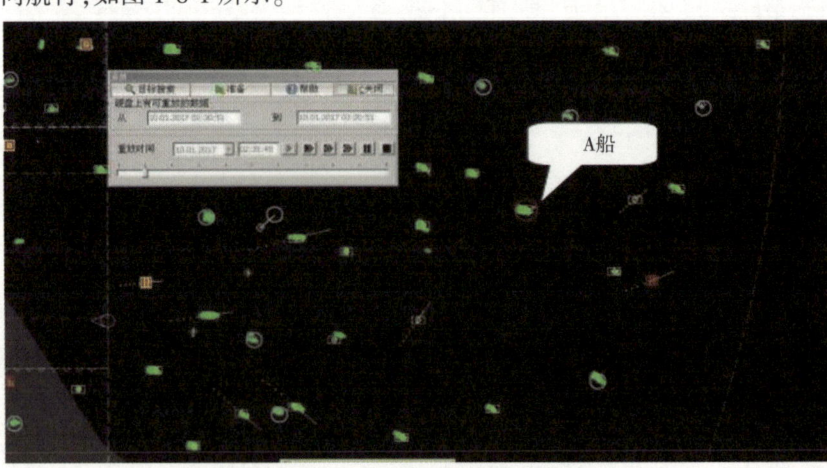

图 1-8-1　0235 时吴淞 VTS 监控画面

1 月 10 日约 0241 时,A 船船位 31°06.4′N,122°47.2′E,航向 219°,航速 7.9 kn。此时,在距离 A 船以西约 8 n mile 水域,有多艘大型船舶东行出口,如图 1-8-2 所示。

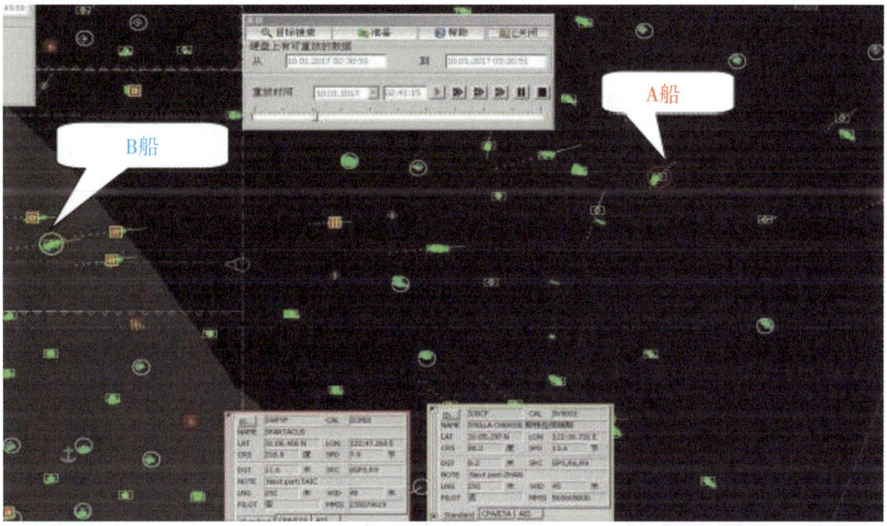

图 1-8-2　0241 时吴淞 VTS 监控画面

约 0245 时,A 船船位 31°05.9′N,122°46.7′E,航向 238°,航速 8.8 kn,A 船逐渐向右转向向西航行。

约 0253 时,A 船船位 31°05.6′N,122°45.4′E,航向 253°,航速 9.0 kn。此时,出口外轮 E 船因主机故障在 A 船右前方约 2.2 n mile 处抛锚检修,锚位:31°05.7′N,122°43.0′E。此时,B 船正通过长江口定线制东报告线,航向 083°,航速 14 kn。两船相距约 4.6 n mile。

约 0254 时,A 船呼叫位于本船前方 3.5 n mile 处的出口船 C 船,两船协商红灯会遇。此时,A 船航向 257°,航速 8.9 kn。

约 0257 时,位于 A 船前方约 2.5 n mile 处的出口船 D 船呼叫 A 船,两船协商红灯会遇。此时,A 船航向 258°,航速 9.1 kn,B 船位于 D 船的左后方,距离 A 船约 2.7 n mile,航向 084°,航速 14.0 kn,如图 1-8-3 所示。

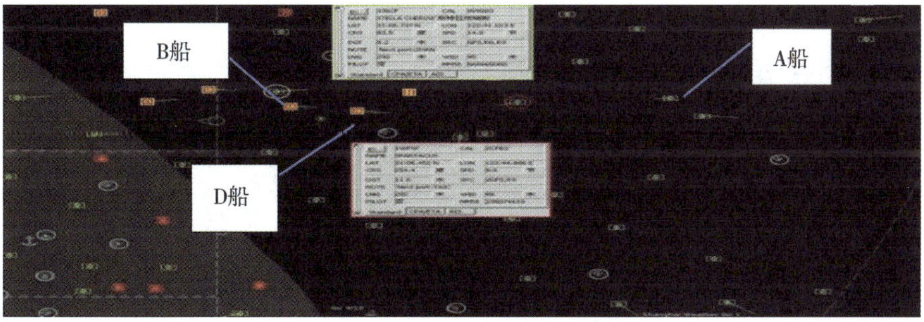

图 1-8-3　0257 时吴淞 VTS 监控画面

约 0302 时,A 船发现 B 船在本船正前方约 1.2 n mile 处,并有碰撞危险且两船距离迅速缩小,立即在 VHF16 频道上多次呼叫 B 船,但是没有得到应答。此时 A 船首向 275°,航速 9.1 kn,B 船首向 098°,航速 14.5 kn。同时,A 船开始小角度向右调整航向。

约 0303 时，A 船多次呼叫 B 船未得到回复，船长下令“STARBOARD 20”“HARD TO STARBOARD”，开始大角度向右转向，并在高频上听到 B 船在 VHF 上呼叫“MV. B PORT…”，A 船立即在 VHF 里回应“PORT TO PORT”。此时，两船距离约 0.9 n mile，相对速度约 23 kn。

约 0304 时，A 船听到高频上传来“MV.B NOW HARD TO PORT”，A 船立即高频上回复“PORT TO PORT，RED TO RED”，并保持大角度向右转向。此时，两船距离约 0.5 n mile。

约 0305 时，A 船发现 B 船继续向左转向，碰撞已无法避免，下令停车并使用倒车，但是仍无法避免碰撞的发生。在向右转向的过程中，船首与正在向左转向的 B 船右舷中部发生碰撞，碰撞发生时，A 船首向约 320°，航速约 7 kn，如图 1-8-4、图 1-8-5 所示。

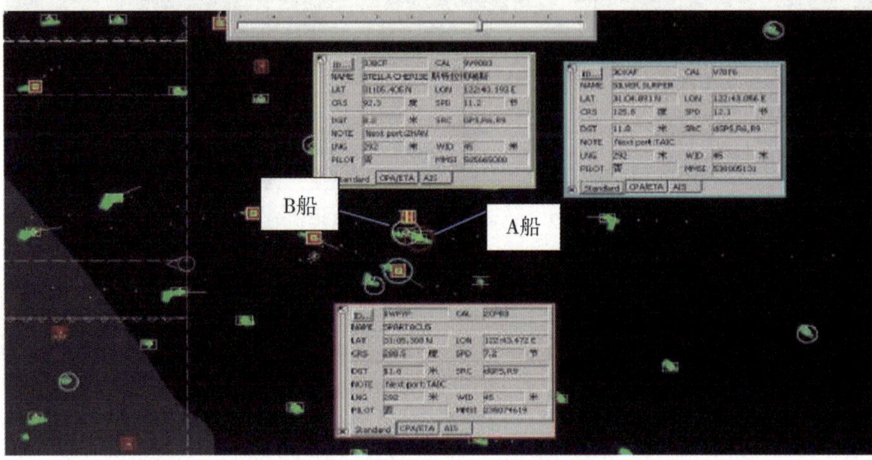

图 1-8-4　0305 时吴淞 VTS 监控画面

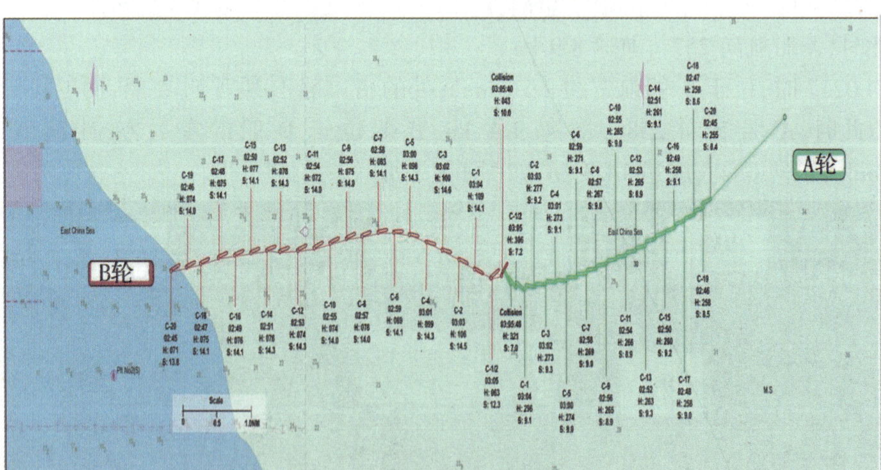

图 1-8-5　两船碰撞示意图

二、事故原因分析

（一）原因分析基础

(1)事故发生地位于长江口灯船以东约 10.6 n mile 处,长江口船舶定线制东报告线以东水域,船舶航行、避碰应当遵守《1972 年国际海上避碰规则》(以下简称《避碰规则》)。

(2)碰撞事故发生前,事故水域能见度良好。B 船和 A 船互见时并无碰撞危险;0256 时,B 船开始向右调整航向,0258 时后,两船航向相反或接近相反,并构成碰撞危险,两船会遇局面符合《避碰规则》中有关对遇局面的构成要件,两船各应向右转向,从他船的左舷驶过。

（二）直接原因

A 船在通航密集水域,没有按照海员的通常做法,特别谨慎驾驶,瞭望疏忽,未能对碰撞危险做出充分估计,未使用安全航速;B 船在两船处于对遇局面时,近距离向左转向,瞭望疏忽,未能对碰撞危险做出充分估计,未使用安全航速。

1.A 船的过失

(1)在通航密集水域,没有按照海员的通常做法,特别谨慎驾驶。

A 船起锚以后,按照进口船舶的总流向应向西航行,但该船向西南方向航行,航行到了出口船舶习惯航线上,影响了 B 船等出口船,船长及船员在起锚以后没有制定或执行合理的计划航线,与多艘出口船在通航密集水域近距离交会,没有做到谨慎驾驶。其行为违反了《避碰规则》第八条 1 款的有关规定。

(2)疏忽瞭望,未能对会遇局面做出充分的估计。

事故发生前,A 船已远距离发现在其船首方向出口航行的 B 船,但驾驶室人员没有对 B 船进行连续观察,未能对局面和碰撞危险做出正确判断。因此,其行为违反了《避碰规则》第五条和第七条 1 款的有关规定。

(3)未采取适合当时环境和情况的安全航速。

事故发生水域通航密度大,船舶交会较为频繁。事故发生前,A 船与多艘船舶近距离交会,但未采取符合当时环境和情况的安全航速,未能有效避免碰撞,其行为违反了《避碰规则》第六条的有关规定。

2.B 船的过失

(1)突然转向,导致紧迫危险

B 船向右转向,致与 A 船形成对遇局面并构成碰撞危险。之后在两船近距离处,B 船突然向左大角度转向,导致两船之间形成紧迫危险,这是本起碰撞事故发生的主要原因。

B 船在两船相距约 3.8 n mile 处,开始向右调整航向;在两船相距约 2.6 n mile 时,B 船航向基本稳定。此时,B 船与 A 船构成对遇局面,两船之间已经形成了碰撞危险,随后进入紧迫局面。在两船距离约 0.5 n mile 时,B 船向左大角度转向,导致两船之间形成紧迫危险,之后发生碰撞。B 船的行为违反了《避碰规则》第十四条 1 款的规定。

(2)疏忽瞭望,未能对会遇局面做出充分的估计。

事故发生前,B 船已远距离发现在其船首方向进口航行的 A 船,但驾驶室人员没有对 B 船进行连续观察,未能对局面和碰撞危险做出正确判断。因此,其行为违反了《避碰规则》第五条和第七条 1 款的有关规定。

(3)未采取符合当时环境和情况的安全航速。

事故发生水域通航密度大,船舶交会较为频繁。事故发生前,B 船与周围多艘船舶有交会,但其未采取符合当时环境和情况的安全航速,始终以 14 kn 左右的航速行驶,其行为违反了《避碰规则》第六条的有关规定。

(三)间接原因分析

(1)B 船处在船舶航行密集水域,船长未在驾驶室进行监督指导。

B 船船长在本船未离开长江口定线制水域时,便离开驾驶室,由二副单独指挥操纵船舶。二副在发现本船与 A 船有碰撞危险后,才通知船长上驾驶室,船长到驾驶室后,未对周围环境进行充分的了解和评估,便仓促下达了“左满舵”的指令,导致碰撞发生。

(2)两船之间未进行有效沟通。

两船在事故发生之前,都在远距离区域发现了对方船,但直到碰撞发生前 3 min,A 船才开始呼叫 B 船,至碰撞发生时,两船也未能联系上,没有对避让行动进行有效沟通,导致两船避让行动不协调,朝向同一地点转向。

案例二

2015 年 4 月 22 日 0139 时,上海 RN 航运有限公司所属的中国籍散货船 A 船在上海港 A54A 灯浮下游与 DSKG 所属的利比里亚籍集装箱船 B 船发生碰撞,事故造成 A 船船首右侧严重破损,艏尖舱和 1#货舱进水,B 船球鼻艏局部变形、水线以上有两处破口。事故未造成水域污染和人员伤亡,构成水上交通一般等级事故。

一、事故经过

A 船于 2015 年 4 月 19 日 0400 时从盘锦开出,装载煤炭 51 366 t,开往上海石洞口,开航时吃水为前 11.98 m、后 12.04 m,船上共 23 人。4 月 21 日 1800 时,A 船到达长江口定线制北报告线,该船深水航道进槽计划时间为 2200 时,A 船未抛锚,控制航速开往 D3 灯浮。在到达 D3 灯浮前,A 船驾驶室人员对驾驶室的通信导航设备进行了检查,测试了主机、舵机的操纵性能,确认所有设备正常。4 月 21 日 2200 时,A 船准时过 D3 灯船进入深水航道,以 10~13 kn 航速正常进口航行。4 月 22 日 0126 时,A 船通过 D45 灯浮,进入圆圆沙警戒区,航速为 10.9 kn、航向为 293°,此时 B 船在 A54A 灯浮上游,准备进入深水航道延伸段。同时,南槽进口船 C 船通过 VHF-CH06 呼叫 A 船,要求从 A 船船头通过,A 船考虑到本船比预期靠码头时间提前了 1 h 左右(码头靠泊计划为 22 日 0430 时,如保持当时航速航行,0330 时前可到达码头),A 船同意 C 船请求,并答应降速让行。此时，A 船驾驶室共三人：船长、二副和当班水手，船长负责观察雷达和电子海图、指挥操纵并接听 VHF（VHF 位于驾驶室前窗中间，距离车钟和操舵台有一定距离，操车钟和接听 VHF 不便同时进行），二副和当班水手协助瞭望。4 月 22 日 0127 时，A 船与 C 船联系完毕后，开始减速，主机由“前进三”开始逐步降速。同时，该船开始向右调整航向至 298°，继续沿深水航道延伸段航行，因对抗南槽来流，为保持航向，需向左压舵，船首向保持在 290°左右。

4 月 22 日 0130 时，A 船驾驶室人员通过雷达和目视观察发现一艘大船在距离出口 1.5 n mile 处航行，AIS 设备上没有显示该船信息。A 船继续慢速前进，等待 C 船通过。

4 月 22 日 0131 时，A 船航速为 10 kn，航向为 296°，减车至“前进一”。

4 月 22 日 0133 时，A 船航速为 9.6 kn，航向为 297°，船首向为 291°，船长下令“停车”。

4 月 22 日 0135 时，A 船航行至 47#灯浮下游水域（概位 31°19.86′N，131°41.90′E），航速为 9 kn，航向为 296°，船首向为 289°，船长要求舵工“把定”，车钟保持停车状态。此时，A 船距离 B 船约 0.8 n mile，A 船船长通过 VHF-CH06 多次呼叫“北槽出口的箱子船，怎么过？”，但没有得到应答。此后，A 船船首向和航向都逐渐减小，船体慢慢穿过北槽深水航道分割线，船首向减至最小时为 279°。

4 月 22 日 0137 时，A 船航速为 8 kn，航向为 291°，船首向为 282°，其雷达回波越过深水航道延伸段中心线，船首开始进入深水航道延伸段的出口航道，但 A 船驾驶室人员完全没有意识到本船已偏离航道，航向错误。二副听见船长与“出口外轮”未能联系上，告诉船长：“那条船没有 AIS 的，我们跟着前面的大船走吧。”随即跟着南槽驶来、与 B 船过绿灯的 C 船航行，船长同意。随后船长通过 VHF-CH06 呼叫“出口的集装箱船，我们跟着南槽进来的船跟你会绿灯了”，但没有得到回答。

4 月 22 日 0138 时，A 船船长发现与 B 船距离迅速缩小，两船相距约 0.3 n mile，此时 A 船航速为 7.7 kn，航向为 291°，船首向为 280°，船长下令“右满舵”“前进一”，随后先改为“前进二”，后改为“后退一”，至 0139 时，船长连续下令“正舵”“后退二”“后退三”。

4 月 22 日 0139 时，A 船船首右侧与 B 船船首发生碰撞，碰撞夹角约 30°，碰撞点位于 A54A 灯浮下游水域、深水航道延伸段的出口航道内，如图 1-8-6 所示。

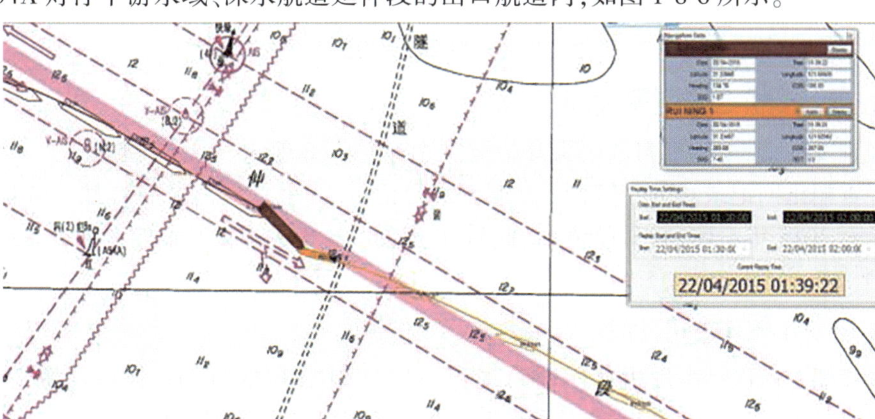

图 1-8-6 A 船和 B 船碰撞时的电子海图截屏

二、事故发生前双方船舶存在的特殊情况

（一）A 船事故发生前驾驶室人员及设备情况

船长自 0133 时开始，一直站在左侧 VHF 前使用 VHF-CH06 与其他船舶进行通话，没有回到电子海图前对本船船位进行核实，没有发现本船船位自 0135 时开始向左偏转、进入出口航道；0126 时，A 船过 D45 灯浮，二副在海图上完成船位标绘，之后回到车钟前，没有移动过位置，没有观察本船航向、航速、船位等；水手自当班开始一直在操舵台前，没有移动过位置，在碰撞前没有发现本船存在航向、船首向异常的情况。综上所述，A 船自 0135 时开始，船首向、航向减小，船首左转、船体转入出口航道内，当时驾驶室内三人都没有发现这一情况，直至碰撞发生，如图 1-8-7 所示。

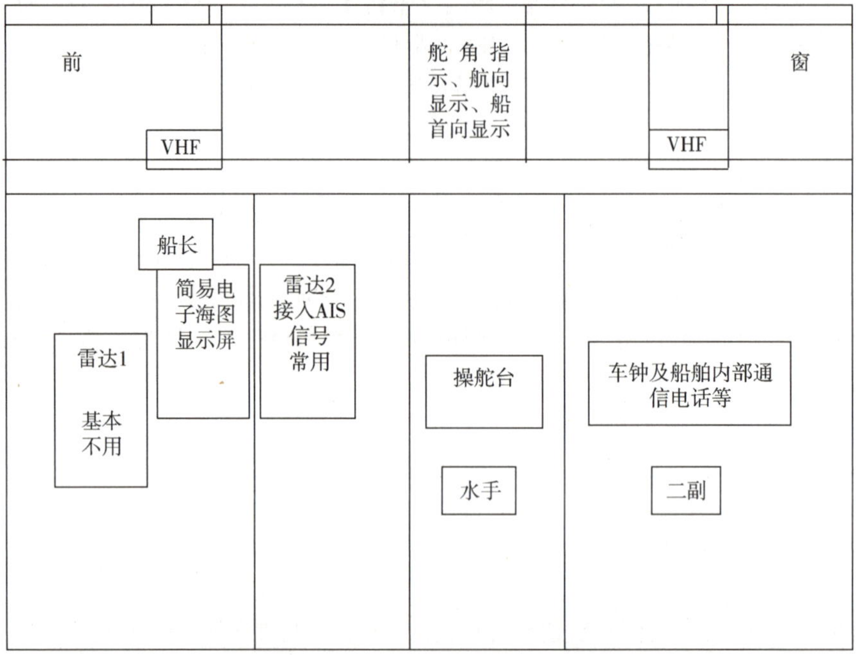

图 1-8-7　碰撞发生前 A 船驾驶台组成人员占位示意图

（二）B 船 AIS 信号显示情况

经查 VTS 记录，B 船自离码头开始至事故发生时，B 船未显示 AIS 信号。

经查船讯网记录和 AIS 信息公众服务平台记录，两个平台记录的 B 船 AIS 信号正常显示至 2015 年 4 月 21 日 1256 时，此后，B 船的 AIS 信号未被其他船舶或设备或系统接收到。

（三）B 船本航次计划

因该船本航次结束后租家（日邮）退租，双方约定该船航行到长江口水域交接，至上海引航员下船后，视为完成交接，所以该船没有直接进厂修理，而是将长江口设为目的地。查吴淞 VTS 记录的 22 日北槽进出口计划，B 船出口时间为 0154 时，进口时间为 0900 时。

（四）两船联系情况

事故发生前，A船船长自0135时开始在VHF-CH06多次呼叫“北槽出口箱子船，怎么过?”;B船通过VHF-CH06与南槽进口船联系并发布动态。但在两船VDR录音中，并没有听到对方船的VHF通话录音，双方在碰撞发生之前没有通过VHF联系上。在听取吴淞VTS的VHF-CH06通话录音时，由于该频道长时间声音嘈杂，没有听到双方船舶在VHF中的通话呼叫的内容。

三、事故分析

（一）事故原因分析

1.事故原因分析基础

本起事故发生地点位于长江口深水航道延伸段内，是长江上海段的一部分，A船与B船适用《长江口深水航道(12.5 m)延伸段试通航暂行规定》《长江上海段船舶定线制规定》《避碰规则》。

2.事故直接原因分析

本起事故中，双方船舶都存在未保持正规瞭望、未使用安全航速和应急操纵不当等问题。A船在事故发生前对风流估计不足、偏离航道，部分船体进入出口航道是事故发生的重要原因;B船未做到远离分隔线航行，AIS设备故障也是事故发生的原因之一。

(1)A船在碰撞发生前对风流估计不足、偏离航道、部分船体进入出口航道是事故发生的主要原因。

A船在碰撞发生前，因等待码头泊位，在航行到圆圆沙警戒区后开始减速，由于减速后船体受风流条件影响与之前不同，驾驶室人员未注意到本船船位、船首向正在发生变化，没有及时采取纠正措施，后A船船首向左偏转、船位向南偏移、部分船体在碰撞发生时进入深水航道延伸段的出口航道。A船违反了《长江上海段船舶定线制规定》第十条1款的规定。

(2)B船在事故发生前未远离分隔线航行是事故发生的原因之一。

B船在事故发生前，部分船体航行于深水航道延伸段的分割线上，两船在距离和方位不断缩小的同时，也未及时采取向右转向避让的措施，至发生碰撞时，部分船体仍在深水航道延伸段的分隔线上。B船违反了《长江上海段船舶定线制规定》第十条12款的规定。

(3)B船的AIS未显示AIS信号是事故发生的原因之一。

2015年4月21日1256时之后，B船AIS信号未被其他船舶、设备或系统接收到。在事故发生前的锚泊、航行过程中，B船都没有向他船显示本船的AIS信号，致使其他船舶对B船的航行信息、即时动态信息无法正确掌握。B船违反了《长江口深水航道(12.5 m)延伸段试通航暂行规定》第九条的规定。

(4)双方船舶都未保持正规瞭望。

事故发生前，尽管两船都及早发现了对方船，但是A船未对本船船位进行连续观察，未发现本船船首向异常、船位逐渐向南偏移直至出现在碰撞发生前部分船体驶入深水航道延伸段出口航道的情况；B 船驾驶室人员尽管在事故发生前较短时间内发现对方船存在船首向异常、船位偏移的情况，但未对该船异常航行动态做连续观察，没有为判断碰撞危险搜集足够的信息，导致采取避碰措施较晚。双方船舶都违反了《避碰规则》第五条的规定。

(5) 双方船舶都未采用安全航速。

事故发生前，A 船在深水航道延伸段航行时，使用了 10 kn 左右的航速。尽管在碰撞发生前，A 船采取了“全速倒”的措施，碰撞发生时，航速仍有 7 kn 以上，没能及时将本船船位停住。B 船在事故发生前，一直以 4~5 kn 的速度航行，尽管在碰撞之前也采取了倒车措施，但也没能把船停住。双方船舶都违反了《避碰规则》第六条的规定。

(6) 双方船舶都存在应急操纵不当的问题。

双方船舶驾驶室人员发现两船之间存在碰撞危险后，都没有立即采取大幅度的降速或者转向措施，而是等待对方采取较大动作的避让行动，导致两船船位不断接近，最终发生碰撞。双方船舶都违反了《避碰规则》第八条 1、2 款的规定。

海上两船碰撞的案例深刻体现了党的二十大报告强调安全发展理念的重要性。报告强调保障人民生命安全，这就要求海上航行务必强化安全管理，严格遵循航行规则，提升船员安全素养和应急能力。同时，报告倡导构建人类命运共同体，呼吁各国在海上交通领域加强合作交流，共同维护海洋秩序，减少事故发生，确保海上运输安全、稳定。

模块二

实操篇

知识图谱

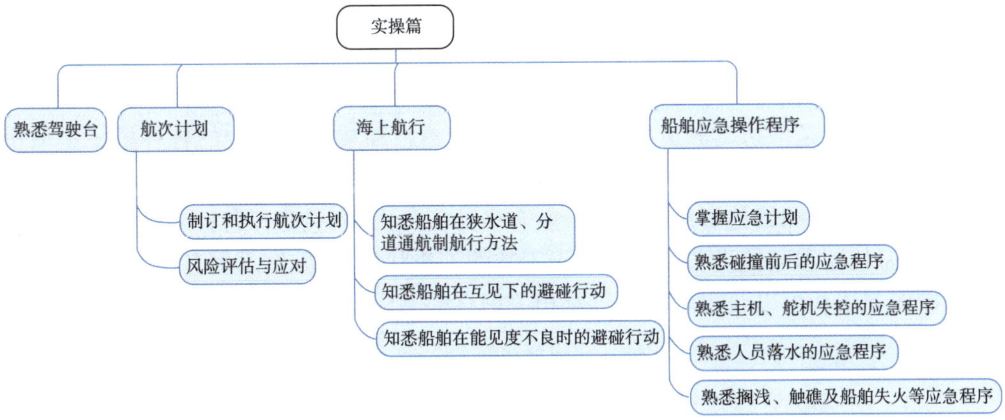
实操篇
熟悉驾驶台
航次计划
制订和执行航次计划
风险评估与应对
海上航行
知悉船舶在狭水道、分道通航制航行方法
知悉船舶在互见下的避碰行动
知悉船舶在能见度不良时的避碰行动
船舶应急操作程序
掌握应急计划
熟悉碰撞前后的应急程序
熟悉主机、舵机失控的应急程序
熟悉人员落水的应急程序
熟悉搁浅、触礁及船舶失火等应急程序

项目一　熟悉驾驶台

船舶驾驶台是值班驾驶员的主要工作场所，熟悉和掌握驾驶台的各种资源是值班驾驶员的重要职责。值班驾驶员应有效地使用可用资源，这些资源包括：人力资源、物质资源、信息资源和其他资源。作为一名合格的值班人员，应确保各种装置、设备，尤其是各种航海仪器和通信设备等一直处于正常的工作状态，并熟练掌握各种装置、设备的功能、操作方法和可以获得的信息以及相关信息的响应方法。

项目主题	熟练掌握驾驶台主要航行和安全设备	计划学时	2学时
练习任务	你船位于上海外高桥航道A58号灯浮附近，出口航行，过圆圆沙灯船，经北槽航道出口航行。 起点船位：纬度：31°22.5′N，经度：121°35.9′E； 终点船位：纬度：31°18.1′N，经度：121°46.2′E		
实践目标	(1)了解驾驶台主要航行设备的放置地点和操作方法； (2)熟练掌握电子助航仪器的使用方法，了解这些设备的性能及操作上的局限性； (3)熟练掌握车、舵的使用，车令和舵令的正确运用		
船舶概况	船名：××；船型：Bulk Carrier；呼号：××； 载态：压载吃水，5.6 m；船长：226 m；船宽：32 m；设计船速：15.2 kn		
目标船概况	“目标船”的数量、种类、动态由任课老师根据航海模拟器的情况进行设置		
风流海况	白天，能见度良好；横风，3～4级；顶流，0.5 kn		
实践内容	(1)熟悉驾驶台设备，了解各项设备的名称、位置及功能。 (2)对本船人员进行分组，两人一组：一名驾驶员、一名舵工。 (3)每组人员进行船舶开航前航海仪器的检查、开启和调试操作。 (4)拟定航线，并进行起航、变速、变向、避碰等操纵。 (5)在练习过程中充分掌握各仪器设备的使用方法和使用技巧		
实践要求	航线设计合理、正确，电子海图参数调整正确； 雷达正确开启，参数设置合理，正确使用雷达； 车、舵、罗经能正确操作； 正确开启号灯、号型及声响和灯光信号		

任务须知

一、驾驶台主要设备及其功能介绍

1.陀螺罗经与磁罗经

陀螺罗经，是利用陀螺仪的定轴性和进动性，结合地球自转矢量和重力矢量，用控制设备和阻尼设备制成以提供真北基准的仪器。陀螺罗经按对陀螺施加作用力矩的方式可分为机械摆式与电磁控制式两类：机械摆式陀螺罗经按产生摆性力矩的方式分为用弹性支承的单转子上重式液体连通器式罗经和将陀螺仪重心放在支承中心以下的下重式罗经；电磁控制式陀螺罗经是在两自由度平衡陀螺仪的结构上，设置电磁摆和力矩器组成的电磁控制装置，通过电信号给陀螺施加控制力矩。磁罗经又称“磁罗盘”，是一种测定方向基准的仪器，用于确定航向和观测物标方位。它是在中国古代的司南、指南针的基础上逐步发展而成的。它是利用磁针受地磁作用稳定指北的特性制成的指示地理方向的仪器。

2.自动舵

自动舵是能自动控制舵机以保持船舶按规定航向航行的设备，又称自动操舵装置，它是在通常的随动舵装置上加装自动控制部分而成。自动舵和罗经、舵机结合起来，使船在舵的作用下，转向至规定的航向。自动舵具有自动操舵、随动（手动）操舵和手柄（应急）操舵三种操舵方式。

3.车钟

车钟是指主机驾控系统的车钟，通过它我们可以对这条船进行变速。它类似于汽车的挡位，我们可以通过它遥控机舱主机转速以达到控制船速的目的。车钟挡位分为：海上全速、前进三、前进二、前进一、微速进、停车、微速退、后退一、后退二、全速后退。我们不仅可以一挡一挡地控制，我们还可以微控制，也就是一转一转地控制，实现速度控制的精度化，控制船舶准时准点地抵达目的港。例如，某船舶在静水无风条件下，主机以全速 84 r/min 运行时，其航速可达 25 kn，相当于陆上交通工具的行驶速度约为 50 km/h。

4.雷达与 ARPA

雷达，是英文 Radar 的音译，也是 Radio detection and ranging 的缩写，原意为“无线电探测和测距”，即用无线电的方法发现目标并测定它们的空间位置。因此，雷达也被称为“无线电定位”。雷达是利用电磁波探测目标的电子设备。雷达发射电磁波对目标进行照射并接收其回波，由此获得目标至电磁波发射点的距离、距离变化率（径向速度）、方位等信息。

自动雷达标绘仪 ARPA 译自英文 Automatic Radar Plotting Aid。ARPA 能人工或自动捕捉目标，捕获后自动跟踪目标并以矢量形式在显示器屏幕上显示目标的航向和航速。另外，由操作者设定会遇距离（DCPA）和到达最近会遇距离的时间（TCPA）的允许界限，当处理电路计算出目标的最近会遇距离和到达最近会遇距离的时间小于所设定的允许界限时，会自动以各种方式（视觉或音响）报警，提醒驾驶员采取避让措施。

5.VHF

VHF（Very High Frequency）即甚高频无线通信系统，是一种无线电通信方式，由海岸电台和船载 VHF 设备组成,是船舶和船舶交通管理中心的主要通信手段。船舶开航前必须对船上 VHF 设备进行检查、调试,确保其处于良好技术状态。VHF 使用的语言要简明、扼要、清晰,通信应采用《IMO 标准航海通信用语》,把控好通话的时间,调控好音量及静噪,避免噪声的干扰。船舶必须严格遵守通信秩序和有关规定,不得进行与航行安全无关的通话,不得故意干扰 VHF 的通信;当有遇险及海难救助紧急通话时,其他船舶应避免影响。

6.计程仪

计程仪是用于测量航程的仪器,用于测量航速、累计航程,它和罗经同为航迹推算的基本仪器,在海图上作业就是根据计程仪读数在航线上量取航行距离。早期船舶上装的是转轮式计程仪,通过测量海水流速,测得船舶航速,再通过计时装置得到航程。现代船舶上广泛使用电磁计程仪,利用电磁感应原理测得船舶的航速和航程。

7.回声探测设备

回声探测设备是最早的一类水下声学仪器,这种设备得到了广泛的应用。所有这样的设备都有一个共同的特点:它们都利用一组发射换能器在水下发射声波,使声波沿海水介质传播,直到碰到目标后再被反射回来。反射回来的声波会被接收换能器接收,然后经声呐员或计算机处理,进而确定目标的参数和类型。

8.电子海图显示与信息系统

一般把各种数字式海图及其应用系统统称为电子海图。电子海图显示与信息系统(ECDIS)被认为是继雷达、ARPA 之后在船舶导航方面又一项伟大的技术革命。从最初纸海图的简单电子复制品到过渡性的电子海图系统(ENS),ECDIS 已发展成为一种新型的船舶导航系统和辅助决策系统,它不仅能连续给出船位,还能提供和综合与航海有关的各种信息,有效地防范各种险情。

9.AIS

AIS 是船舶自动识别系统(Automatic Identification System)的简称,由岸基(基站)设施和船载设备共同组成,是一种新型的集网络技术、现代通信技术、计算机技术、电子信息显示技术于一体的数字助航系统和设备。船舶自动识别系统由舰船、飞机之敌我识别器发展而成,配合全球定位系统(GPS)将船位、船速、改变航向率及航向等船舶动态结合船名、呼号、吃水及危险货物等船舶静态资料由甚高频(VHF)频道向附近水域船舶及岸台广播,使邻近船舶及岸台能及时掌握附近海域所有船舶之动静态资讯,得以立刻互相通话协调,采取必要避让行动,对保障船舶安全有很大帮助。

10.LRIT

Long Range Identification and Tracking of ships(LRIT)即为船舶远程识别与跟踪系统。LRIT 通过从船载自动识别系统(AIS)提取船舶识别码、船位和时间等数据,并利用全球海上遇险和搜救系统(GMDSS)的 Inmarsat-C 或高频设备(HF)以固定的时间间隔发送 LRIT 数据,经计算机对数据进行处理,实现对船舶的远程识别与跟踪。LRIT 由船上 LRIT 信息传输设备、通信业务提供者[Communication Service Provider(s),简称 CSPs]、应用业务提供者[Application Service Provider(s),简称 ASPs]、LRIT 数据中心(DCs)、船舶远程识别与跟踪系统数据分发方案(Data Distrbution Plan,简称 DDP)、国际数据交换所(International Date Exchange,简称 IDE)组成。LRIT 系统的运行需接受各缔约国指定协调机构的定期监督审核,以确保其符合国际统一规范。

11.VDR

船载航行数据记录仪(Voyage Data Recorder,简称 VDR,又名船用黑匣子)是一种实时记录并保存船舶发生事故前后船体有关信息的仪器。船载航行数据记录仪系记录与船舶航行及操作有关数据的完整系统,包括用于数据处理和数据编码所要求的任何与输入数据源接口的项目、在其容器中的最终记录介质、电源供应和专用备用电源等设备。VDR 是一种以安全并可恢复的方式,实时记录并保存船舶发生事故前后一段时间内的船舶位置、动态、物理状况、命令和操纵手段等信息的仪器。

12.GPS 接收机

利用 GPS 定位卫星,在全球范围内实时进行定位、导航的系统,称为全球卫星定位系统(GPS)。GPS 是由美国国防部研制建立的一种全方位、全天候、全时段、高精度的卫星导航系统,能为全球用户提供低成本、高精度的三维位置、速度和精确定时等导航信息,是卫星通信技术在导航领域的应用典范。该系统不仅显著提升了全球信息化水平,更为数字经济发展注入了强劲动力。

13.驾驶台航行值班报警系统(BNWAS)

驾驶台航行值班报警系统(Bridge Navigational Watch & Alarm System,简称 BNWAS)的主要作用是在值班驾驶员不能履行值班责任时,及时向船长或其他驾驶员报警,避免发生海事事故。BNWAS 旨在监视驾驶台活动,并监测由于操作者失去工作能力而可能导致的海事事故。该系统监视值班驾驶员的意识,不管由于任何原因而使值班驾驶员丧失其值班能力,该系统都会自动向船长或其他有值班能力的驾驶员报警。该系统通过系列的警报和标示向驾驶员和船长发出警示。该系统还会在值班驾驶员由于事故、疾病或保安缺口(如海盗或劫持)而丧失值班能力时发出警报。除非船长许可,BNWAS 任何时候都需保持工作状态。

14.号灯和号型

号灯和号型可以表示船舶的位置、种类、大小和动态、工作状态等。船舶驾驶员应能在实际工作中正确显示本船的号灯和号型,及时识别他船的号灯和号型,并迅速、准确地判明他船的种类、尺度、动态或作业方式以及两船所构成的会遇态势等,并根据号灯和号型的隐现变化,了解他船所采取的操纵行动及避让意图,核查双方避让行动的有效性。

15.信号旗

信号旗共有 40 面,包括表示字母的 26 面字母旗,表示数字 0 至 9 的 10 面数字旗,代替字母旗或数字旗的 3 面代旗,1 面回答旗。在船上或信号台上,信号旗按顺序存放在驾驶台、工作室的专用旗柜内。国际信号旗用红、黄、蓝、白、黑几种颜色组成不同几何图案。多数旗采用两种颜色,少数为三色、四色。字母旗中 A、B 2 面旗为燕尾旗,其余 24 面旗均为长方旗。数字旗均呈长梯形,故又称尖旗。代旗为三角形旗。回答旗亦呈长梯形。

16.船舶驾驶台设备熟悉表（如表 2-1-1 所示）

表 2-1-1 船舶驾驶台设备熟悉表

Familiarization with bridge equipment 驾驶台设备熟悉表	
Has the operation of the following equipment been studied and fully understood? 下列驾驶台设备是否已学习并懂得使用?	Tick 打钩确认
Compass and heading devices 罗经和航向设备	
Location and operation of the standard magnetic compass and azimuth mirror 标准磁罗经的位置和操作以及方位镜	
Date of last compass swing 最近的罗经自差纠正	
Location of deviation card and compass error log 罗经自差表和罗经自差记录簿存放位置	
Location and operation of magnetic off-course alarm 磁罗经偏航报警操作和位置	
Location and operation of the TMC (Transmitting Magnetic Compass) control unit 电磁罗经转换控制单元的操作和位置	
Location and operation of gyro compass, repeaters and azimuth mirrors 电罗经、复示仪、方位镜的操作和位置	
Gyro compass error 电罗经误差	
Location and operation of off-course alarm 偏航报警的操作和位置	
Radar and Radar Plotting Aids 雷达和雷达标绘仪	
Location and operation of radar(s) including operation performance monitors 雷达的操作和位置包括性能测试操作	
Operation of ARPA (or other plotting aids) 自动雷达标绘仪的操作(或其他标绘仪)	
Echo Sounder 测深仪	
Location and operation of echo sounding devices 测深仪的操作和位置	
Location of echo sounder repeaters 测深仪复示仪位置	
Location of echo sounder spares and spare recording paper (if not digital unit) 测深仪备件和备用记录纸(如果没有数字单元)	
Speed and distance logs 计程仪	
Location and operation of speed and distance logs 计程仪操作和位置	
Location and operation of speed and distance logs repeaters 计程仪复示仪的操作和位置	
GMDSS (including Maritime Safety Information) 全球海上遇险和安全系统(包括海上安全信息)	
Location and operation of GMDSS station, isolation of aerials, location of batteries, back-up power GMDSS 电台/天线隔离/电池位置/备用电源的操作和位置	

续表

Location and operation of VHF/MF/HF equipment (including DSC) VHF/MF/HF 设备(包括 DSC)的操作和位置	
Location and operation of ship earth station (SES)船舶地面站的操作和位置	
Location and operation of NAVTEX receiver 航行警告电传接收机的操作和位置	
Location and operation of weather fax receiver and any weather routeing program 气象传真接收机和其他气象信息的操作和位置	
Location of spare paper for weather fax receiver 气象传真接收机备用记录纸位置	
Location of the GMDSS log 无线电电台记录簿位置	
Location and operation of EPIRB 应急无线电示位标的操作和位置	
Position Fixing Systems 定位系统	
Location and operation of GNSS 全球导航卫星系统的操作和位置	
Location and operation of terrestrial radio-navigation systems 地面无线电导航系统操作和位置	
Location of antenna(s)天线位置	
General bridge equipment 通用驾驶台设备	
Location and operation of the chronometer, master clocks system and stopwatch 天文钟、子母钟系统、秒表的操作和位置	
Location of compass error log 电罗经误差记录簿位置	
Location of binoculars 望远镜位置	
Location of sextant(s)六分仪位置	
Location of log books 航海日志位置	
Location and operation of bridge windscreen wipers and clear view screens including water wash 驾驶台窗户刮雨器和旋转窗(包括窗户冲洗)的操作和位置	
Internal Communications 内部通信	
Location and operation of internal communications 内部通信的操作和位置	
Location and operation of emergency internal communications 内部应急通信的操作和位置	
Propulsion and Steering 推进器和舵机	
Location of manoeuvring characteristics information and data 操作性能图和数据的位置	
Location and operation of engine telegraph 车钟操作和位置	
Location and use of engine movement recorder 主机运转记录仪的使用和位置	
Location and operation of thruster controls 侧推器的操作和位置	
Operation of steering, steering changeover and emergency steering systems 舵机、舵机转换和应急舵系统的操作	

续表

Location and use of rate of turn indicator 转头率指示仪的使用和操作	
Orders and Logs 命令簿和记录	
Location of the Master's standing orders 船长常规命令位置	
Location of Master's daily/night orders 船长每日、夜间命令簿位置	
Location and content of instructions for unmanned spaces 无人机舱指令目录和位置	
Passage planning and monitoring 航次计划和监控	
Location of passage plan for proposed/current passage 预计航次和当前航次的航次计划的位置	
Location of charts for proposed/current passage 预计航次和当前航次的海图位置	
Completion of ECDIS familiarisation 电子海图系统熟悉检查表完成情况	
Location of navigational publications, light lists, radio signals, digital and/or hard copies 航海出版物、灯标雾号表、无线电信号书(电子版和/或印刷版)的位置	
Location and operation of chart management system 海图管理系统的操作和位置	
Location of navigation warnings and weather information 航行警告和气象信息的位置	
Location of Notices to Mariners digital and/or hard copies 航海通告(电子版或印刷版)的位置	
AIS 船舶自动识别系统	
Location and operation of AIS AIS 的操作和位置	
Alarm Systems 报警系统	
Location and operation of BNWAS 驾驶台航行值班报警系统的操作和位置	
Voyage recording 航次记录	
Location and operation of VDR or S-VDR 航行数据记录仪的操作和位置	
Recovery/saving data from VDR or S-VDR 从航行数据记录仪回放和保存数据	
Location and operation of bridge audio recording system 驾驶台录音系统的操作和位置	
Location and operation of the course recorder 航行记录仪的操作和位置	
Location of spare recording paper for course recorder, and other spares (if electro mechanical) 航行记录仪的备用记录纸和其他备件(如果是电子机械式的)	
Location of LRIT equipment 远程识别与跟踪系统的位置	
Location of bridge procedures manual, SMS and ship specific procedures 驾驶台程序手册、安全管理体系、船舶特殊程序的位置	
Navigation Lights, Shapes and Signalling Equipment 航行灯、号灯和号型设备	

续表

Location and operation of navigation and signal light controls and alarm panel 航行灯信号灯控制报警面板的操作和位置	
Location of bridge operated deck lighting 驾驶台控制的甲板灯的位置	
Location of spare bulbs for navigation lights and equipment 航行灯和设备的备用灯泡位置	
Location and operation of daylight signalling lamp 白昼信号灯的操作和位置	
Location of mains sockets and batteries 白昼信号灯的主插口和电池位置	
Understand the recharging procedure for back-up battery supplies 了解备用电池充电程序	
Location of flags, shapes and manual sound signalling apparatus 旗、号型、手动声音信号设备的位置	
Location and operation of sound signalling panel 声音信号面板的操作和位置	
Emergency equipment and security 应急设备和保安	
Location of muster point information 集合点信息位置	
Location of spare lifejackets 备用救生衣位置	
Location of man overboard lifebuoys and methods of release 人员落水救生圈的位置和释放方法	
Location and operation of fire detection and alarm panel 火灾探测和报警面板的操作和位置	
Location of fire and general alarm activation points 火灾和通用报警启动点的位置	
Location of emergency fan stop 应急通风停止的位置	
Location of watertight door remote controls 水密门遥控装置位置	
Location of emergency fire pump(s) stop/start 应急消防泵停止/启动位置	
Location of counter-piracy equipment 防海盗设备位置	
Other 其他	

项目二　航次计划

航行安全管理是船舶运营中至关重要的环节，涉及船舶的航行安排、安全保障以及时间管理等多个方面。本项目要求学生根据《1974 年国际海上人命安全公约》《STCW公约马尼拉修正案》《海船船员培训大纲（2021 版）》《海船船员考试大纲（2022 版）》等操作规范和标准要求，完成指定水域的航线设计、航行值班、船舶定位、船舶避让和应急处置等内容，考查学生船舶定位与导航、船舶值班与避碰、船舶操纵、雷达操作与应用及驾驶台资源管理的能力。

在航次计划实施过程中，船舶航行于“海上丝绸之路”共建国家沿线海域，肩负着促进贸易往来、文化交流的重任。船员们应深刻认识到自身工作对“一带一路”共建的重要意义，秉持开放、合作、共赢理念，在指定水域航线设计等工作中，不仅要确保航行安全，更要以优质的服务促进“一带一路”共建国家互联互通。通过安全、高效的航运活动，助力构建人类命运共同体，让“一带一路”这条贸易与友谊之路更加畅通，为世界经济发展与和平稳定贡献力量。

任务一 制订和执行航次计划

任务主题	解读航次任务并制订航次计划	计划学时	2 学时
航行任务	你船位于上海外高桥航道 A58 号浮附近，出口航行，过圆圆沙灯船，经北槽航道出口航行。 起点船位：纬度：31°22.5′N，经度：121°35.9′E； 终点船位：纬度：31°18.1′N，经度：121°46.2′E		
实践目标	知识目标：读取并理解关键信息； 技能目标：(1)能够正确读取关键信息； (2)根据航次任务要求，正确执行。 素质目标：(1)培养学员严格的纪律性和规范性； (2)加强团队协作和沟通； (3)培养学员对安全生产的重视和对环境保护的关注		
船舶概况	船名：××；船型：Bulk Carrier；呼号：××； 载态：压载吃水 5.6 m；船长：226 m；船宽：32 m；设计船速：15.2 kn		
目标船概况	“目标船”的数量、种类、动态由任课老师根据航海模拟器的情况进行设置		
风流海况	白天，能见度良好；横风，3~4 级；顶流，0.5 kn		
工作任务	(1)指定水域航线设计； (2)船舶定位； (3)沟通联系； (4)操纵避碰； (5)应急处理； (6)预设航程的完成		
实践要求	所设计的航线合理、正确，并已充分考虑到了各项要素； 使用多种方法定位，确定陆标定位需要选取的标志位置； 沟通联系方法正确，获得准确、完整的信息； 能正确分析判断局面，并按照避碰规则各条采取正确的避碰行动； 针对不同的紧急情况采取正确的应急处理措施； 预设航程完成，总结不足之处，提出改进措施		

任务须知

一、航海图书资料的重点考核内容的种类

航海图书资料重点考核内容通常包括以下几类：

(1)海图：提供海域的详细地理信息，包括水深、岸线、岛屿、航标、障碍物等。船舶应配备计划航线所需的海图，并定期进行更新。

(2)航行指南：包括航路指南、灯标雾号、进港指南等，提供航线的具体信息和建议，帮助船员选择合适的航线并避免潜在风险。

(3)航行通告：及时提供海域内的最新动态，如航标变动、航道封闭、危险区域等，船员应定期查阅航行通告以获取最新信息。

(4)潮汐表：提供特定地点的潮汐信息，对于沿海航行和进出港口的船舶尤为重要。

(5)其他航海相关出版物：包括气象预报、海洋环境报告等，有助于船员了解航行区域的天气和海况，制订相应的航行计划。

此外，为了确保航海图书资料的有效性和及时性，船舶还应建立相应的管理和更新机制。船员应定期检查航海图书资料，确保其没有过期或失效，并根据需要更新或补充新的资料。同时，船舶还应建立航海图书资料登记表，记录所有航用书籍的分类和数量，以便查阅和管理。

总之，航海图书资料的配备和管理是船舶航行安全的重要保障。船员应严格遵守相关规定，确保船舶配备充足的航海图书资料，并定期进行管理和更新。

二、制订完善的航次计划

制订完善的航次计划是确保海上航行安全、高效和经济的重要步骤。在认真无误地解读航次指令，明确本航次的任务和目标后，相关管理人员需要做的就是制订完善的航次计划。航次计划制订的步骤如下：

(1)明确航行目标：明确航行的起点、终点以及可能的途经点。

(2)搜集信息：收集关于航行区域的海洋环境、气象条件、交通状况、港口设施等信息。

(3)选择合适的航线：根据收集到的信息，选择一条安全、经济且符合航行要求的航线。在选择航线时，要考虑水深、障碍物、海流、风浪等因素，以及可能的船舶交汇点、渔区等。

(4)遵守航行规则：在设计航线时，必须遵守国际和国内的航行规则，包括通航分道的使用、避让原则等。

(5)考虑船舶特性：船舶的大小、类型、速度等特性也会影响航线的选择。例如，大型船舶可能需要更宽的航道和更深的水域。

(6)制定应急预案：针对可能出现的风险和问题，制定应急预案，包括恶劣天气、机械故障、人员伤病等情况的应对措施。

(7)使用 ECDIS 软件：利用 ECDIS 精确地绘制航线，并考虑各种因素。

三、查阅航海图书资料、进行学员评估

根据航次任务题卡，查阅航海图书资料完成表 2-2-1 针对特定航段确定所需海图

的清单、表 2-2-2 针对特定航段确定所需各类航海图书资料的清单、表 2-2-3 查取各航段港口和航段区域的航行提示、表 2-2-4 查取航海图书资料配备更新及关键信息、表 2-2-5 航段距离样表、表 2-2-6 船舶规范及航次信息、表 2-2-7 船舶下沉量计算表，完成后对学员完成情况进行评价并发现其中存在的不足。完成表 2-2-8 学员考核和表 2-2-9 实践题目完善表，根据检查中存在的问题完善实践题目，并记录改进要点，以便在后续的训练中帮助学员进行改进。

表 2-2-1　针对特定航段确定所需海图的清单

序号	海图清单	更新至航海通告期数	评估效果(100 分)
1			
2			
3			
4			
5			
⋮			

表 2-2-2　针对特定航段确定所需各类航海图书资料的清单

序号	图书清单	更新至航海通告期数	相关信息所在页码	评估效果(100 分)
1				
2				
3				
4				
5				
6				
⋮				

表 2-2-3　查取各航段港口和航段区域的航行提示

序号	航行提示及防污染要求	水文气象资料	无线电台资料	沿岸应急联系方式
1				
2				
3				
4				
5				
⋮				

表 2-2-4　查取航海图书资料配备更新及关键信息

项目	航线设计关键知识考核	回答内容
1	航段海图配备齐全	材料提交(见表 2-2-1)
2	查看海图更新至最新	材料提交，检查海图更新记录或查看电子海图(ECDIS)更新记录
3	航段航海图书资料配备齐全	材料提交(见表 2-2-2)
4	航海图书资料已更新至最新	材料提交，检查航海图书资料更新记录或查看电子图书资料更新记录
5	航段港口和航段区域的航行提示查取正确	材料提交(见表 2-2-3)
6	航段所在海区无线电台信息查取正确	材料提交(见表 2-2-3)
7	航段紧急联系人清单正确	材料提交(见表 2-2-3)
⋮		

表 2-2-5　航段距离样表(DISTANCE TABLE)

序号 No.	纬度 Latitude	经度 Longitude	航向 Course	距离 Distance	时间 时/分 Time h/m	定位方法 Position Fixed Method	使用海 图号码 Charts No.	航行提 示序号 (备注) Nav. Instruction No. (Remark)
1								
2								
3								
4								
5								
6								
7								
8								
9								
10								
11								
12								
13								
14								
15								

总距离(泊位到泊位)Total Distance (Berth to Berth):________海里　　航速 Speed:________

总时间(天/小时/分钟)Total Time (Days-Hours-Minutes):________

值班驾驶员 Navigating Officer:____________　　　　船长 Master:____________

表 2-2-6 船舶规范及航次信息

船名 Ship's Name:	日期 Date:	航次号 Voy. No.:		
呼号 Call Sign:	载重吨 Deadweight:	建造年份 Built Year:		
艏吃水 Draft fwd (m)	艉吃水 Draft aft (m)	中间吃水 Draft amidships(m)	吃水差 TRIM (m)	排水量 Displacement(吨 Ton)
船舶参数 Ship's Particulars				
总长 Length Overall ____ m, 宽 Breadth ____ m, 球鼻艏 Bulbous Bow ____(是 Yes / 否 No) 锚链 Anchor Chain: 左舷 Port ____节 Shackles, 右舷 Stb'd ____节 Shackles,(1 节 Shackle ____ m) 最大允许拖船拖力 Maximum permissible bollard pull from tugs ____________				
舵机及推进器参数 Particulars of Steering & Propeller				
舵 Rudders ________(数量 number) 类型 Type ________ 最大舵角 Maximum angle ________ 满舵到满舵时间 Time hard over to hard over ____(秒 s)中性效应舵角 Rudder angle for neutral effect ____ 螺旋桨 Propellers ____(个 number) 旋转方向 Direction of turn (右 right/左 left) 可控螺距 Controllable pitch (是 Yes/否 No) 侧推 Thrusters ________(数量 number) 艏侧推功率 Bow power ________(千瓦 kW/马力 HP) 艉侧推 Stern power ________(千瓦 kW/马力 HP) 舵特性 Steering idiosyncrasies ________				

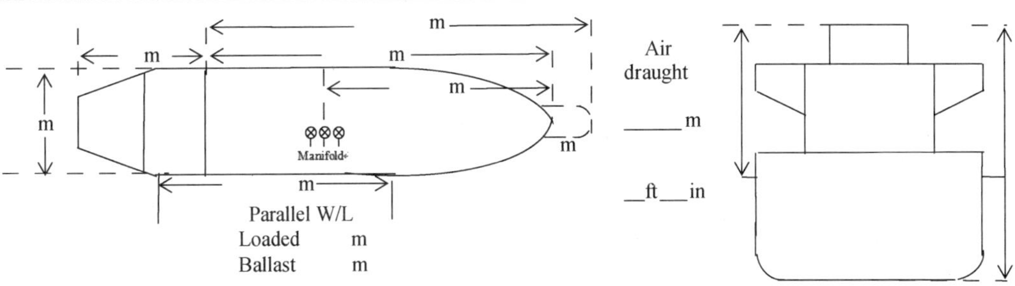

主机类型 Type of Engine ________		最大功率 Maximum Power ________ kW		
操车令 Maneuvering Engine Order	转速 RPM/Pitch	下沉量 Squat	航速 Speed (kn)	
			满载 Loaded	压载 Ballast
前进三 Full Head				
前进二 Half Ahead				
前进一 Slow Ahead				
微速前进 Dead Slow Ahead				
龙骨下富余水深 UKC				
微速后退 Dead Slow Astern		后退时间限制 Time Limit Astern ________ min 前进三至后退三 Full Ahead to Full Astern ________ s 主机临界转速 Engine critical speed ________ r/min 最小转速 Minimum speed ________ r/min 正倒车功率比 Astern Power ________% Ahead 最多连续启动次数 Maximum number of consecutive starts _____		
后退一 Slow Astern				
后退二 Half Astern				
后退三 Full Astern				

表 2-2-7　船舶下沉量计算表

Ship's Speed	Confined Water	Open Water
15.5	4.241	2.120
15.0	3.971	1.986
14.5	3.711	1.856
14.0	3.460	1.730
13.5	3.217	1.608
13.0	2.983	1.491
12.5	2.758	1.379
12.0	2.542	1.271
11.5	2.334	1.167
11.0	2.136	1.068
10.5	1.946	0.973
10.0	1.765	0.883
9.5	1.593	0.796
9.0	1.430	0.715
8.5	1.275	0.638
8.0	1.130	0.565
7.5	0.993	0.496
7.0	0.865	0.432
6.5	0.746	0.373
6.0	0.635	0.318
5.5	0.534	0.267
5.0	0.441	0.221
4.5	0.357	0.179
4.0	0.282	0.141
3.5	0.216	0.108
3.0	0.159	0.079
2.5	0.110	0.055
2.0	0.071	0.035

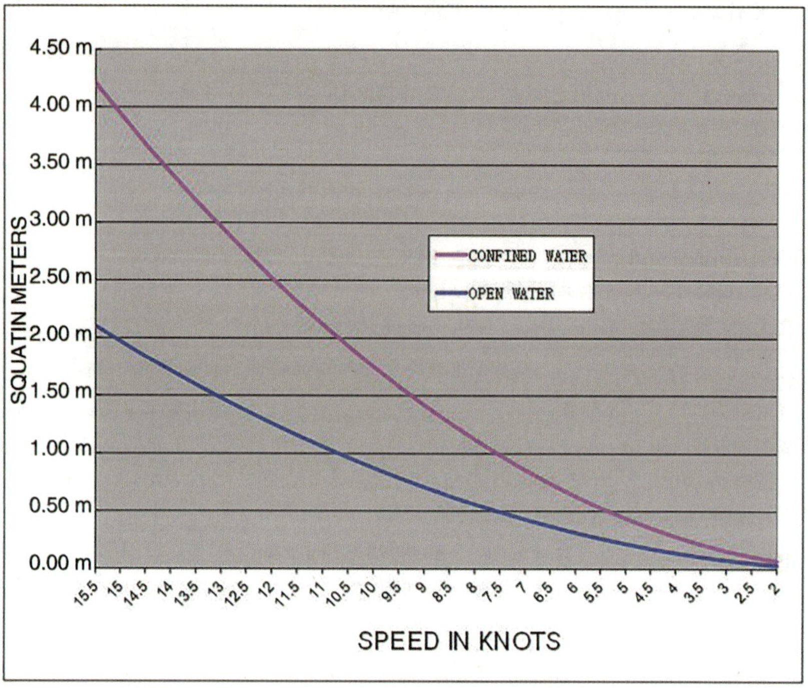

Ship's Particulars:

Length Overall (L.O.A) =		m
Length between Perpendiculars (L.B.P) =		m
Moulded Breadth (B) =		m
Displacement (Δ)=		MT
Tonne per Centimeter Immersion (TPC) =		MT
Draft (D) =		m
Block Coefficient (C_b)=		

Calculation Method:

Block Coefficient (Cb) = $\dfrac{\Delta}{L \times B \times D}$

Squat in meter in Confined Waters = $\dfrac{2 \times C_b \times V^2}{100}$

Squat in meter in Open Waters = $\dfrac{C_b \times V^2}{100}$

V ——Speed through Water

C_b—— Block Coefficient at summer draft

表 2-2-8　学员考核

任务内容	任务要求	验收方式	小组考核
正确配备和使用航海图书资料	配备的航海图书资料充分考虑到了各方面因素的影响，并配备齐全；可以正确使用各航海图书资料	材料提交	1.
			2.
			3.
			4.
			5.

表 2-2-9 实践题目完善表

<table>
<tr><td>改进要点和记录</td><td colspan="2"></td></tr>
<tr><td rowspan="5">任务提交</td><td>小组负责人 1</td><td></td></tr>
<tr><td>小组负责人 2</td><td></td></tr>
<tr><td>小组负责人 3</td><td></td></tr>
<tr><td>小组负责人 4</td><td></td></tr>
<tr><td>小组负责人 5</td><td></td></tr>
</table>

任务二　风险评估与应对

航次计划中的风险评估与应对是确保航行安全的关键环节。在制订航次计划时，必须充分考虑气象、海况、船舶状况、航行路线及港口条件等多方面因素，对可能出现的风险进行全面评估。针对评估结果，需制定切实有效的应对措施，如调整航行路线、增强船舶安全设施、加强船员培训等。同时，在航行过程中，应密切关注天气变化、海况动态，及时获取最新航行信息，根据实际情况调整航行策略，确保船舶安全。此外，建立完善的风险应对机制，如应急预案的制定与演练，有助于在突发情况下迅速做出反应，降低风险损失。综上所述，航次计划中的风险评估与应对是保障航行安全的重要手段，必须给予高度重视，确保各项措施得到有效执行。

<table>
<tr><th>任务主题</th><th>风险评估与应对</th><th>计划学时</th><th>2 学时</th></tr>
<tr><td>航行任务</td><td colspan="3">你船位于 Singapore Horsburgh Lighthouse 附近，西行至 East Boarding Ground B 引航站。
起点船位：纬度××°××.×′N，经度：×××°××.×′E；
终点船位：纬度：××°××.×′N，经度：×××°××.×′E</td></tr>
<tr><td>实践目标</td><td colspan="3">知识目标：(1)了解沿岸航区、通航密集区的风险；
(2)了解狭水道、岛礁区的风险；
(3)了解恶劣天气条件下的风险；
(4)了解特定水域的风险。
技能目标：(1)识别并评估航行过程中可能存在的风险、天气变化、航线条件、船舶设备故障等；
(2)针对不同的风险能采取正确的应对措施；
(3)合理调整航线，避开潜在的风险区域或恶劣天气海域；
(4)应急演练，模拟场景，提高情景意识，降低风险。
素质目标：(1)培养学员科学严谨的工作态度；
(2)培养学员团队良好的协作与沟通能力；
(3)增强学员的环保和安全意识</td></tr>
<tr><td>船舶概况</td><td colspan="3">船名：×××；船型：Bulk Carrier；呼号：×××；
载态：压载吃水 5.6 m；船长：226 m；船宽：32 m；设计船速：15.2 kn</td></tr>
<tr><td>目标船概况</td><td colspan="3">“目标船”的数量、种类、动态由任课老师根据航海模拟器的情况进行设置</td></tr>
<tr><td>风流海况</td><td colspan="3">天气、海况、位置等由任课老师根据航海模拟器的情况进行设置</td></tr>
<tr><td>工作任务</td><td colspan="3">(1)正确完成沿岸航区、通航密集区的风险评估；
(2)正确完成拥挤或者狭水道的航行风险评估；
(3)正确完成浅水水域的航行风险评估；
(4)正确完成能见度受限情况下的航行风险评估</td></tr>
</table>

续表

任务主题	风险评估与应对	计划学时	2 学时
实践要求	根据航海模拟器模拟的场景进行各风险评估； 针对评估到的风险制定正确的控制措施； 针对各风险下可能发生的应急情况制定应变措施		

任务须知

一、沿岸航区、通航密集区的风险

（一）沿岸航区、通航密集区的特点

沿岸航区和通航密集区航行的特点是离岸近、航行危险物较多、水深较浅、地形复杂、潮流影响较大，来往船只和各类渔船比较密集，避让操纵复杂，在许多情况下回旋余地都较小。因此，航行于该区域时，要注意谨慎驾驶，尤其是在能见度不良时，更需要及时识别航行风险。

（二）沿岸航区、通航密集区的风险识别和评估

（1）对沿岸航区、通航密集区进行风险识别。

（2）仔细研究《航路指南》《进港指南》《港口指南》等相关航海资料和航次海图，对航线所经海区的沿岸航区和通航密集区进行识别和分析，掌握航线中对航行安全有一定威胁的沿岸航区和通航密集区，真正做到心中有数、未雨绸缪。

（3）对沿岸航区和通航密集区进行风险评估。

（4）针对航线所经沿岸航区和通航密集区，对航行可能带来的风险分门别类地进行风险评估。

（5）填写表 2-2-10 所示的拥挤或者狭窄水道的航行风险评估报告，提前做好风险评估。

（三）沿岸航区、通航密集区的风险控制

沿岸航区、通航密集区存在诸多航行风险，需要在各个方面控制这些风险，确保船舶航行安全。控制风险首先从航线的设计上着手，然后从航行实操上实施。只有航线设计合理、措施完善、实操得力才能最终确保船舶的航行安全。在航线设计上需要注意以下几个方面。

1.选择航线

根据安全和经济的原则，慎重确定航线，在没有特殊原因的情况下，尽可能采用资料中的习惯航线、推荐航线，包括采用分道通航航路来拟定航线。

2.确定适当的离岸距离

（1）在能见度良好的情况下，沿陡峭的海岸航行时，船舶可在 2 n mile 以外通过。

（2）岸边海底崎岖不平或岸边海底斜率很小时，航线可设于水深大于 2 倍本船吃水处，或小船设于 10 m（或 5 拓）等深线处或其外；大船应以 20 m 等深线为警戒线；吃水大于 10 m 的船舶设于 50 m（或 30 拓）等深线外。

（3）在夜间或能见度不良，定位又有困难时，应在离岸 10 n mile 以外航行。

（4）定位不易时，宜保持航线与岸线走向基本平行。

3.确定避离危险物的安全距离

一般在接近孤立的水下危险物之前，不但要有精确的船位，还要有航标可供雷达探测或目测，在 1 n mile 或以上通过危险物。

4.选择适当的转向点

沿岸航行关键的转向点附近，多数有明显的天然或人工标志，如灯塔、立标、岛屿、山头等。应尽可能选用转向一侧正横附近的显著物标作为转向物标，避免用平坦的岬角或浮标转向。

5.考虑来往船舶交会的复杂情况

在沿岸航区与通航密集区，来往船舶交会情况极为复杂。不同类型、大小、速度的船舶穿梭其中，航线交叉频繁。大型商船航速快，惯性大；小型渔船机动性强且作业区域不固定，易突然改变航向。在狭窄航道或繁忙港口附近，船舶密度高，会遇局面瞬息万变。此外，恶劣天气如浓雾、强风、暴雨等会严重影响能见度与船舶操控性，进一步加剧交会风险。同时，部分船舶可能存在通信不畅或船员瞭望疏忽等问题，使得船舶交会时碰撞危险大增，极易引发水上交通事故。

6.在实际航行过程中应该注意的方面

(1)认真推算、勤测船位

为了提高推算和定位的精度，应尽可能采用资料比较详尽的新版大比例尺海图，并注意及时根据航海通告将每张海图改正到最新日期。航迹推算要认真、连续地进行。在沿岸水流影响显著地区航行时，应每小时确定一次推算船位；在其他地区航行时，一般情况下每 2 h 或 4 h 确定一次推算船位。应充分利用沿岸众多的导航物标测定船位，一般情况下船速在 15 kn 以下，每半小时定位一次；接近危险物地区或者船速在 15 kn 以上，应适当缩短定位时间间隔。

(2)加强瞭望，及时准确转向

沿岸航行中的海上事故，特别是大的海难事故大部分是由疏忽瞭望引起的。因此，应对瞭望工作正确认识，要有严肃认真的态度。在能见度不良或在渔船和其他来往船只密集的海区，应使用雷达配合瞭望，密切关注他船动向。使用 VHF 进行通信联系以及充分利用 AIS，以获得周围船舶动态信息是新型有效的瞭望手段，应充分加以利用。

沿岸航行转向比较频繁，必须把握转向时机，准确地将船舶转到新的计划航线上。通常转向前应当测得准确船位，推算出预计到达转向点的时间，计算好新航向上的罗航向，届时旋回圈用小舵角逐渐转向。重要的转向点，往往也是船舶的交汇点，转向时应特别注意避让，加强瞭望，谨慎驾驶。

(3)按时收听航海警告和天气预报

沿岸水域，灯塔、灯船、雾号、定位系统、重要浮标以及海上石油勘探装置等经常发生变迁或变更，这些新的变迁或变更多数属于临时性质，一般以无线电航海警告的形式发布。而那些永久性的变迁或变更，由于核实及汇编均需要一定的时间，因此，船舶在航行中要定时收听该地区的航海警告，与航行安全有关的内容应及时用铅笔改注在海图上或在电子海图上进行手动标注，以确保沿岸航行安全。

此外，还应该查收有关气象台站的气象预报或气象传真图，如果发现船舶的前方有灾害性天气，应及时果断地采取安全措施，做好各项准备工作；必要时，应选择有利的避风锚地抛锚或者绕航避离。

(4)准确识别岸形和物标

沿岸航行时正确识别岸形和物标是定位、保证航行安全的前提。实践证明,许多海上事故是对岸形和物标的错误识别引起的。即使充分阅读了有关的航海资料,亦不能完全避免识别上的错误。特别是浮标,在大风之后,常有移位或漂失的情况发生,有时灯浮的灯光也会熄灭,应注意仔细识别,不可主观臆断。只有确认物标无误后,方可用于定位和导航。判断是否因误识物标而导致船位错误的常用方法有参考概率船位区判断法和根据船位分布判断法。

(5)正确使用 DGPS 和 AIS 信息

当前,许多国家在沿海水域建立了 DGPS 基站台链与 AIS 基站台链,可为沿海航行的船舶提供更高精度的船位以及周围船舶的航向、航速和位置等动态与静态信息,进一步确保航行安全。值得注意的是,AIS 提供的是 WGS-84 坐标系下的船位、航迹向和对地速度,还应注意 DGPS 高精度船位的坐标是否与海图一致。

(6)认真守听 VTS 指定频道和服从交管指挥

沿岸水域和通航密集区往往都设有 VTS,船舶航行时应认真守听 VTS 指定的频道,了解他船的动态和意图;同时,应自觉遵守交管的指挥,禁止擅自盲目行动,避免造成碰撞危险。

(7)积极协调避让

在沿岸水域和通航密集区航行时,因交通密度大,造成海上交通事故的概率相对较高。在指挥操纵船舶时,不仅要关注大吨位的货船,还要注意经常穿插航路的轮渡和渔船;为了避免造成紧迫局面,要提前协调联系,确认避让措施。如果水域内交通密度过大,通常要采取减速、绕航等一些应对措施,避免碰撞事故的发生。

(四)特定水域的风险

特定水域通常指的是海盗多发区、战争风险区及定线制区域等。船舶在特定水域航行存在一定的风险,特别是海盗多发区,船舶安全存在很大的隐患。

表 2-2-10 拥挤或者狭水道的航行风险评估报告

风险评估报告

Report of risk assessment

船名 Ship name:		日期 Date:		船长签名 Master's signature:		编号 No:	
要被评估的工作 Work activity being assessed:			拥挤或者狭水道的航行 Navigated in narrow or congested waters				

第一节:确认风险和现有的控制措施 SECTION 1: Hazards identified (HI) & existing control measures (CM)			可能性 Likelihood of occurrence	风险程度 Severity of harm	风险等级 Risk factor	附加控制程序 Additional control measures
风险编号 Hazard No.	风险描述和现有的控制措施 Description of identified hazards & existing control measures					
	风险 Hazards / Risk	控制措施 Control measures				
1	全船失电 Loss power	两台发电机运转,备用发电机随时可用 Two A/E running, other A/E stand by	Likely	Extreme	High Risk	Yes
2	主机遥控系统失灵 The main engine's remote control system is out of order	应急操舵系统随时可用,准备好转换应急操作所需工具 The emergence steering system is available at anytime, tools needed to change to emergency steering are prepared	Likely	Extreme	High Risk	Yes
3	舵机失灵 The steering engine is out of order	要启动两台舵机,进入区域前要测试舵机及应急操作 Start two steering pumps, and test steering gear and emergence operation before entering	Likely	Extreme	High Risk	Yes
4	任何的辅助设备失灵 Any auxiliary equipment is out of order	所有的备用设备要立即可用 All back up equipment are stand by	Likely	Slightly	Low Risk	No
5	锅炉失灵 The boiler is out of order	锅炉处于运行状态,并且换至柴油 The boiler being in a running and change to DO	Likely	Moderate	Medium Risk	Yes
6	启动空气失灵 Starting air lost	两台空气压缩机保持运转,一旦失灵要立即报告船长 Two air compressors being kept in a running state, report to master if it is out of order	Likely	Extreme	High Risk	Yes

续表

7	碰撞危险 Risk of collision	以安全航速行驶,提早协调避让行动 Sailing in a safe speed, and coordinate avoidance action in advance	Likely	Moderate	Medium Risk	Yes
8	航行仪器故障 Navigation instrument is out of order	进入水域前进行检测,及时处理发现问题 Test before entering and settle problem found timely	Rarely	Moderate	Low Risk	No
9	船吸、岸吸 Suction between ships, bank suction	控制船速及会遇距离 Control the speed and CPA	Rarely	Moderate	Low Risk	No

第二节:附加控制措施 SECTION 2 : Additional control measures		再评估风险等级(2~6 级) Category of risk reassessment (2-6 grade)	附加建议 Additional comments:
Hazard No.	进一步降低风险的措施 Further action necessary to reduce the risk of harm		
1	船长通知轮机长航行状况,机舱启动两台发电机并保证备用发电机随时可用 The master notice the chief engineer the navigation condition. Start two A/E and back-up A/E being stand by in engine room		公司通知:如果采取附加措施以后风险仍不能降低或降到很低,请联系公司讨论 Office Notes: If the Risk factor cannot be reduced to low or very low risk even after the additional control in Section 2, please contact Office to discuss
2	轮机长保证所需工具已准备就绪 The chief engineer ensure that the tools needed is well prepared		
3	船长确保舵机被试用 The master ensure the steering gear being tested		
4	轮机长确保柴油足够使用,所有轮机员知道如何换油 The chief engineer ensure that the diesel is enough and all engineers know how to change oil		
5	密切注意空压机的所有运行参数 Pay close attention to all the operating parameter of the air compressor		
6	遵守避碰规则,谨慎驾驶,必要时瞭头 Comply with collision regulation, navigation prudently, and keep looking out if necessary		评估复审日期 Assessment review date

二、狭水道、岛礁区的风险

（一）狭水道、岛礁区的特点

《避碰规则》虽然提及“狭水道”这一术语，但是没有对狭水道做出定义；根据航海习惯，通常将港口、海峡、江河、岛礁区以及运河等统称为狭水道。狭水道和岛礁区主要有以下特点：

(1)航道狭窄弯曲，航线附近的暗礁或浅滩等危险物多，船舶的活动受到很大限制。

(2)物标多，距离近，方位变化快。

(3)航道水位浅，水深变化大，航行前应掌握最新的水深资料。

(4)来往船只频繁，避让的余地小。

（二）狭水道、岛礁区的风险识别、评估和控制

1.对狭水道和岛礁区的风险识别

仔细研究《航路指南》、每月航路设计图等相关航海资料和航次海图，对航线所经海区的狭水道和岛礁区进行识别和分析，了解和掌握航线中对航行安全有一定威胁的狭水道和岛礁区，并对这些区域的具体海域特点做具体分析，真正做到心中有数、未雨绸缪。

2.对狭水道和岛礁区的风险评估

在对航线中所经狭水道和岛礁区进行认真识别的基础上，进一步对这些海区予以风险评估。风险评估的内容主要包括风险的类别和大小。

3.对狭水道和岛礁区的风险控制

狭水道、岛礁区存在诸多航行风险，需要从各个方面控制这些风险，确保船舶航行安全。控制风险首先要保证最小安全水深达到要求，其次要在活动余地小的水域内正确导航、安全避险和正确转向，最后需要正确避让船舶。

(1)确定最小安全水深；

(2)过浅滩注意事项；

(3)正确导航、避险和转向；

(4)认真收听 VTS 指定频道和服从交管指挥；

(5)积极协调避让。

4.风险评估

建立如表 2-2-11 所示的浅水水域的航行风险评估报告，提前做好风险评估。

表 2-2-11　浅水水域的航行风险评估报告

风险评估报告

Report of risk assessment

船名 Ship name:	日期 Date:	船长签名 Master's signature		编号 No:		
要被评估的工作 Work activity being assessed:			浅水水域的航行 Shallow water navigaiton			
第一节:确定风险和现有的控制措施 SECTION 1 : Hazards identified (HI) & existing control measures (CM)			可能性 Likelihood of occurrence	风险程度 Severity of harm	风险等级 Risk factor	附加控制措施 Additional control measures
风险编号 Hazard No.	风险描述和现有的控制措施 Description of identified hazards & existing control measures					
	风险 Hazards/Risk	控制措施 Control measures				
1	主机和主机螺旋桨损坏 M/E and propeller breakdown	马上停止主机 Stop the main engine immediately	Rarely	Extreme	Medium Risk	Yes
2	冷却器或者冷凝器堵塞 The cooler or condenser is blocked	换到高位海底门,关闭低位海底门 Switch to upper sea chest and close lower sea chest	Likely	Slightly	Low Risk	No
3	船底破裂,船舱浸水或者向海里漏油 Ship bottom broken or oil spilling into the sea	定时对所有油舱、货舱、空舱、隔离空舱进行测量作业 Sounding all oil tank, cargo holds, void compartments and separation space regularly	Likely	Extreme	High Risk	Yes
4	机舱进水 The Engine Room is filled with water	定时检查污水井,有船体破损或者海水泄漏时要测量液位 Check the bilge well regularly, take sounding if the ship shell broken or sea water ingress	Likely	Extreme	High Risk	Yes
5	机器损坏 The machine is broken	检查所有机器的运行参数、油污噪声等 Check all machine's operation parameter and noise	Rarely	Slightly	Very Low Risk	No

续表

6	船舶触底 The ship touch bottom	考虑龙骨下富余水深(UKC)、船体下沉量,必要时减速停车,通过浅水区 Consider the UKC and ship squat, slow down or stop when passing through the shallow water if necessary	Rarely	Extreme	Medium Risk	Yes
7	碰撞危险 Collision risk	活动水域受限,舵效变差,利用 VHF 及 AIS 及早协调避让;显示号灯、号型,安全航速行驶 Steering effect is worse in restricted water, coordinate collision avoidance action by VHF and AIS timely. Show the lights and shapes signals. Navigate in safe speed	Rarely	Moderate	Low Risk	No
8	舵效变差 The rudder answers slowly	提前用舵,大舵角,及时回舵 Early rudder, large rudder angle and back rudder in time	Rarely	Moderate	Low Risk	No
9	测深仪故障 Echo sounding breakdown	预期驶入浅水区域前,检查测深仪状态,及时发现并解决问题,保证其处于良好工作状态 Check the echo sounders and settle problem found in time before ship going into shallower water and keep in a good working state	Rarely	Moderate	Low Risk	No

续表

第二节：附加控制措施 SECTION 2 : Additional control measures		再评估风险等级（2~6级） Category of risk reassessment （2~6 grade）		附加建议 Additional comments：
风险编号 Hazard No.	进一步降低风险的措施 Further action necessary to reduce the risk of harm			
1	轮机长确保主机已经停止 The Chief Engineer ensure that main engine has stopped			公司通知：如果采取第二节中的附加措施以后风险仍不能降低或降到很低，请联系公司讨论 Office Notes : If the Risk factor cannot be reduced to low or very low risk even after the additional control in Section 2, please contact Office to discuss
2	轮机长及大副要做记录，检查液位的变化 The Chief Engineer and Chief Officer shall keep record and check the change of liquid level			
3	机舱要有足够的人值班，并且定时向轮机长汇报 There should be enough crew in the engine room, and report to Chief Engineer regularly			
4	应充分考虑船舶吃水，港口水深及潮水，选择合适时机进港，开启测深仪 Take full consideration of ship draft, port water depth and tide to choose right time to enter into the port and switch on echo sounder			评估复审日期 Assessment review date：

三、能见度不良条件下的航行

（一）能见度不良条件下的航行特点

根据《避碰规则》第三条的规定，“能见度不良”是指由于雾、霾、下雪、暴风雨、沙暴或任何其他类似原因而使能见度受到限制的情况。能见度不良条件下的航行主要有以下特点：

(1)能见度不良，视线受到限制。

(2)由于能见度不良，无法在足够的距离上发现周围来船，只能依赖 AIS、雷达观测和标绘。

(3)受视线所限，不能及时发现附近物标和航标等，定位困难。

(4)在能见度不良条件下采用安全航速后，风流对船舶的影响加大，降低了推算船位的精度。

（二）能见度不良条件下的风险识别和评估

(1)对能见度不良风险的识别。雾、霾、暴雨、雪等天气会使能见度急剧下降，在这种情况下，瞭望受限，无法及时发现障碍物如漂浮物、浅滩等，难以准确判断周围船舶的位置、航向与航速，增加碰撞风险。此外，视觉信号难以被远处船舶接收，通信易受阻，导致船舶间协调困难，无法有效实施避碰行动，极易引发海上事故。

(2)对能见度不良风险的评估。航海中对能见度不良风险的评估需要多方面考量。从环境因素看，浓雾、暴雨强度与持续时长影响视距范围与危险程度。船舶自身设备状况如雷达、导航仪精度及可靠性关乎探测准确性。船员瞭望及应急处置能力，包括经验、培训水平等也极为关键。再者，附近船舶密度与交通流复杂性会放大风险，综合这些因素才能全面评估，为制定应对策略提供依据。

（三）能见度不良条件下的航行措施

能见度不良造成视线受限，无法直观地判断本船和周围环境的态势，势必造成诸多航行风险。航行过程中需要采取一定的措施，将这种恶劣条件带来的潜在风险降到最低，具体包括：

(1)及时调整航线的离岸距离；

(2)备车航行和采用安全航速；

(3)正确使用助航设施；

(4)准确测定船位；

(5)了解周围船舶动态。

能见度不良情况下的航行风险评估报告如表 2-2-12 所示。

表 2-2-12　能见度不良情况下的航行风险评估报告

风险评估报告

Report of risk assessment

船名 Ship name:		日期 Date:		船长签名 Master's signature		编号 No:
要被评估的工作 Work activity being assessed:			能见度不良情况下的航行 Navigation under restrict visibility:			
第一节:确认风险和现有的控制程序 SECTION 1 : Hazards identified (HI) & existing control measures (CM)			可能性 Likelihood of occurrence	风险程度 Severity of harm	风险等级 Risk factor	附加控制措施 Additional control measures
风险编号 Hazard No.	风险描述和现有的控制程序 Description of identified hazards & existing control measures					
	风险 Hazards/Risk	控制程序 Control measures				
1	没有通知船长及机舱 Master and engine room are not notified	能见度预期变差时应及时通知船长及机舱 Notice the master and engine room if bad weather expected	Rarely	Moderate	Low Risk	No
2	使用自动舵高速航行 High speed navigation by auto pilot	通知机舱备车,以安全航速行驶,手操舵 Notice the engine room to get the engine ready, navigate in safe speed	Rarely	Moderate	Low Risk	No
3	怕干扰他人休息而没有鸣放雾笛 Didn't sound fog horn in fear of disturbing others rest	按规定鸣放雾笛,可选择船首雾笛 Sound fog signal according to relevant regulations, forward fog whistle may be choosed	Rarely	Moderate	Low Risk	No
4	过分相信雷达及 ARPA Be over confident with the radar and ARPA	正确使用雷达及 ARPA,大小量程交替使用,不应忽视视觉瞭望 Proper use of radar and ARPA, use different range scale and visual observation should be not ignored	Rarely	Moderate	Low Risk	No

续表

5	只有驾驶员一人当值 Only one officer on duty	船长于驾驶台指挥,如需离开,通知驾驶员并安排水手操舵及瞭望 The master who directs from the bridge should notify duty officer and appoint wheel sailor if he leave	Likely	Moderate	Medium Risk	Yes
6	航行灯没有开启,探照灯没有准备 Navigation light is not switched on, search lights is not ready	开启航行灯,准备探照灯 Switch on navigation light, and prepare the search light	Rarely	Moderate	Low Risk	No
7	因怕吵而将甚高频关闭 Shut off the VHF for afraid of noise	开启 VHF 及 AIS 等设备,以便获得他船信息及协调行动 Open the equipment like VHF and AIS in order to get information of other ships for coordinate actions	Rarely	Extreme	Medium Risk	Yes
8	驾驶台两侧门关闭 Doors on both sides of the bridge is shut off	驾驶台两侧门开启,以便及早听到他船雾笛 Open the doors on both sides of the bridge in order to hear the fog signal of other ships as soon as possible	Likely	Slightly	Low Risk	No
9	碰撞危险 Collision risk	按照避碰规则要求行驶 Navigate according to the equipment of collision regulations	Rarely	Moderate	Low Risk	No
10	沿岸航行没有连续发布船舶动态 Ship's movement didn't continuously broadcast when coast navigation	连续发布船舶有关状态,并注意收听他船的动态 Broadcast ship movement continuously and keep receiving other ship's movement	Rarely	Moderate	Low Risk	No

续表

第二节：附加控制措施 SECTION 2 : Additional control measures		再评估风险等级(2~6 级) Category of risk reassessment (2-6 grade)		附加建议 Additional comments：	
风险编号 Hazard No.	进一步降低风险的措施 Further actions are necessary to reduce the risk of harm			公司通知：如果采取附加措施以后风险仍不能降低或降到很低，请联系公司讨论 Office Notes：If the risk factor cannot be reduced to low or very low risk even after the additional control in Section 2，Please contact Office to discuss	
1	如有必要，安排瞭头 Keep looking out if necessary				
2	VHF CH16 守听，当联系他船时，协调至其他频道。不占用公用或紧急频道 Keep watch on VHF 16. When connect with other vessels，switch to other channel. Don't occupy public or emergency channel			评估复审日期 Assessment review date ：	

四、风险评估

在航海教学实践中，要依据每一个具体航次的详细情况，全面且深入地针对航行区域展开各方面的风险评估工作。其中，需要通过认真填写表 2-2-13 来提交相关评估材料，从而验证风险评估是否契合航次的要求。与此同时，利用表 2-2-14 和表 2-2-15 所示的方式，对学生在风险评估知识方面的掌握情况进行综合评估。通过这种评估，仔细分析学生在风险认知、评估方法运用等环节所存在的不足，进而为后续有针对性地开展教学更正工作提供有力依据，帮助学生更好地掌握风险评估技能，保障航行安全相关知识的扎实学习。

表 2-2-13 航次计划中的风险评估表

项目	航次计划中的计算任务	回答内容
1	沿岸航行，交通密集区、渔区航行风险评估与控制方法	材料提交
2	狭水道、岛礁区航行风险评估与控制方法	材料提交
3	大洋航行风险评估与控制方法	材料提交
4	可能遭遇恶劣天气的风险评估与控制方法： 大风浪天气 台风天气 能见度不良天气	材料提交
5	海盗多发区和战争风险区风险评估与控制方法	材料提交
6	船舶定线制区域风险评估与控制方法	材料提交
⋮		

表 2-2-14 学员考核标准

任务内容	任务要求	验收方式	小组考核
航次计划中各情况下的风险评估与控制方法	1.对各风险能充分认识并进行评估； 2.各风险的控制方法有效且准确	材料提交	1.
			2.
			3.
			4.
			5.

表 2-2-15　实践题目完善及改进要点记录表

<table>
<tr><td>改进要点</td><td colspan="2"></td></tr>
<tr><td rowspan="5">任务提交</td><td>小组负责人 1</td><td></td></tr>
<tr><td>小组负责人 2</td><td></td></tr>
<tr><td>小组负责人 3</td><td></td></tr>
<tr><td>小组负责人 4</td><td></td></tr>
<tr><td>小组负责人 5</td><td></td></tr>
</table>

项目三　海上航行

为了加强海船船员值班安排与管理，防止船员疲劳操作，为船员提供切实有效的值班标准和指导，对保障海上人命与财产安全、做好船舶保安工作、保护海洋环境有着非常重要的意义。本任务主要阐述了 STCW 公约、STCW 规则、《中华人民共和国海船船员值班规则》有关船舶驾驶人员值班的公约法定要求、强制性标准和建议性指南以及我国对海船船员值班的标准和要求。保持连续有效的船舶值班，是保证船舶避免海难事故的重要措施，对此各国政府、有关国际组织、航运公司都给予了高度的重视，制定了相应的值班规定，对促进船舶的航行安全起到了积极的作用。

任务一　知悉船舶在狭水道、分道通航制水域的航行方法

行动任务一

任务主题	船舶在任何能见度下的避碰行动(狭水道)	计划学时	6 学时
任务导读	狭水道是船舶航行中最经常遇到的航行受限水域。该水域航道狭窄弯曲，浅滩多，水文条件多变，相对水深或相对宽度小，通航密度大，需要多加注意		
任务要求	能使用电子海图、GPS、AIS 等对本船船位、航向、航速进行有效监控，与危险物保持安全距离。 能利用视觉(包括望远镜)、AIS、雷达、VHF 守听，保持不间断的瞭望；使用雷达瞭望，包括：熟练操作雷达，交替使用量程，对周围船只进行系统性观测等		
学习目标	通过实操练习，掌握船舶在狭水道的航行方法以及 VTS 区域航行规定和报告程序，使用助航设备确定船位，并保持正规瞭望		
知识结构	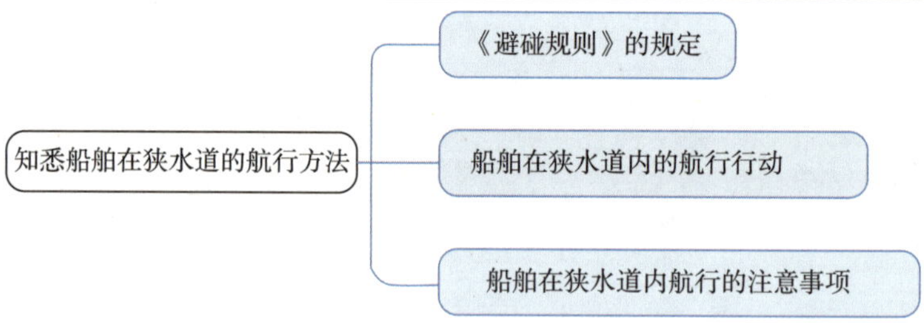		
学习重难点	狭水道内的航行要求		
实践要求	(1)考生 A 担任驾驶员，驾驶船舶按照计划航线航行和应急处置；然后按照评估员的要求轮换角色，考生 B 和 C 依次担任驾驶员，先后完成航行值班和应急处置； (2)驾助协助瞭望，定位和对内、对外通信联络； (3)操舵水手按照驾驶员的舵令操舵和显示信号； (4)考生轮换角色时，应遵守驾驶台的交接班程序； (5)操作时间：每位考生担任驾驶员约 15 min(包含应急处置)		

任务须知

一、《避碰规则》的规定

第九条规定：

1.沿狭水道或航道行驶的船舶，只要安全可行，应尽量靠近其右舷的该水道或航道的外缘行驶。

2.帆船或者长度小于20 m的船舶，不应妨碍只能在狭水道或航道以内安全航行的船舶通行。

3.从事捕鱼的船舶，不应妨碍任何其他在狭水道或航道以内航行的船舶通行。

4.船舶不应穿越狭水道或航道，如果这种穿越会妨碍只能在这种水道或航道以内安全航行的船舶通行。后者若对穿越船的意图有怀疑，可以使用第三十四条4款规定的声号。

5.(1)在狭水道或航道内，若只有在被追越船必须采取行动以允许安全通过才能追越时，则企图追越的船，应鸣放第三十四条3款(1)项所规定的相应声号，以表示其意图。被追越船如果同意，应鸣放第三十四条3款(2)项所规定的相应声号，并采取使之能安全通过的措施。如有怀疑，则可以鸣放第三十四条4款所规定的声号。

(2)本条并不解除追越船根据第十三条所负的义务。

6.船舶在驶近可能有其他船舶被居间障碍物遮蔽的狭水道或航道的弯头或地段时，应特别机警和谨慎地驾驶，并应鸣放第三十四条5款规定的相应声号。

7.任何船舶，如当时环境许可，都应避免在狭水道内锚泊。

二、船舶在狭水道内的航行行动

（一）船舶在狭水道内的航行规则

《避碰规则》第九条是有关船舶在狭水道或航道中航行时的航行规则。

1.适用的能见度

《避碰规则》第九条是有关船舶在狭水道或航道中航行时的航行规则，适用于任何能见度情况下的任何船舶，但条文另有规定的除外。例如，《避碰规则》第九条5款有关追越声号的规定，仅适用于互见中的追越；《避碰规则》第九条6款有关弯头声号的规定，仅适用于能见度良好的情况，而不适用于能见度不良的情况。

2.适用的水域

该条的适用水域为狭水道或航道。通常认为“狭水道”(narrow channel)是指可航水域宽度狭窄、船舶操纵受到一定限制的通航水域。航海界普遍认为，宽度为2 n mile左右的水道即可被认为是狭水道，宽度为4 n mile的水道则很难被认为属于狭水道。“航道”(fairway)通常可以被解释为一个开敞的可航水道或者由港口当局加以疏浚并维持一定水深的水道。

（二）船舶在狭水道中的航行方法

1.尽量靠近本船右舷的该水道或航道的外缘行驶

《避碰规则》第九条1款规定："沿狭水道或航道行驶的船舶，只要安全可行，应尽量靠近其右舷的该水道或航道的外缘行驶。"该款是有关船舶在狭水道或航道中航行时航法的规定，适用于在任何能见度情况下沿狭水道行驶的任何船舶。因此，无论是机动船，还是帆船、从事捕鱼的船舶以及操纵能力受到限制的船舶，当其沿狭水道或航道行驶时，只要安全可行，均应当切实可行地尽量靠近本船右舷的该水道或航道的外缘行驶，除非《避碰规则》条文另有规定。

2.利用车、舵克服浅水效应、岸壁效应的影响

当船舶在狭水道或者航道中行驶，应当充分考虑浅水效应、岸壁效应的影响，充分利用车、舵克服这种影响，以保证船舶在本船右舷的该水道或航道的外缘行驶。例如，"沙特雅帕丹姆"（Satya Padam）轮与"瓦莱丽"（Valerie）轮碰撞案，如图2-3-1所示。由于"沙特雅帕丹姆"轮速度太快使船舶发生偏转，在偏转后又试图控制船速，使得船舶难以控制，致使船舶在碰撞前2 min向左偏转驶入航道南侧，碰撞前半分钟向右偏转折回，碰撞时船首仍然在航道南侧。最后英国皇后分座判定"沙特雅帕丹姆"轮承担全部碰撞责任。

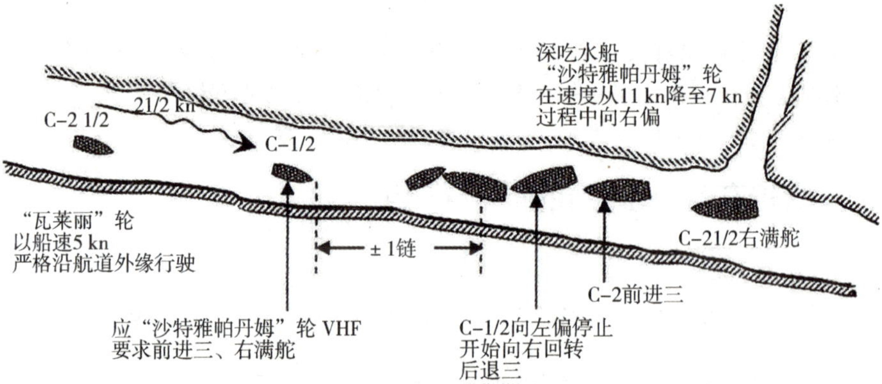

图2-3-1　岸壁效应引发的碰撞案

（三）帆船或长度小于20 m的船舶在狭水道中的航行行动

《避碰规则》第九条2款规定："帆船或者长度小于20 m的船舶，不应妨碍只能在狭水道或航道以内安全航行的船舶通行。"

按照本款的规定，帆船或长度小于20 m的船舶，除遵守本条1款的规定外，还应当不妨碍只能在狭水道或航道以内安全航行的船舶的通行，即应及早地采取行动以留出足够的水域供他船通过，或者采取不至于与只能在狭水道或航道以内安全航行的船舶构成碰撞危险的方法航行，以避免造成妨碍。因此，在《避碰规则》第九条2款中，不应妨碍的义务主体为帆船或长度小于20 m的船舶；不应妨碍的对象为只能在狭水道或航道以内安全航行的船舶。

（四）从事捕鱼的船舶在狭水道中的航行行动

《避碰规则》第九条 3 款规定："从事捕鱼的船舶，不应妨碍任何其他在狭水道或航道以内航行的船舶通行。"该条款是有关从事捕鱼的船舶的"不得妨碍"的规定，不应妨碍的义务主体为从事捕鱼的船舶；不应被妨碍的对象为任何其他在狭水道或航道内航行的船舶，包括帆船以及长度小于 20 m 的船舶。

（五）船舶穿越狭水道或航道的航行行动

《避碰规则》第九条 4 款规定："船舶不应穿越狭水道或航道，如果这种穿越会妨碍只能在这种水道或航道以内安全航行的船舶通行。后者若对穿越船的意图有怀疑，可以使用第三十四条 4 款规定的声号。"

船舶穿越狭水道或航道通常是指穿越一侧航道进入另一侧航道和穿越整个狭水道或航道等情况，如图 2-3-2 所示。

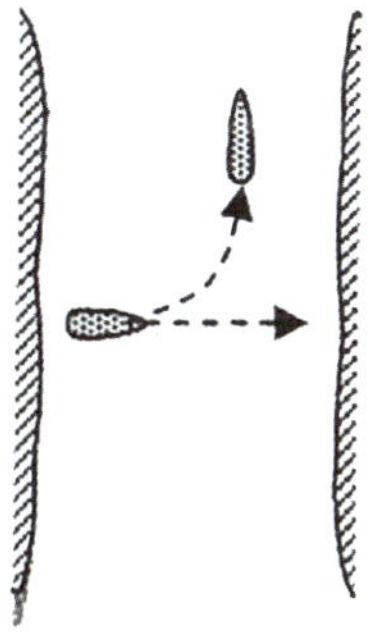

图 2-3-2　穿越狭水道

《避碰规则》第九条 4 款对穿越狭水道或航道的船舶的行为做出了限制，即如果其穿越狭水道或航道的行为，会妨碍只能在狭水道或航道内航行的船舶的通行，则不应当穿越狭水道或航道。因此，船舶在穿越狭水道或航道前，应事先了解航道中船舶的交通情况，在确认穿越行动不会妨碍只能在狭水道或者航道内安全通行的船舶的通行后，才可实施穿越；否则，船舶不应穿越狭水道或航道。制定该款的主要目的是避免穿越船与只能在狭水道或航道以内航行的船舶构成交叉态势，妨碍后者的通行。

《避碰规则》第九条 4 款中所指的"只能在狭水道或航道以内安全航行的船舶"，与本条 2 款中的含义相同，是指由于船舶吃水与可航水域的水深和宽度的关系而致使其偏离所驶航向的能力严重受到限制的船舶，包括但不限于限于吃水的船舶。

当只能在狭水道或航道以内通行的船舶对穿越船的行动持有怀疑时，可以使用《避碰规则》第三十四条 4 款规定的至少五声短而急的警告声号，以警告或提醒穿越船。值得注意的是，至少五声短而急的警告声号只能在互见中使用。

（六）在狭水道或航道内追越时鸣放的声号

1.追越声号条款的适用范围

《避碰规则》第九条 5 款规定虽然被写在了"船舶在任何能见度情况下的行动"中，但根据追越条款、追越声号的适用范围，该条款有关追越声号的规定仅仅适用于船舶在互见中的情况。此外，根据《避碰规则》的规定，如果追越船判定，在当时的环境和情况下无须被追越船采取任何行动就可以安全追越，则不必鸣放声号。因此，该条款追越声号的规定仅仅适用于在狭水道或航道中需要被追越船采取行动才能安全追越的情况，而不适用于在宽阔水域的追越。

2.追越声号

在狭水道或航道中需要被追越船采取行动才能安全追越时，企图追越的船舶应当鸣放以下声号：

企图从他船左舷追越，鸣放"— —・・"的声号；企图从他船右舷追越，鸣放"— —・"的声号。

被追越船，如果同意追越，应当鸣放"—・—・"的声号，并采取让出航道、降低船速等措施，以利于追越船安全追越通过。

如果被追越船对是否能够安全追越有怀疑，则其可鸣放至少五短声的警告声号。

尽管《避碰规则》仅仅规定了被追越船对是否能够安全追越有怀疑时其"可(May)"鸣放至少五短声的警告声号，但根据海员的通常做法和良好船艺的要求，如被追越船不同意追越，应当鸣放至少五声短而急的警告声号，以明确告知企图追越的船舶不应当追越。

对于追越船来说，即使是被追越船鸣放了同意追越的声号后，仍然应当在对被追越船是否已经采取了相应的行动做出判断，并认为可以安全追越时，实施追越。此外，《避碰规则》还明确规定，尽管有鸣放追越声号的规定，但追越船始终负有让清被追越船的责任和义务，直到最后驶过让清为止。如果被追越船没有鸣放任何的声号，企图追越船应当假定被追越船不同意追越，切忌强行追越。

3.追越声号与避碰责任

《避碰规则》明确规定，尽管有鸣放追越声号的规定，但追越船始终负有让清被追越船的责任和义务，直到最后驶过让清为止。

4.在狭水道或航道内追越

在狭水道或者航道中，由于水域狭窄、水深受限，同时追越过程中两船的相对速度小、两船平行所持续的时间较长，极易发生激烈的岸壁效应、浅水效应、船间效应等现象。例如"海外阿拉斯加"(Overseas Alaska)轮与"新头丸"(Shinto Maru)轮碰撞案，由于"海外阿拉斯加"轮在追越"新头丸"轮的过程中船速过高、横距过小，两船发生激烈的船间效应而发生碰撞，如图 2-3-3 所示。

(七)船舶驶近狭水道或航道弯头时的航法和鸣放的声号

1.条款的适用范围

《避碰规则》第九条 6 款规定："船舶在驶近可能有其他船舶被居间障碍物遮蔽的狭水道或航道的弯头或地段时，应特别机警和谨慎地驾驶，并鸣放第三十四条 5 款规定的相应声号。"该款是有关船舶在被居间障碍物遮蔽的狭水道或航道的弯头或地段时的航法和声号的规定。虽然本款被写在"船舶在任何能见度情况下的行动规则"中，但考虑到鸣放声号规定的适用以船舶驶近"居间障碍物"为条件，因此弯头声号的规定仅是对船舶在能见度良好却相互看不见的情况下所做出的规定。

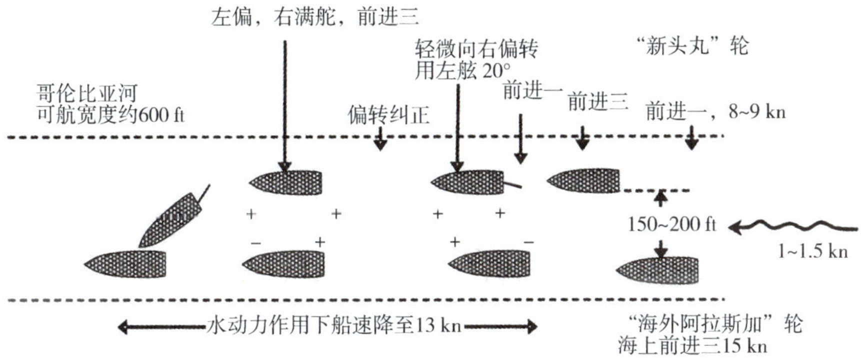

图 2-3-3 船间效应引发的碰撞案

2.条款的含义

居间障碍物会使视觉瞭望受到限制，无法用视觉直接看到居间障碍物后方是否存在他船，同时雷达探测也可能受到限制。因此，船舶应当加强瞭望，并做到特别机警和谨慎地驾驶。特别机警和谨慎地驾驶是要求船舶在接近该水域时保持高度的戒备，例如，充分考虑被居间障碍物遮蔽所带来的对环境和情况估计的影响；充分考虑有其他来船驶近该弯头或地段的可能性；严格控制船速，根据过弯操纵的要求正确操纵船舶，并保持船舶尽量靠近本船右舷的该水道或航道外缘行驶；使主机、锚做好随时操纵的准备；及时从 VTS 中心或者 VHF 上获得他船的信息，避免在该水域会船；按照《避碰规则》的要求鸣放相应的弯头声号等。

3.弯头声号

根据《避碰规则》第九条 6 款的规定，船舶在驶近可能有其他船舶被居间障碍物遮蔽的狭水道或航道的弯头或地段时，应鸣放一长声弯头声号；当听到他船一长声弯头声号时，也应当回答一长声。

4.过弯头时交叉相遇局面下条款适用的例外

当两船在狭水道或航道弯头附近相互接近时，即使是在互见中，但由于两船的航向均是不稳定的，尽管两船的航向出现"交叉"，仍应当适用狭水道条款，每一船均应当沿着本船右舷的该水道的外缘行驶以安全通过。

（八）船舶应避免在狭水道内锚泊

《避碰规则》第九条 7 款规定："任何船舶，如果当时环境许可，都应避免在狭水道内锚泊。"

狭水道的通航特点如下：

（1）可航水域太小，转向避碰操纵受到限制，无法大幅度转向避让。

（2）由于水域狭窄、航道复杂，船舶的操纵行动频繁，及早地判断相遇局面较为困难。

（3）船舶正常航行时相互间的距离相对较近，不允许在较远的距离采取避碰行动。

（4）由于受到岛屿或其他船舶等的遮挡，往往难以在较远距离发现来船。

三、船舶在狭水道内航行的注意事项

（一）狭水道中的船舶操纵要点

1.充分准备

(1)备妥有关海图、港图、港章、航路指南等资料。

(2)及时改正航行通告,留心水深、浮标的变动情况。

(3)掌握地形、地貌及碍航物等情况。

(4)掌握水文、气象情况。

(5)掌握助航标志及导航设施。

(6)掌握船舶交通状况及特殊规定。

(7)检查并确认船舶各方面处于良好工作状态。

2.行驶在计划航线上

航行过程中,应持续确认船位,并采用恰当的导航手段与避险策略。导航手段包括但不限于浮标导航法、叠标导航法,避险策略可涉及利用单物标方位线及通过距离圈避险法等方法进行避险,以确保船舶能够严格遵循预定的航线安全航行。

3.准确掌握转向点

狭水道航行对船位精度的要求高,准确掌握转向点是极其重要的一环。应按照水道特点、风流情况,正确把握转向时机,适当用车用舵,使船顺利驶于新航线。

（二）狭水道中操船注意事项

(1)随时核对船位,注意风流影响,正确预配风流压差。

(2)适时备车、备锚。

(3)加强瞭望,避让时注意确认水面实际情况。

(4)利用浮标导航时,要逐个核对并记录,以防认错。对浮标不应盲目依赖。

(5)通过潮流较强的水道时,应选择通航密度小、缓流时通行。

(6)浅水区应连续测深,确保有足够的富余水深,必要时减速航行。

(7)近岸航行时应减速,以防浪损及岸壁效应。

(8)操纵困难时应毫不犹豫地用车、用舵或抛锚。

(9)严格遵守分道通航制的规定,服从交管中心的指挥。

（三）狭水道中的船舶保向操纵

(1)航道航行时,通常会有浅水效应和岸壁效应。为了抑制船首向深水侧偏转,需向岸壁一侧压舵。压舵可以控制船体呈斜航状态,利用舵力的横向分量来抵消岸吸力。

(2)当船舶驶于其海底沿船宽方向有倾斜的浅水域时,会出现类似岸壁效应的现象,即整体向浅水方向横移,船首向深水侧转头。为保持航向,也需要不断向浅水一舷操舵。

(3)岸壁效应越明显,保向所需的压舵量越大。根据经验,在狭水道航行时,允许的压舵量为15°舵角,若超过15°舵角才能保向则比较危险,应采取减速措施并尽可能增大船岸间距。

行动任务二

任务主题	船舶在任何能见度下的避碰行动(分道通航制水域)	计划学时	6 学时
任务导读	在被 IMO 所采纳的分道通航制水域内航行,船舶操纵人员应当了解分道通航制水域船舶操纵的注意事项,遵守《避碰规则》第十条和相关的地方规则;在尚未被 IMO 所采纳的分道通航制水域内航行,也应遵守主管机关对分道通航制水域所做的具体规定		
任务要求	1.能使用电子海图、GPS、AIS 等对本船船位、航向、航速进行有效监控,与危险物保持安全距离。 2.能利用视觉(包括望远镜)、AIS、雷达、VHF 守听,保持不间断的瞭望;使用雷达瞭望包括:熟练操作雷达,交替使用量程,对周围船只进行系统性观测等		
学习目标	通过实操练习,掌握船舶在分道通航制水域的航行方法以及 VTS 区域航行规定和报告程序,使用助航设备确定船位,并保持正规瞭望		
知识结构	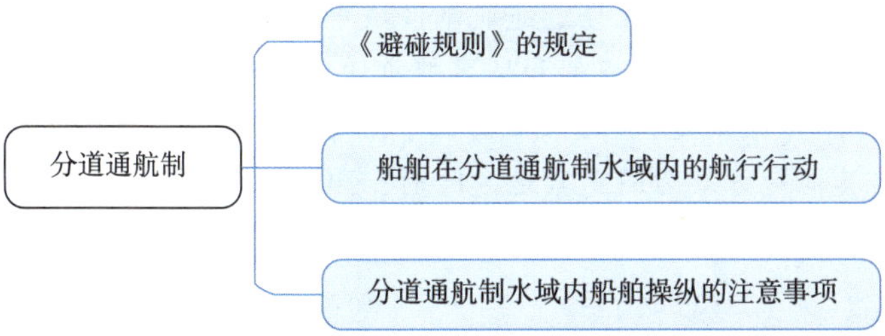		
学习重难点	分道通航制水域内的航行要求		
实践要求	(1)考生 A 担任驾驶员,驾驶船舶按照计划航线航行和应急处置;然后按照评估员的要求轮换角色,考生 B 和 C 依次担任驾驶员,先后完成航行值班和应急处置; (2)驾助协助瞭望,定位和对内对、外通信联络; (3)操舵水手按照驾驶员的舵令操舵和显示信号; (4)考生轮换角色时,应遵守驾驶台的交接班程序; (5)操作时间:每位考生担任驾驶员约 15 min(包含应急处置)		

任务须知

一、《避碰规则》的规定

第十四条规定:1.本条适用于本组织所采纳的分道通航制,但并不解除任何船舶遵守任何其他各条规定的责任。

2.使用分道通航制的船舶应:

(1)在相应的通航分道内顺着该分道的交通总流向行驶;

(2)尽可能让开通航分隔线或分隔带;

(3)通常在通航分道的端部驶进或驶出,但从分道的任何一侧驶进或驶出时,应与分道的交通总流向形成尽可能小的角度。

3.船舶应尽可能避免穿越通航分道,但如果不得不穿越时,应尽可能以与分道的交通总流向成直角的船首向穿越。

4.(1)当船舶可安全使用邻近分道通航制区域中相应通航分道时,不应使用沿岸通航带。但长度小于20 m的船舶、帆船和从事捕鱼的船舶可使用沿岸通航带。

(2)尽管有本条4(1)规定,当船舶抵离位于沿岸通航带中的港口、近岸设施或建筑物、引航站或任何其他地方或为避免紧迫危险时,可使用沿岸通航带。

5.除穿越船或者驶进或驶出通航分道的船舶外,船舶通常不应进入分隔带或穿越分隔线,除非:

(1)在紧急情况下避免紧迫危险;

(2)在分隔带内从事捕鱼。

6.船舶在分道通航制端部附近区域行驶时,应特别谨慎。

7.船舶应尽可能避免在分道通航制内或其端部附近区域锚泊。

8.不使用分道通航制的船舶,应尽可能远离该区域。

9.从事捕鱼的船舶,不应妨碍按通航分道行驶的任何船舶的通行。

10.帆船或长度小于20 m的船舶,不应妨碍按通航分道行驶的机动船舶的安全通行。

11.操纵能力受到限制的船舶,当在分道通航制区域内从事维护航行安全的作业时,在执行该作业所必需的限度内,可免受本条规定的约束。

12.操纵能力受到限制的船舶,当在分道通航制区域内从事敷设、维修或起捞海底电缆时,在执行该作业所必需的限度内,免受本条规定的约束。

二、船舶在分道通航制水域内的航行行动

(一)使用分道通航制船舶的航行准则

《避碰规则》第十条(分道通航制)1款规定:“本条适用于本组织所采纳的分道通航制,但并不解除任何船舶遵守任何其他各条规定的责任。”因此,《避碰规则》第十条“分道通航制”仅仅适用于被IMO所采纳的分道通航制水域。在未被IMO采纳的分道通航制水域,《避碰规则》第十条不适用。在分道通航制水域航行的船舶,应当遵守相应的航行规则。

1.在相应的通航分道内沿船舶的总流向行驶

分道通航的主要目的是分隔航向相反的船舶。因此,任何使用分道通航制的船舶,包括帆船和在通航分道内从事捕鱼的船舶,都应按照相应通航分道内海图上标示的交通总流向行驶,如图 2-3-4 所示。此处要求船舶沿相应通航分道内的交通总流向行驶,并不要求船舶的船首向与总流向完全一致,而仅仅要求其航迹向与总流向大体一致。

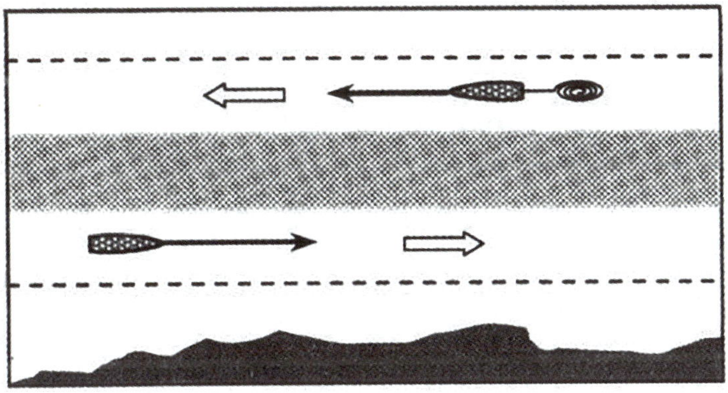

图 2-3-4 沿船舶的总流向行驶

根据 IMO MSC/322 号通函的说明,“一艘船在使用通航分道时,可以从分道的一侧转移到另一侧,但在进行这种转移时,应与分道的交通总流向形成尽可能小的角度”。因此,当船舶需要从分道的一侧转移到分道的另一侧时,也应采取与分道的交通总流向形成尽可能小的角度的方法航行,如图 2-3-5 所示。

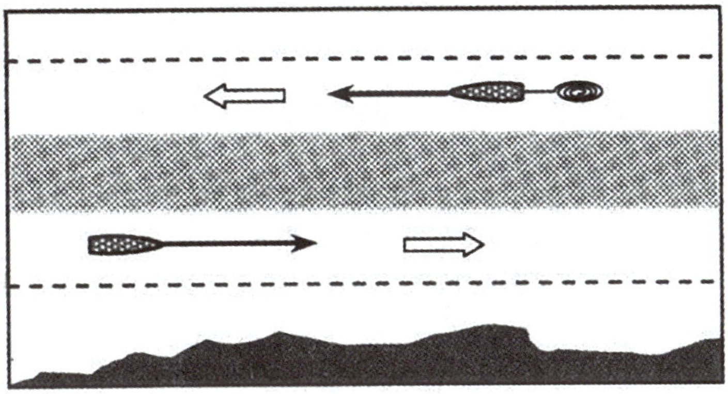

图 2-3-5 从分道的一侧转移到另一侧

2.尽可能让开分隔线或分隔带

尽可能让开分隔线或分隔带,就意味着船舶应保持在相应通航分道的中心线或其附近航行,如图 2-3-6 所示。“尽可能”一词包含着船舶应充分考虑到水域的自然情况、定位条件、海况和天气、交通密度、船舶的操纵性能等情况,做到使船舶让开分隔线或分隔带。《避碰规则》这样规定的目的在于保证交通流的秩序,避免船舶因为定位的误差或避碰行动造成交通局面的混乱。

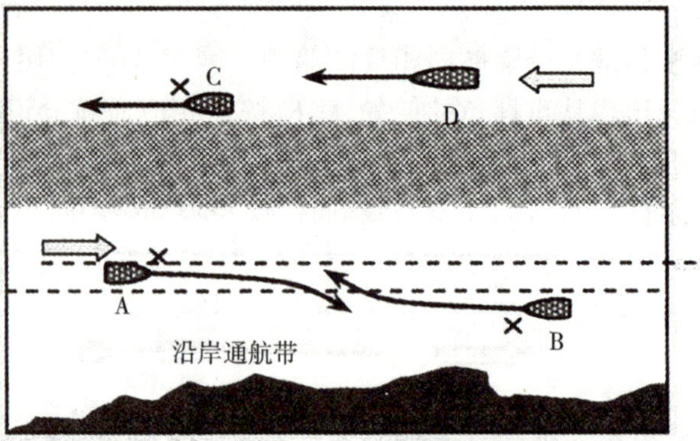

图 2-3-6　尽可能让开分隔线或分隔带

3.驶进或驶出通航分道

船舶在驶进或驶出通航分道时,通常应在通航分道的端部进行。如果分道通航制的区域较大,船舶距离其端部较远,《避碰规则》允许船舶从分道的任何一侧驶进或驶出。若从一侧驶进或驶出,应采用与分道的交通总流向成尽可能小的角度的方法航行,其中包括穿越一个分道驶进另一个分道或者驶出一个分道穿越另一个分道的情况,如图 2-3-7 和图 2-3-8 所示。

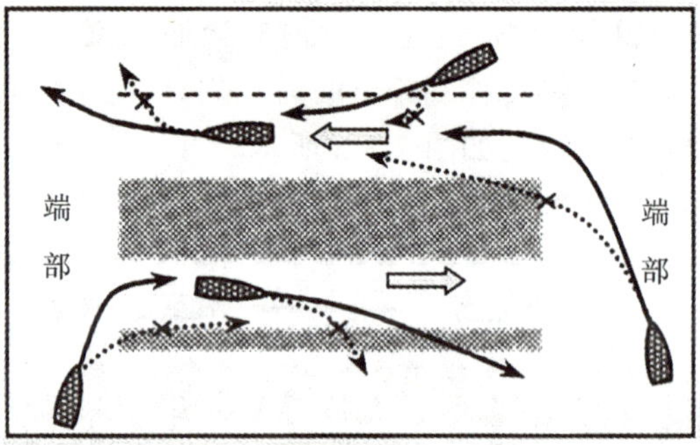

图 2-3-7　驶进或驶出通航分道

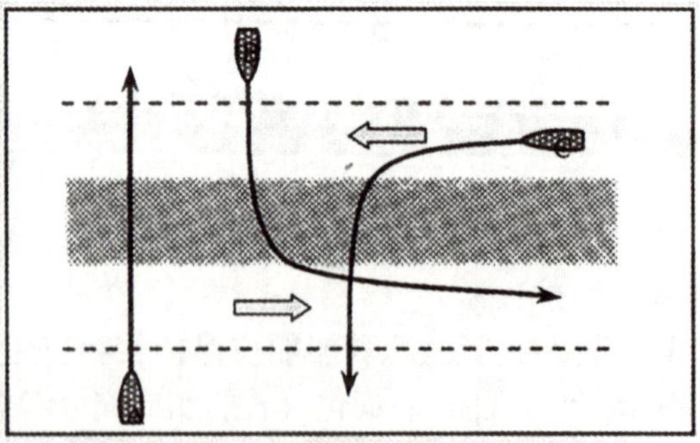

图 2-3-8　穿越通航分道

这项规定的目的在于使沿着相应通航分道航行的船舶避免因受到突如其来的干扰或阻拦而引起分道内船舶交通流的混乱或阻塞,并使驶进或驶出通航分道的船舶有更多的时间估计局面,同时也可使分道内的船舶保持戒备。

(二)穿越通航分道的航法

1.穿越通航分道的船舶

通常情况下,穿越整个通航分道制区域的船舶、穿越一条通航分道驶进或者驶出另一通航分道的船舶被称为“穿越通航分道的船舶”。

2.尽可能避免穿越通航分道

船舶穿越通航分道时有可能与分道内行驶的船舶构成交叉相遇局面,形成碰撞危险,故应尽可能避免。特别是对在江、河、港口处或岬角附近建立的通航分道,船舶更应尽可能避免穿越。

3.穿越航法

对于不得不穿越通航分道的情况,《避碰规则》对穿越船提出了“应尽可能以与分道的交通总流向成直角的船首向穿越”的要求。《避碰规则》要求穿越船应以与分道交通总流向成直角的船首向穿越,其目的在于缩短穿越的时间和便于他船发现该船的穿越意图。穿越船受横风流影响时的穿越方式如图 2-3-9 所示。

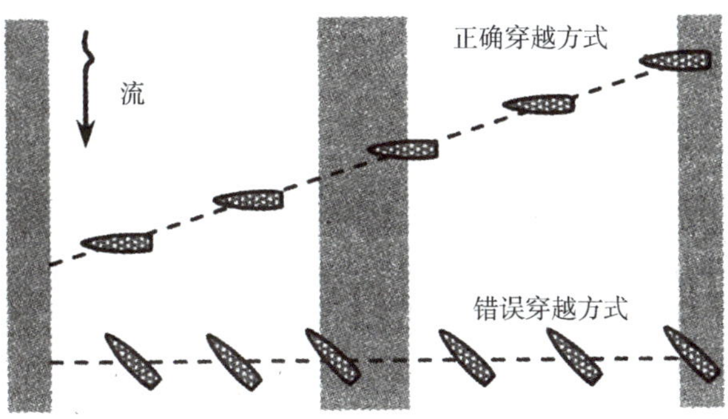

图 2-3-9 受横风流影响时穿越通航分道的方式

(1)在穿越时,船舶仍然应当以与交通总流向成直角的船首向穿越,而不应以与交通总流向成直角的航迹向穿越。穿越船以与总流向成直角的船首向穿越时,其航迹向可能与总流向并不成直角。

(2)当船舶穿越一通航分道而驶进或驶出另一通航分道时,船舶在穿越时,应当保持与总流向成直角的船首向穿越,而在驶进或驶出另一通航分道时应尽可能与总流向成较小的角度。

(三)船舶在分道通航制水域内的航行方法

船舶在分道通航制水域内的航行,应当遵守主管机关为该分道通航制水域制定的特殊航行规定。不使用分道通航制的船舶,应尽可能远离该区域。

1.使用沿岸通航带

《避碰规则》第十条 4 款规定:

(1)当船舶可安全使用邻近分道通航制区域中相应通航分道时,不应使用沿岸通航带。但长度小于 20 m 的船舶、帆船和从事捕鱼的船舶可使用沿岸通航带。

(2)尽管有本条 4(1)规定,当船舶抵离位于沿岸通航带中的港口、近岸设施或建筑物、引航站或任何其他地方或为避免紧迫危险时，可使用沿岸通航带。

设立沿岸通航带主要是为了分隔沿海航行和过境航行的船舶，改善船舶航行秩序，从而保证船舶航行安全和沿岸国家的环境安全。在沿岸水域，沿岸通航带往往与分道通航制结合起来使用，因此，《避碰规则》要求凡可安全使用分道通航制的船舶，不应使用沿岸通航带。但下列船舶可使用沿岸通航带：

①长度小于 20 m 的船舶；

②帆船；

③从事捕鱼的船舶；

④抵离位于沿岸通航带中的港口、近岸设施或建筑物、引航站或任何其他地方的船舶；

⑤为避免紧迫危险的船舶。

上述船舶尽管可以使用沿岸通航带，但如果在通航分道内行驶对其安全无影响，应尽量使用相应的通航分道。

2.进入分隔带或穿越分隔线

《避碰规则》第十条 5 款规定："除穿越船或者驶进或驶出通航分道的船舶外，船舶通常不应进入分隔带或穿越分隔线，除非在紧急情况下避免紧迫危险；在分隔带内从事捕鱼。"

分隔带或分隔线的主要作用是分隔相反方向行驶的船舶，如果船舶进入分隔带或穿越分隔线，将可能破坏分隔带或分隔线分隔船流的作用，导致通航分道内船舶交通的混乱。因此，《避碰规则》第十条 5 款规定，船舶应避免进入分隔带或穿越分隔线。但在下列情况下，船舶可以穿越分隔线或进入分隔带：

(1)在分隔带内从事捕鱼；

(2)为避免紧迫危险；

(3)穿越分道通航制区域；

(4)驶进或驶出相应的通航分道。

在分隔带内从事捕鱼时，捕鱼船可以根据需要朝任意方向行驶，但在靠近通航分道从事捕鱼时，应顺着该邻近通航分道的交通总流向行驶，以避免与分道内的船舶形成接近对遇的态势，同时还应该注意所用的渔具不致影响通航分道内船舶的航行。在为避免紧迫危险而进入分隔带或穿越分隔线时，在紧迫危险消除后，船舶应当迅速返回相应的通航分道，顺着该通航分道的交通总流向行驶。

3.在分道通航制的端部行驶

《避碰规则》第十条 6 款规定："船舶在分道通航制端部附近区域行驶时，应特别谨慎。"

分道通航制的端部是驶进或驶出相应通航分道的通道，船舶将在此处汇聚或分散。因此，在分道通航制的端部，船舶密度大、会遇态势复杂，且可能出现多船会遇的情况，如图 2-3-10 所示。鉴于这种情况，《避碰规则》要求船舶在分道通航制端部附近行驶时应特别谨慎地驾驶。

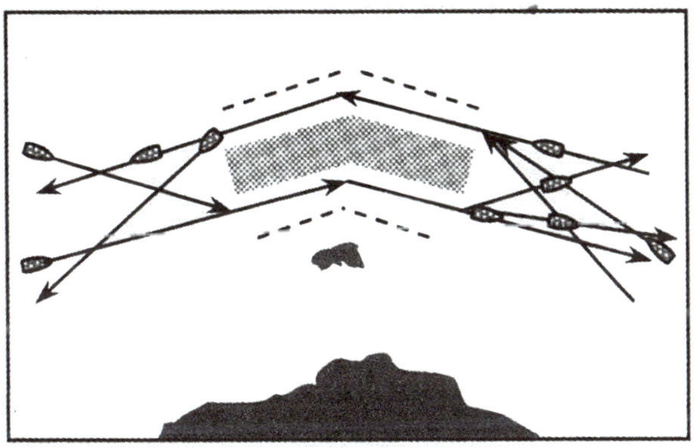

图 2-3-10 在分道通航制端部行驶

所谓特别谨慎地驾驶,主要是指船舶应当全面遵守《避碰规则》各条的规定,包括通过正规瞭望对当时的环境和情况保持高度的戒备,还包括对多船会遇、他船突然转向等特殊情况保持高度的戒备,防止碰撞事故的发生。

4.避免锚泊

《避碰规则》第十条 7 款规定:“船舶应尽可能避免在分道通航制内或其端部附近区域锚泊。”因此,船舶应当尽可能避免在通航分道内、分隔带内以及分道通航制的端部附近锚泊。当船舶遇到诸如主机、舵机故障,或在能见度不良时雷达故障等特殊情况而不得不锚泊时,也应尽可能采取措施,选择在分隔带内或者其他不影响他船正常航行的地点锚泊。

5.不使用分道通航制

使用分道通航制的规定不是强制性的,允许船舶不使用分道通航制。但《避碰规则》第十条 8 款规定:“不使用分道通航制的船舶,应尽可能远离该区域。”制定本款的主要目的是使在分道内行驶的船舶尽可能不受到干扰,以便在分道通航制区域中建立良好的水上交通秩序。

6.在通航分道内从事捕鱼的船舶

《避碰规则》并不禁止船舶在通航分道内从事捕鱼,但是从事捕鱼的船舶在通航分道内捕鱼时,应顺着交通总流向行驶;并且《避碰规则》第十条 9 款进一步规定:“从事捕鱼的船舶,不应妨碍按通航分道行驶的任何船舶的通行。”因此,从事捕鱼的船舶在通航分道中捕鱼时,不仅其船舶本身不应妨碍按通航分道行驶的任何船舶的通行,其所采用的捕鱼方式、使用的渔具也不应妨碍按通航分道行驶的任何船舶的通行。其不应妨碍的对象,不仅包括按照通航分道行驶的机动船,还包括按照通航分道行驶的帆船和长度小于 20 m 的船舶,如图 2-3-11 所示。

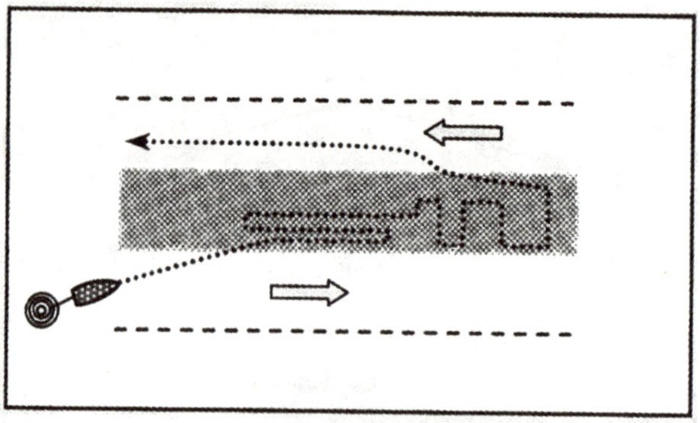

图 2-3-11　在分隔带内从事捕鱼

7.帆船或长度小于 20 m 的船舶

《避碰规则》第十条 10 款规定："帆船或长度小于 20 m 的船舶，不应妨碍按通航分道行驶的机动船的安全通行。"帆船和长度小于 20 m 的船舶只要安全可行即可使用分道通航制。在使用分道通航制时，除应遵守有关在分道内航行的规定之外，还应避免妨碍按通航分道行驶的机动船的安全通行。此处所指的不应被妨碍的机动船包括按通航分道行驶的，除从事捕鱼的船舶之外的船长大于等于 20 m 的，用机器推进的任何船舶。

8.免受《避碰规则》第十条规定约束的操纵能力受到限制的船舶

《避碰规则》第十条 11 款规定："操纵能力受到限制的船舶，当在分道通航制区域内从事维护航行安全的作业时，在执行该作业所必需的限度内，可免受本条规定的约束。"《避碰规则》第十条 12 款规定："操纵能力受到限制的船舶，当在分道通航制区域内从事敷设、维修或起捞海底电缆时，在执行该作业所必需的限度内，免受本条规定的约束。"

三、分道通航制水域内船舶操纵的注意事项

(1)及时收听和修正航海通告，研究、查核最新海图，特别注意水深、浮标的变动情况，熟悉分道通航制和交通管制及其附近水域的各种情况。

(2)备车航行，以便随时控制航速，根据情况加派瞭头。

(3)检查船舶操舵系统、声光信号设备、助航仪器是否工作正常，以确保安全。

(4)严格遵守分道通航制和交通管制等各种航行规定。

(5)近岸航行应减速，防止浪损。

(6)确认船位，走规定的通航分道，尤其在横流地段，更应经常观察前后方物标，及早发觉偏航并纠正。

(7)大风浪常造成浮标移位、漂失或灯光失常、熄灭，故航行中对浮标不应盲目信赖，可利用前后浮标之间的方位及本船的航向或其他浮标、陆标进行定位核对。

(8)通过每一浮标时均要进行核对，记下其名称与正横时刻，以防错认或遗漏。根据前一浮标距离和航速推算到达下一个浮标所需的航行时间。同时根据船与浮标之间的横距来确定下一个航向，或者采用推迟或提早转向的办法，使船舶行驶在预定航线上。转向后还必须核对下一个浮标的相对方位或舷角，以防认错。

(9)应选视线良好、平流、交通较稀疏时刻通过涨落流较强的区域，航行中应掌握

流向、流速及其变化,正确配以流压差。

(10)夜航或能见度不良时应加强瞭望并开启雷达或ARPA,避让时仍需再次确认水面环境和情况。

(11)驶于浅水区域时应连续测深,保证足够富余水深并选高潮通过,减速航行,向浅水侧施舵,制止船首向深水侧偏转。

(12)航行中转向或变速后应核对舵角指示器、车钟、转速表,防止船的动态与发令效果不符。

课后作业

狭水道或航道水域的航行规则和不得妨碍的行动

在狭水道或航道内追越、驶近弯头时的声号和避免锚泊

船舶定线制和分道通航制

船舶使用、穿越分道通航制和使用沿岸通航带

船舶在分道通航制中特殊区域的航行规则

一、主题研讨

狭水道、分道通航制水域航行的要点。

二、线下作业

课后总结狭水道、分道通航制水域的航行方法。

三、模拟训练

模拟训练一：船舶在狭水道内的避让行动

本任务分小组进行：船舶在特殊水域采取的一般避让行动	
任务要求、目标	在狭水道或航道水域航行，能够按照《避碰规则》的要求，采取相应行动
船舶参数及初始状态	船舶参数： 船型：集装箱船；船长：280 m；船宽：39.8 m；排水量：69 220 t；吃水：9.35 m；船舶载运集装箱 3 200 TEU； 初始状态：天津港开航
外界环境	风、流、船舶通航状况： (1)天气：白天，能见度情况良好； (2)流向：150°，流速：0.5 kn； (3)风向：045°，风速：6 级
操纵内容、流程	(1)检查设备的工作状况； (2)进入狭水道，根据本航次所经水域情况及当时环境情况，及早地采取避碰行动； (3)练习结束后将设备归位； (4)教师点评
学生任务完成情况	
小组代表进行总结	
教师评语	

模拟训练二:船舶在分道通航制水域的避让行动

<table>
<tr><td colspan="2">本任务分小组进行:船舶在特殊水域采取的一般避让行动</td></tr>
<tr><td>任务要求、目标</td><td>在分道通航制水域航行,能够按照《避碰规则》的要求,采取相应的行动</td></tr>
<tr><td>船舶参数及初始状态</td><td>船舶参数:
船型:集装箱船;船长:280 m;船宽:39.8 m;排水量:69 220 t;吃水:9.35 m;船舶载运集装箱 3 200 TEU;
初始状态:天津港开航</td></tr>
<tr><td>外界环境</td><td>风、流、船舶通航状况:
(1)天气:白天,能见度情况良好;
(2)流向:150°,流速:0.5 kn;
(3)风向:045°,风速:6 级</td></tr>
<tr><td>操纵内容、流程</td><td>(1)检查设备的工作状况;
(2)进入分道通航制水域,根据本航次所经水域情况及当时环境情况,及早地采取避碰行动;
(3)练习结束后将设备归位;
(4)教师点评</td></tr>
<tr><td>学生任务完成情况</td><td></td></tr>
<tr><td>小组代表进行总结</td><td></td></tr>
<tr><td>教师评语</td><td></td></tr>
</table>

任务二　知悉船舶在互见下的避碰行动

行动任务一

任务主题	船舶在互见中的避碰行动(追越局面)	计划学时	4学时
任务导读	追越条款主要用于规范当一船从他船正横后大于22.5°的某一方向赶上、超过他船的局面。其任务在于明确追越船与被追越船之间的权利和义务关系。追越船在追越过程中应给被追越船让路,保持足够的安全横距,避免对被追越船的航行造成阻碍或危险。被追越船在察觉到被追越后,应保向保速,同时密切关注追越船的行动,若发现追越船未采取适当行动或有危险逼近时,有权采取必要的避碰行动以确保自身安全。追越条款优先于船舶在互见中的行动规则的其他条款,以确保在追越这种特定局面下船舶间能有序避碰,保障航行安全		
任务要求	能够对所在航行水域中的船舶进行识别,并对追越局面进行判断,从而采取正确的避碰行动		
学习目标	通过对本任务的学习,掌握追越局面的构成条件以及在互见中的避碰责任;能在构成追越局面时正确判断并实施避让行动		
知识结构	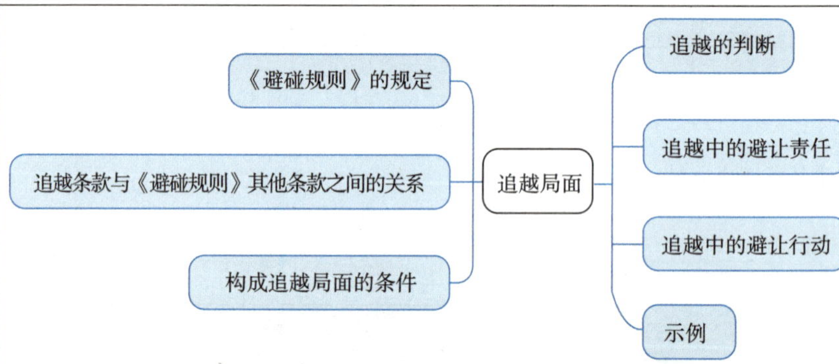		
学习重难点	《避碰规则》第十三条"追越"的适用范围、构成条件以及局面判断,明确双方的行动规则		
实践要求	(1)考生A担任驾驶员,驾驶船舶按照计划航线航行和应急处置;然后按照评估员的要求轮换角色,考生B和C依次担任驾驶员,先后完成航行值班和应急处置; (2)驾助协助瞭望,定位和对内、对外通信联络; (3)操舵水手按照驾驶员的舵令操舵和显示信号; (4)考生轮换角色时,应遵守驾驶台的交接班程序; (5)操作时间:每位考生担任驾驶员约15 min(包含应急处置)		

任务须知

一、《避碰规则》的规定

第十三条规定：

1.不论第二章第一节和第二节的各条规定如何，任何船舶在追越任何他船时，均应给被追越船让路。

2.一船正从他船正横后大于22.5°的某一方向赶上他船时，即该船对其所追越的船所处位置，在夜间只能看见被追越船的艉灯而不能看见它的任一舷灯时，应认为是在追越中。

3.当一船对其是否在追越他船有任何怀疑时，该船应假定是在追越，并应采取相应行动。

4.随后两船间方位的任何改变，都不应把追越船作为本规则条款含义中所指的交叉相遇船，或者免除其让开被追越船的责任，直到最后驶过让清为止。

二、追越条款与《避碰规则》其他条款之间的关系

1.追越条款优先于不应妨碍条款、狭水道条款和分道通航制条款

(1)只要构成追越，追越船就应当给被追越船让路，直到驶过让清为止，而不论被追越船是否为一艘不应妨碍或者不应被妨碍的船舶；

(2)无论是在狭水道还是在分道通航制水域内，只要构成追越，追越船均应当给被追越船让路，而不论被追越船是否遵守狭水道或者分道通航制条款。

2.追越条款优先于帆船条款和船舶之间的责任条款

(1)两艘帆船构成追越，追越船应当给被追越船让路，而不论被追越船何舷受风。

(2)只要构成追越，追越船均应当给被追越船让路，而不论追越船是何种船舶，也不论被追越船是何种船舶。

三、构成追越局面的条件

1.适用能见度

该条以两船处于互见中为前提条件。

2.两船方位

后船应位于前船正横后大于22.5°的任一方向上，即后船应当位于前船的艉灯光弧范围内。

3.两船速度

后船赶上他船就意味着后船速度必须大于前船。对这种两船相对位置的判断可根据方位或距离的变化来判定，可能的情况有：

(1)夜间，后船先看到前船艉灯，后来又看见前船舷灯和桅灯(由后船赶上前船引起，而不是前船转向)；

(2)后船观测到前船的舷角变大；

(3)距离逐渐减小；

(4)后船观测到前船的舷角变大,且距离变小。

4.两船距离

《避碰规则》的条文本身并没有直接规定构成追越的距离条件。但从“在夜间只能看见被追越船的艉灯而不能看见它的任一舷灯时,应认为是在追越中”这一规定可以推论出构成追越的条件之一是后船位于前船的艉灯光照距离范围内。实际上,前船的艉灯光照距离随着该船的大小、当时的能见度情况的不同而不同。因此,在夜间,应当通过用视觉是否可以看到前船的艉灯来判断是否满足构成追越的距离要件。但是,在白天,这一要件就难以判断。鉴于船长大于等于 50 m 的船舶的艉灯法定最小能见距离为3 n mile,通常认为,当后船赶上前船且距离小于 3 n mile 时,就满足了构成追越的距离要件。

四、追越的判断

在判断两船是否构成追越时,可以利用前述构成追越的条件加以判断。但在实践中,有时确实存在对两船所处的方位、距离难以判断的情况。

例如,在判断方位时,在夜间,对于相对于前船的方位的判断较容易、直观,可以根据看到他船航行灯的情况来判断本船相对他船所处的方位,即在可看到他船的艉灯而看不到桅灯或舷灯时就符合这一方位条件。但在白天,准确判断本船相对于他船所处的方位是困难的。

此外,根据对号灯的技术细节要求,舷灯、桅灯、艉灯在正横后 22.5°方向上将各自向后或向前延伸 5°才达到切实断光,因此当后船位于前船正横后大约 22.5°的方向时,可能同时见到他船的艉灯和舷灯(桅灯);同时,受前船首摇、操舵不稳定等因素的影响,也可能出现后船偶尔看到他船艉灯、偶尔看到他船舷灯的情况。

当后船利用各种方法仍然难以判断是否构成追越而对是否构成追越有任何怀疑时,后船应当假定构成追越,主动承担避让责任,直到最后驶过让清为止。后船对是否正在追越前船存在怀疑的情况主要包括:

(1)夜间赶上他船,有时看到他船艉灯而有时又看到他船舷灯;

(2)夜间赶上他船,能同时看见他船的舷灯和艉灯;

(3)白天赶上他船,本船位于他船正横后约 22.5°的方位上,且距离较近,对两船构成交叉相遇局面或追越有怀疑;

(4)白天赶上他船,本船位于他船正横后大于 22.5°的方位上,但对两船的距离是否构成追越尚不能确定;

(5)任何其他对是否构成追越有怀疑的情况。

五、追越中的避让责任

1.追越中两船的避让责任

《避碰规则》将让路的责任指定给追越船,主要是考虑追越船在避让中始终处于主动地位,无论用舵让还是用车让,通常都不会有困难,并且其可以在对当时两船的会遇态势做出确切的判断以后,再采取避让行动。

(1)在宽敞水域航行的两船,一旦具备构成追越的条件,追越船就负有让路的责任和义务,主动采取避让被追越船的行动;

(2)在狭水道或航道内航行的两船,如需要被追越船采取行动才能安全追越,则追越船还应当鸣放相应的追越声号,在征得被追越船的同意并确认被追越船已经采取了相应的行动使其能够安全追越时,才能实施追越,否则就不应当实施追越。

2.追越船责任的解除

两船一旦构成追越,追越条款就一直适用,追越船就应当给被追越船让路,直到最后驶过让清为止,即所谓的"一旦追越,永远追越"。在追越过程中,两船间的方位、距离将发生变化,可能会形成交叉会遇格局,一旦前一阶段已经构成追越,追越船均不应将此时的"交叉会遇"态势作为交叉相遇局面而免除其让清被追越船的责任,直到最后驶过让清为止。

所谓"驶过让清"主要是指追越船已经离开被追越船足够的距离以致不再妨碍被追越船的航行,即使追越船采取不适当的突发行动,被追越船也有足够的时间来判断和应对。在追越船驶过让清被追越船之前,追越船始终负有让路的责任和义务,否则应当承担相应的责任。

六、追越中的避让行动

1.追越局面的特点

(1)相对速度小,并行或相持时间长

在追越局面中,两船接近于同向行驶,相对速度小,相持时间长。虽然相持时间长使得可供判断、采取行动的时间比较充裕,但若追越中两船的横距较小,可能产生激烈的船间效应,尤其是在狭水道或者航道中追越时,这种船间效应更容易发生。

(2)易与大角度交叉相遇局面相混淆

当后船从前船右正横后大于22.5°的某一方向上驶近并赶上前船时,后船可能对本船究竟是在追越前船,还是与前船构成大角度交叉产生怀疑。

2.追越船的行动

追越船作为让路船在采取避碰行动时,应当严格遵守《避碰规则》第八条、第十六条的规定,做到"早、大、宽、清",并且应当牢记其让路的义务一直持续到最后驶过让清为止。其后两船间的任何方位的变化,或者主机、舵机等发生故障而处于失控状态,均不免除其让路的责任和义务。此外,在追越中应当注意以下事项:

(1)在追越时,应当保持足够的横距。

(2)当与被追越船航向会聚时,追越船应适当地改变航向,先从被追越船的船尾驶过。

(3)当追越船追过前船后,不应当立即横越他船船首,而应当确实驶过让清他船后,再横越他船船首。

(4)在追越过程中,追越船应密切关注被追越船的动态,对被追越船可能采取的不利行动予以高度戒备,尤其是当临近被追越船的转向点或者发现被追越船可能与另一艘船舶构成碰撞危险时。

(5)在狭水道、航道内应当严格遵守狭水道条款的规定,应避免在狭水道的弯头地段、通航密集区、习惯转向点或禁止追越的水域追越。当需要被追越船配合采取行动时,应当鸣放相应的声号,禁止强行追越。在狭水道、航道内实施追越时,应当尽可能避免航向交叉,尽可能并行追越,在追越过程中应保证有足够的横距,避免产生激烈的船间效应。

(6)在追越过程中,尽可能与被追越船保持 VHF 通信联系,协调双方行动。

(7)在追越中或者在采取避碰行动时,应当特别警惕在近距离有第三船逼近而造成新的紧迫局面的可能性。

(8)根据海员的通常做法,如可行,应从他船左舷追越。

3.被追越船的行动

被追越船作为直航船应当严格遵守《避碰规则》第十七条的规定,在被追越的过程中注意以下事项:

(1)当发现有他船追越时,应当检查本船所显示的号灯、号型是否正常,尤其是本船艉灯是否正常显示。

(2)针对从本船右舷正横后约 22.5°的某一方向上驶来的船舶,应当保持高度的戒备,运用良好的船艺,在必要时独自采取操纵行动。

(3)被追越船应密切注视追越船的行动和追越的方式,对可能发生的意外情况,例如船舶失控、激烈的船间效应、激烈的岸壁效应、第三船出现等,做好随时操纵的准备。

(4)在狭水道或其他航道内,如果同意追越,则应鸣放声号明确表示,并采取让出航道、降低船速等措施。在整个被追越过程中,应充分注意船间效应、浅水效应、岸壁效应的影响;如果不同意追越,则应立即向企图追越的船发出怀疑或警告声号。

(5)被追越船在到达预定转向点附近准备转向时,或者在避让第三船时,应当充分注意到其行动是否可能与追越船的避碰行动相冲突。

(6)在被追越的过程中,应尽可能与追越船保持 VHF 通信联系,协调双方行动。

七、示例

〔例 1〕通过视觉瞭望和雷达标绘对他船相对位置进行判断,适用于追越局面,他船正在从我船左(右)舷追越。两船之间的对话如下:

HAIYUN 1:Target 2,Target 2,Target 2,this is MV. HAIYUN 1,MV. HAIYUN 1,MV. HAIYUN 1 calling. Coming please. Over.

TARGET 2:MV. HAIYUN 1,this is Target 2.Go ahead please. Over.

HAIYUN 1:Target 2,this is MV. HAIYUN 1. Now you are overtaking me from my port (starboard) side,please keep wide berth to me. Over.

TARGET 2:MV. HAIYUN 1,this is Target 2. I will overtake you on your port (starboard) side,please keep your course and speed. I will keep safe distance to you. Out.

HAIYUN 1:Target 2,this is MV. HAIYUN 1.Thank you. Out.

〔例 2〕通过对他船相对位置的判断,适用于追越局面,我船将要从他船左(右)舷追越。两船之间的对话如下:

HAIYUN 1:Target 2,Target 2,Target 2,this is MV. HAIYUN 1,MV. HAIYUN 1,MV. HAIYUN 1 calling. Coming please. Over.

Target 2:MV. HAIYUN 1,this is Target 2.Go ahead please. Over.

HAIYUN 1:Target 2,this is MV. HAIYUN 1.I will overtake you from your port (starboard) side,please keep your course and speed. I will keep wide berth to you. Over.

Target 2:MV. HAIYUN 1,this is Target 2.Roger that,I will keep my course and speed. Please keep safe distance to me. Out.

HAIYUN 1:Target 2,this is MV. HAIYUN 1.Thank you. Out.

行动任务二

<table>
<tr><td>任务主题</td><td>船舶在互见中的避碰行动(对遇局面)</td><td>计划学时</td><td>4 学时</td></tr>
<tr><td>任务导读</td><td colspan="3">当两船在互见中,航向相反或接近相反且构成碰撞危险时适用于本条款。其核心在于规定两船行动准则,两船均有采取避碰行动之责。两船各自应向右转向,从而使本船从他船左舷安全驶过。此规则为对遇情形下的标准操作规范,促使船舶在该局面中迅速且明确地做出反应,避免因行动不一致或犹豫而导致碰撞,保障海上交通流畅与安全,为船员提供清晰的行动指引</td></tr>
<tr><td>任务要求</td><td colspan="3">能够对所在航行水域中的船舶进行识别,并对对遇局面进行判断,从而采取正确的避碰行动</td></tr>
<tr><td>学习目标</td><td colspan="3">通过对本任务的学习,掌握对遇局面的构成条件以及在互见中的避碰责任;能在构成对遇局面时正确判断并实施避让行动</td></tr>
<tr><td>知识结构</td><td colspan="3">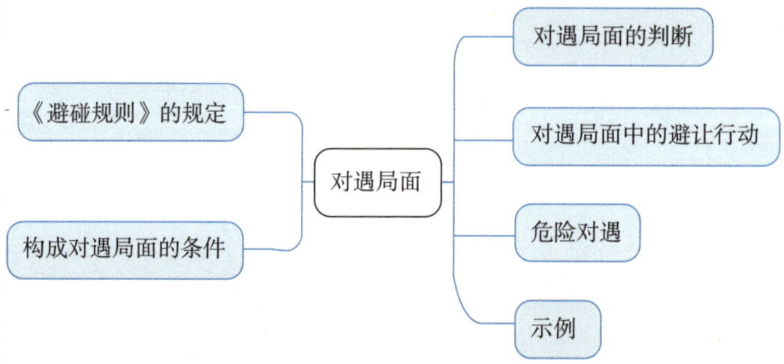
</td></tr>
<tr><td>学习重难点</td><td colspan="3">《避碰规则》第十四条对遇局面的适用范围、构成条件以及局面判断,明确双方的行动规则</td></tr>
<tr><td>实践要求</td><td colspan="3">(1)考生 A 担任驾驶员,驾驶船舶按照计划航线航行和应急处置;然后按照评估员的要求轮换角色,考生 B 和 C 依次担任驾驶员,先后完成航行值班和应急处置;
(2)驾助协助瞭望,定位和对内、对外通信联络;
(3)操舵水手按照驾驶员的舵令操舵和显示信号;
(4)考生轮换角色时,应遵守驾驶台的交接班程序;
(5)操作时间:每位考生担任驾驶员约 15 min(包含应急处置)</td></tr>
</table>

任务须知

一、《避碰规则》的规定

第十四条规定:1.当两艘机动船在相反的或接近相反的航向上相遇致有构成碰撞危险时,各应向右转向,从而各从他船的左舷驶过。

2.当一船看见他船在正前方或接近正前方,在夜间能看见他船的前后桅灯成一直线或接近一直线和(或)两盏舷灯;在白天能看到他船的上述相应形态时,则应认为存在这样的局面。

3.当一船对是否存在这样的局面有任何怀疑时,该船应假定确定存在这种局面,并应采取相应行动。

二、构成对遇局面的条件

1.适用能见度

该条以两船处于互见中为前提条件。

2.两艘机动船

"两艘机动船"即相遇的两船均必须为机动船。关于"机动船"的一般定义在《避碰规则》第三条中已经给出。但本条所指的"机动船"是指除"失去控制的船舶""操纵能力受到限制的船舶""从事捕鱼的船舶"之外的用机器推进的船舶,而限于吃水的船舶仍然属于本条所指的"机动船"的范畴。因此,机动船与上述失去控制的船舶、操纵能力受到限制的船舶和从事捕鱼的船舶等三种船舶构成"对遇"态势时,或者上述三种船舶之间构成"对遇"态势时,并不构成本条所指的"对遇局面"。

3.航向相反或接近相反

"航向相反"是指两船船首向相差180°,且一船位于另一船航向线的前方。"航向接近相反"通常是指两船的船首向交叉角为6°左右或半个罗经点,且一船位于另一船船首左右各约6°或半个罗经点的范围内。

例如,A船航向180°,B船航向位于354°~006°范围内,且B船位于A船船首左右各约6°的范围内,即可认为两船航向接近相反。

4.致有构成碰撞危险

(1)碰撞危险

碰撞危险(Risk of collision)指的是存在碰撞的风险或可能。在理解和判断碰撞危险时,不仅应考虑到其与会遇两船的DCPA(Distance of Closest Point of Approach)及TCPA(Time to Closest Point of Approach)有关,也应考虑到即使在两船的DCPA大于安全距离的情况下,仍然存在他船改变航向、航速或其他情况而使局面发生变化的可能,尤其是在交通环境较复杂的水域。此外,在采取了避让行动后,在驶过让清之前,应认为碰撞危险依然存在。

(2)紧迫局面

紧迫局面是指当两船接近到单凭一船的行动,已不能保证在安全距离上驶过的局面,即此时只有当两船均采取适当的行动且两船的行动协调时,才可能导致两船在安全距离上通过。

(3)紧迫危险

紧迫危险是指当两船接近到单凭一船的行动已不能避免碰撞的局面,即此时只有两船均采取适当的行动且两船的行动是协调的,才能避免碰撞的发生。

(4)判断碰撞危险的方法

①罗经方位判断法

罗经方位判断法是船舶驾驶员在能见度良好时,判断是否存在碰撞危险的一种最有效的方法。这种方法是通过观测来船罗经方位的变化情况来判断碰撞危险的,其优点是简单、方便、迅速、直观,效果最好,并且不受罗经差和船舶航向改变的影响,其缺点是不能测定来船的距离。

②舷角判断法

舷角判断法是通过观测来船的舷角变化来判断碰撞危险的一种方法,也称为相对方位判断法,其原理与罗经方位判断法完全一致。这种方法较罗经方位判断法更为简便、迅速、直观,但是这种方法存在的最大缺点是当本船的航向由于各种原因发生变化时,会产生很大的误差,甚至造成错误的判断。

③雷达标绘判断法

雷达标绘判断法是指通过系统连续观测来船雷达回波的距离、方位(三次或三次以上),在专用的雷达标绘纸上或者直接在装有反射作图器的雷达屏幕上作图,求取来船的航速、航向、DCPA 和 TCPA 等信息,从而判断碰撞危险的方法。

雷达标绘判断法被认为是能见度不良情况下判断碰撞危险的最有效方法之一,即使在能见度良好的情况下,也经常被采用。通过雷达标绘,不仅可以得到来船的航速、航向、DCPA 和 TCPA,还可以求得避让措施、避让时机、恢复原来行动状态的时机等船舶碰撞信息。此外,雷达标绘还是核查避让效果的有效方法之一。

(5)判断有无碰撞危险的依据

①来船的罗经方位没有明显的变化,则应认为存在这种危险。

②来船的罗经方位即使有明显变化,有时也可能存在碰撞危险:在驶近一艘很大的船舶或拖带船组时;当近距离驶近他船时;在较远的距离上,来船采取了一连串的小角度转向行动的。

③两船会遇时的最近会遇距离小于安全会遇距离(考虑当时的环境和情况、船舶本身的性能和尺度等因素),到达最近会遇距离处的时间小于驾驶员设定值(大小与会遇形式、两船之间的距离、两船的相对速度直接相关)。

在对遇局面中,判断碰撞危险时应侧重考虑两船之间的横距和两船间的距离。两船之间的横距可用两船间的最小会遇距离(DCPA)来表征。在两船间 DCPA 不大于 1 n mile 而存在碰撞可能性的情况下,两船之间的距离实际上决定着到达最小会遇距离处的时间(TCPA)的长短。通常认为,当一船可以用视觉看到他船桅灯时,对遇局面开始适用。对于 $L \geqslant 50$ m 的机动船而言,其桅灯最小的法定能见距离为 6 n mile,则可以认为两船相距 6 n mile 时,对遇局面已经适用;对于船速快或者操纵性能较差的大型船舶,对遇局面开始适用的两船距离应该更远。而对于 $L<50$ m 的机动船而言,该距离

可以根据其装设的桅灯的最小法定能见距离予以适当的考虑。

三、对遇局面的判断

1.根据两船之间的相互位置予以判断

当两艘机动船相互位于各自的正前方或接近正前方，以相反的航向或者接近相反的航向相互驶近时，即可认为对遇局面正在形成，如图 2-3-12 所示。

图 2-3-12　船舶正前方或接近正前方示意图

“正前方”是指一船位于另一船舶船首向的延长线上。“接近正前方”通常是指一船位于另一船舶船首向左右各 6°或各半个罗经点范围内。之所以取左右各 6°，主要是基于：

(1)根据号灯的技术细节，两盏舷灯的水平光弧在朝船首方向上分别向另一舷侧延伸 1°~3°才切实断光，因此，在本船正前方左右各 3°的范围内，他船均可以同时看到本船的两盏舷灯。

(2)船舶操舵不稳，以及风、流和波浪的影响，都可能导致船舶首摇而出现船首左右摇摆的现象。

2.根据见到他船显示的号灯或者相应的形态予以判断

在两机动船各自位于他船正前方或者接近正前方的前提下，在夜间，如果发现他船的两盏桅灯成一直线或者接近成一直线和(或)两盏舷灯，则两船构成对遇局面。L<50 m 的船舶有可能只显示一盏桅灯，此时，则可以根据同时发现他船的两盏舷灯来判断对遇局面，如图 2-3-13 所示。

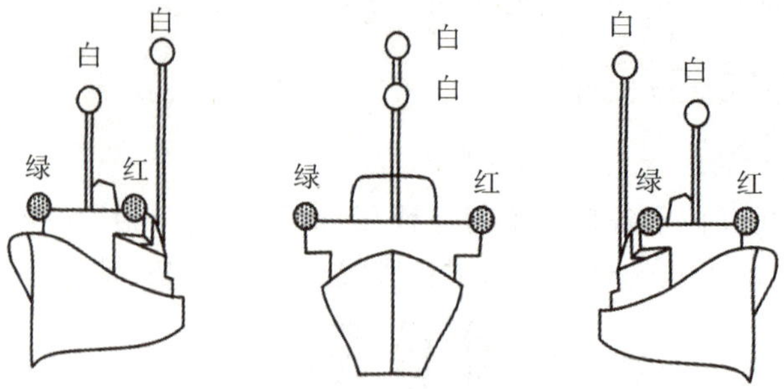

图 2-3-13 对遇局面观察到的来船的航行形态

在白天，两机动船看到他船的上述相应形态，即当来船位于本船的正前方或者接近正前方，见到他船的前后桅杆成一直线或接近一直线，或者看到他船的驾驶台正面对着或者接近正面对着本船，即可判断两船将形成对遇局面。

3. 当对是否构成对遇局面有任何怀疑时应当假定存在对遇局面

根据《避碰规则》第十四条 3 款的规定，当一船对是否存在对遇局面有任何怀疑时，该船应假定确实存在对遇局面，并按《避碰规则》的要求采取相应的行动。对是否属于对遇局面容易产生怀疑的情况，通常有以下几种：

(1) 对他船是否位于本船的正前方或接近正前方有怀疑时。例如，对正前方附近小角度方向上的他船，是属于构成对遇局面还是交叉相遇局面难以断定时，特别是当他船位于本船左舷小角度方向上时，切忌将本船作为小角度交叉相遇局面中的直航船。

(2) 对两船是否为航向相反或者接近相反有怀疑的情况。包括：

①在正前方或接近正前方发现他船的两盏桅灯，但对两盏桅灯是否属于接近一直线难以断定。

②在正前方或接近正前方只发现他船的一盏白灯，难以断定该灯是桅灯还是艉灯。

③在正前方或者接近正前方时，时而看到他船的红灯，时而看到他船的绿灯。

④在白天，对看到的他船的前后桅杆是否接近一直线，或者看到他船的驾驶台是否正面对着或者接近正面对着本船有怀疑时。

(3) 对两船是否致有构成碰撞危险难以断定时，特别是当两船以较小的 DCPA 右舷对右舷对驶时，切忌假定不存在碰撞危险。

(4) 对位于本船正前方或接近正前方且航向相反或接近相反的他船是否属于本条所指的机动船难以断定时。

四、对遇局面中的避让行动

1. 对遇局面的特点

(1) 相对速度大、相持时间短

对遇局面中由于两船航向相反或接近相反，因此两船的相对速度快，可供判断以及采取避碰行动的时间短。这就要求处于对遇局面中的两船必须对局面做出迅速、准确的判断，并及早地采取大幅度的行动。

(2)容易与小角度交叉相混淆

由于对遇局面与交叉相遇局面在船首左右舷6°附近存在临界角度,在此方位来船,与本船构成碰撞危险后,如果对两船构成的局面是交叉相遇局面,还是对遇局面难以断定时,应假定是对遇局面,并采取相应行动。

2.对遇局面中船舶的避碰责任

根据《避碰规则》第十四条1款的规定,对遇局面中的两船,应当各自向右转向,从而从他船的左舷驶过。可见,在对遇局面中,两船负有相同的避碰行动的责任和义务,而不存在让路船和直航船的关系,也不存在互为让路船的关系。

3.对遇局面中的避让行动

根据对遇局面的特点和《避碰规则》的要求,对遇局面中的每一船应当各自向右转向,从而从他船的左舷驶过。每一船在采取行动时,必须充分考虑《避碰规则》第八条的要求,及早地采取大幅度的避碰行动,宽裕地让清他船,并且应当按照《避碰规则》的要求,在采取行动时,鸣放相应的操纵和警告信号。

4.对遇局面中采取避让行动的注意事项

(1)《避碰规则》要求两船各自向右转向从而从他船左舷通过,并不意味着两船所采取的行动的综合效果能使两船在安全距离上通过,而是每一船均必须及早地采取大幅度的右转行动,且每一船的行动均能使两船在安全的距离上驶过。

(2)当一船能够用视觉看到他船的两盏舷灯时,其应当及早采取避碰行动。在采取向右转向行动的同时,应当鸣放"一短声"操纵信号,在夜间还可以显示"一短闪"予以补充。

(3)对是否处于对遇局面持有怀疑时,应假定确实存在这种局面,并应在更早的时刻采取大幅度的行动,以避免紧迫局面的发生。

(4)当环境和情况不允许一船采取右转行动时,应尽可能与他船建立VHF通信,协调两船行动;在采取行动时,其时机应当更早,其行动的幅度应当更大。另一船要对他船可能采取的其他行动保持高度的戒备,以防止两船行动不协调。

(5)限于吃水的船舶与其他船舶构成对遇局面时,应当充分注意到本船偏离所驶航向能力受到限制,谨慎驾驶,并做好随时操纵的准备;而另一船应当充分注意到限于吃水船舶的特殊性,及早采取大幅度的避碰行动。

(6)当两艘从事捕鱼的船舶,或两艘操纵能力受到限制的船舶,或者一艘操纵能力受到限制的船舶与一艘失去控制的船舶,形成对遇态势时,虽然本条规定不适用,但这些船舶各自向右转向是一种良好船艺的表现。

(7)在危险对遇中,避让的时机应当更早,避让的幅度应当更大,以便他船及早了解本船的意图和行动,以避免两船行动不协调。

五、危险对遇

当两船处于右舷对右舷对遇且DCPA不安全的对驶态势下,两船最容易因采取不协调的行动而发生碰撞,这种情况常常被称为"危险对遇"。分析可知,"危险对遇"容易发生碰撞的原因主要是两船对当时的局面存在不同的理解。一船认为是两船存在碰撞危险而构成对遇局面,因而按照《避碰规则》的要求采取向右转向的行动,另一船可能未保持正规瞭望,发现来船太晚,以致惊慌失措,采取了不协调的行动;或者对对遇局面的特点认识不足,未能及早采取大幅度的行动;或者虽然认为两船构成碰撞危险,但其为节约航程或者避免大角度转向而采取向左转向以扩大两船的会遇距离。

六、示例

通过雷达标绘和对他船相对位置及船舶种类的判断,适用于对遇局面,各自应向右转向,然后左对左通过。两船之间的对话如下:

HAIYUN 1:Target 2,Target 2,Target 2,this is MV. HAIYUN 1,MV. HAIYUN 1,MV. HAIYUN 1 calling. Coming please. Over.

Target 2:MV. HAIYUN 1,this is Target 2. Go ahead please. Over.

HAIYUN 1:Target 2,this is MV. HAIYUN 1. Now we are head on situation,we should alter course to starboard side and pass port to port. Over.

Target 2:MV. HAIYUN 1,this is Target 2. Roger that,I will alter course to starboard and pass port to port. Thank you. Out.

行动任务三

任务主题	船舶在互见中的避碰行动(交叉相遇局面)	计划学时	4学时
任务导读	船舶在互见中的避碰行动适用于任何能见度下的互见。《避碰规则》第十三条(追越)、第十四条(对遇局面)、第十五条(交叉相遇局面)是根据两船所处的相对几何位置关系,来确定两船之间的避让责任的。特别需要注意的是,在能见度不良的情况下,绝大多数情况会有从相互看不见发展到相互看见的过程。 船舶在互见中的行动规则是综合以上各个局面,船舶由远及近,让路船和直航船或两艘负有相同避碰责任和义务的船舶在各个阶段采取的避碰行动,这里一定注意各条规则的优先适用顺序		
任务要求	能够对所在航行水域中的船舶进行识别,并对交叉相遇局面进行判断,从而采取正确的避碰行动		
学习目标	通过对本任务的学习,掌握交叉相遇局面的构成条件以及在互见中的避碰责任;能在构成交叉相遇局面时正确判断并实施避让行动		
知识结构	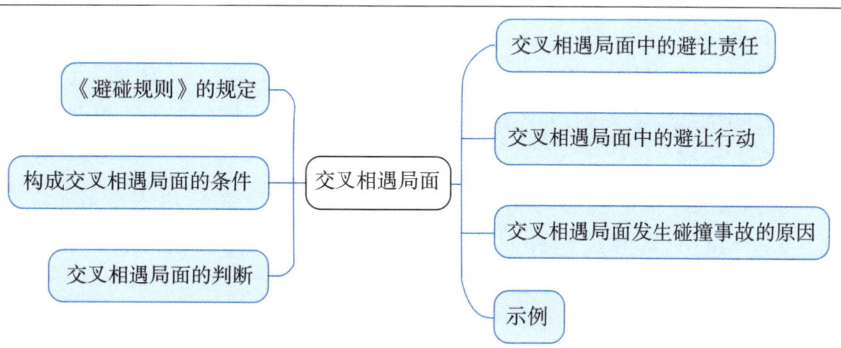		
学习重难点	《避碰规则》第十四条交叉相遇局面的适用范围、构成条件以及局面判断,明确双方的行动规则		
实践要求	(1)考生A担任驾驶员,驾驶船舶按照计划航线航行和应急处置;然后按照评估员的要求轮换角色,考生B和C依次担任驾驶员,先后完成航行值班和应急处置; (2)驾助协助瞭望,定位和对内、对外通信联络; (3)操舵水手按照驾驶员的舵令操舵和显示信号; (4)考生轮换角色时,应遵守驾驶台的交接班程序; (5)操作时间:每位考生担任驾驶员约15 min(包含应急处置)		

任务须知

一、《避碰规则》的规定

第十五条规定:当两艘机动船交叉相遇致有构成碰撞危险时,有他船在本船右舷的船舶应给他船让路,若当时环境许可,还应避免横越他船的前方。

二、构成交叉相遇局面的条件

1.适用能见度

该条以两船处于互见中为前提条件。

2.两艘机动船

"两艘机动船"即相遇的两船均必须为机动船。关于"机动船"的一般定义在《避碰规则》第三条中已经给出。但本条所指的"机动船"是指除"失去控制的船舶""操纵能力受到限制的船舶""从事捕鱼的船舶"之外的用机器推进的船舶,而限于吃水的船舶仍然属于本条所指的"机动船"的范畴。因此,机动船与上述失去控制的船舶、操纵能力受到限制的船舶和从事捕鱼的船舶等三种船舶构成"交叉相遇"态势时,或者上述三种船舶之间构成"交叉相遇"态势时,并不构成本条所指的"交叉相遇局面"。

3.交叉相遇

"交叉相遇"是指两船的船首向交叉,即船首向交叉舷角大于6°(左与右),但小于112.5°(左与右),即除追越和对遇局面以外的两船航向或者船首向交叉的情况,如图2-3-14所示。

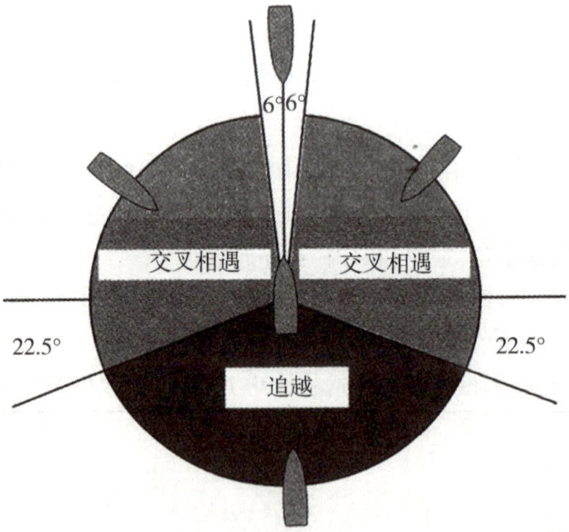

图 2-3-14　三种会遇局面的方位关系

在交叉相遇局面中,海员根据以往的习惯做法和船舶避让的特点,根据相遇两船航向或者船首向交角把交叉相遇分成小角度交叉、垂直交叉和大角度交叉三种情况。若一船的航向与另一船航向的反方向的夹角为锐角,则为小角度交叉;若夹角为直角,则为垂直交叉;若夹角为钝角,则为大角度交叉,如图2-3-15所示。

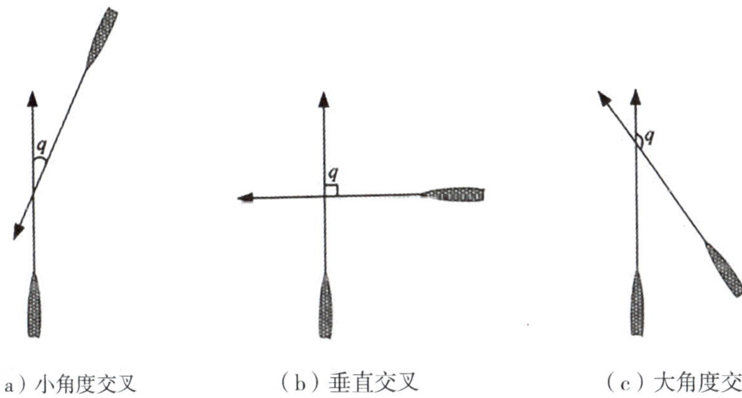

图 2-3-15　交叉相遇局面的三种情况

4.致有构成碰撞危险

致有构成碰撞危险是构成交叉相遇局面的一个重要条件。在交叉相遇局面开始适用的距离上，与对遇局面相同，通常认为，当一船可以用视觉看到他船桅灯时，交叉相遇局面开始适用。对于 $L \geqslant 50$ m 的机动船，其桅灯最小的法定能见距离为 6 n mile，因此，可以认为当两船相距 6 n mile 时，交叉相遇局面开始适用。而对于 $L<50$ m 的机动船，该距离可以根据其装设的桅灯的最小法定能见距离予以适当的考虑。

三、交叉相遇局面的判断

在判断是否构成交叉相遇局面和适用交叉相遇局面条款时，应注意以下几点。

(1)因为在交叉相遇局面中，一船应给另一船让路，为了使让路船能够承担让清直航船的义务，让路船必须能够了解直航船的位置、动态以及是否稳定在某一航向和某一航速上，所以必须以将被确定为直航船的船舶的航向是持久的、稳定的并能被他船所理解作为前提条件。

(2)在通常情况下，当两艘机动船在岬角、灯船或习惯转向点附近水域，港口的进出口处，江河的交叉口处交叉相遇致有构成碰撞危险时，交叉相遇局面仍然适用。但在上述转向点附近航行时，如地方规则有特殊规定，交叉相遇局面条款不一定适用。

(3)在狭水道、航道以及分道通航制区域，如穿越狭水道、航道或通航分道的机动船，与顺着狭水道、航道或通航分道行驶的机动船交叉相遇致有构成碰撞危险，交叉相遇局面仍然适用。

(4)当两艘机动船顺着狭水道或航道的弯曲地段及岸形行驶时，两船的船首向始终处于交叉态势，但是两船的航向需要做不断的改变，这时交叉相遇局面条款并不适用，而应适用狭水道条款。

(5)交叉相遇条款仅适用于两艘机动船，当三艘或以上的机动船同时交叉相遇时，本条规定将不适用。

(6)当一船对两船是构成小角度交叉相遇局面还是对遇局面有怀疑时，应当假定存在对遇局面，并按《避碰规则》第十四条的要求采取相应的行动。

(7)当一船对本船右舷正横后的来船是在追越本船还是与本船构成大角度交叉相

遇局面有怀疑时,应当对他船的行动保持高度的戒备,切忌盲目地将本船作为追越中的被追越船而始终保向保速;并且应在采取行动时充分注意良好船艺的要求,避免本船所采取的行动与他船可能采取的行动不协调。

(8)一艘机动船向后运动以致与另一艘机动船交叉相遇,致有构成碰撞危险的情况,应当作为特殊情况处理,而不应当适用交叉相遇局面条款。

(9)限于吃水的船舶、执行引航任务的机动船、从事普通拖带作业的机动船,当与另一艘机动船交叉相遇致有构成碰撞危险时,仍然应当执行交叉相遇局面条款。除从事拖带作业的船舶构成"操纵能力受到限制的船舶"外,该拖船和被拖船应当被视为一个整体,作为一艘机动船执行交叉相遇局面条款。

四、交叉相遇局面中的避让责任

根据《避碰规则》第十五条的规定,在交叉相遇局面中,当有他船位于本船右舷时,本船应给他船让路,本船是让路船,他船是直航船;当有他船位于本船左舷时,本船是直航船,他船应给本船让路。在夜间,当两船交叉相遇时,让路船只能看到直航船的红色舷灯,看不到其绿色舷灯,直航船只能看到让路船的绿色舷灯,看不到其红色舷灯。因此,海员通常称之为"让红不让绿",即看到他船红色舷灯的船为让路船;看到他船绿舷灯的船为直航船。

五、交叉相遇局面中的避让行动

1.让路船的行动

交叉相遇局面中的让路船在给他船让路时,除应当遵守《避碰规则》第八条、第十六条的规定外,还应遵守《避碰规则》第十五条对其避让行动做出的特殊规定,即在采取让路行动时,如当时环境许可,应当避免横越他船的前方。

根据海上避碰实践和两船所构成的不同交叉会遇态势,通常采用以下避让方法:

(1)通常情况下,应采取向右转向的行动,从而从他船的船尾后方通过。海员通常的做法是让路船采取向右转向的行动,使得本船船首对着他船的船尾后方,保持该航向,直到最后驶过让清,再恢复原航向。

(2)避让小角度交叉船时,由于相对速度大,两船快速接近,应采取向右转向的行动,并使得他船能够见到本船的红色舷灯,使本船从他船船尾后方驶过,如图 2-3-16 所示。

采用向右转向并从他船船尾后方驶过,通常被认为是避让小角度交叉相遇局面船舶的最好方法。在小角度交叉相遇局面中,让路船应当尽量避免左转,以避免与直航船可能采取的行动不协调。

(3)避让垂直交叉船既可采用上述避让小角度交叉船的方法,向右转向从他船的船尾后方通过;也可以采取减速、停车的方法,让他船先行通过,如图 2-3-17 所示。

(4)避让大角度交叉船时,不宜在较近距离内右转,通常可适当左转或者减速让他船先行通过,必要时本船可以左转一圈,如图 2-3-18 所示。

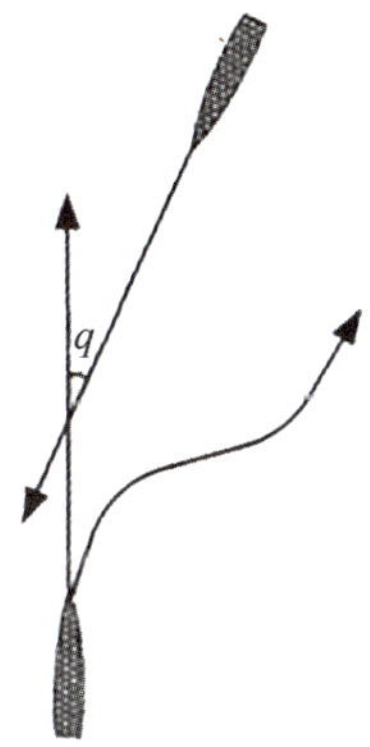

图 2-3-16　小角度交叉相遇局面下让路船的让路行动

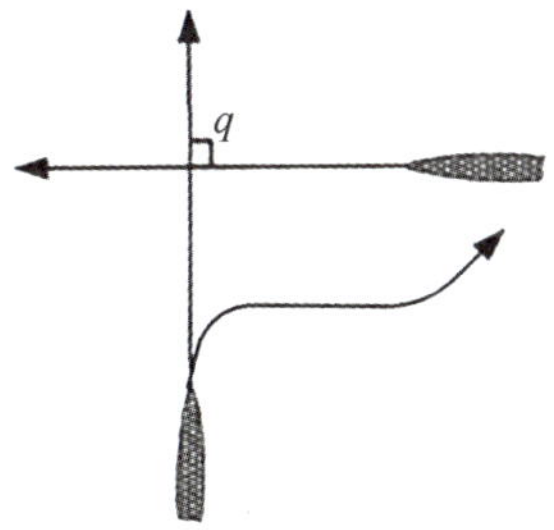

图 2-3-17　垂直交叉相遇局面下让路船的让路行动

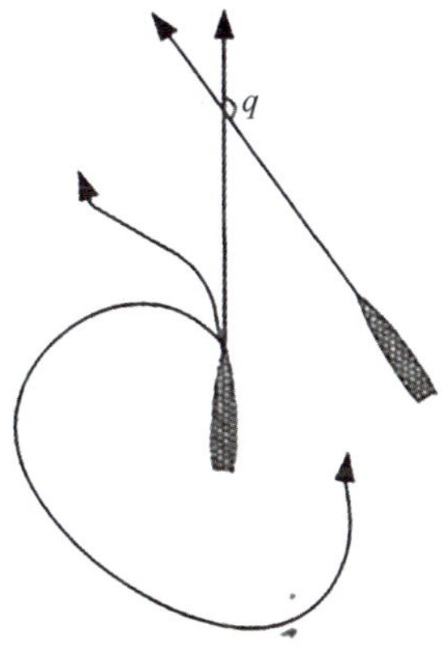

图 2-3-18　大角度交叉相遇局面下让路船的让路行动

六、交叉相遇局面发生碰撞事故的原因

交叉相遇局面发生碰撞事故的原因主要有以下几点：

(1)相遇两船未保持正规瞭望，特别是让路船疏忽瞭望；

(2)让路船没有及时、及早地采取大幅度的行动，宽裕地让清他船；

(3)直航船一味强调直航，不顾《避碰规则》的其他要求，在紧迫局面形成时，违背《避碰规则》采取向左转向的行动，导致两船行动不协调。

七、示例

〔例1〕通过雷达标绘和对他船相对位置及船舶种类的判断,适用于“交叉相遇局面”,他船在我船右舷相互驶近,我船为让路船,应给他船让路。两船之间的对话如下:

HAIYUN 1:Target 2,Target 2,Target 2,this is MV. HAIYUN 1,MV. HAIYUN 1,MV. HAIYUN 1 calling. Coming please. Over.

Target 2:MV. HAIYUN 1,this is Target 2.Go ahead,please.

HAIYUN 1:Target 2,this is MV. HAIYUN 1.Now we are crossing situation,I will alter course to starboard side,and pass your stern,please keep your course and speed. Over.

Target 2:MV. HAIYUN 1,this is Target 2.Roger that,I will keep my course and speed, please keep wide berth to me. Over.

HAIYUN 1:Target 2,this is MV. HAIYUN 1.Thanks. Out.

〔例2〕通过雷达标绘和对他船相对位置及船舶种类的判断,适用于“交叉相遇局面”,他船在我船左舷相互驶近,我船为直航船,他船应给我船让路。两船之间的对话如下:

HAIYUN 1:Target 2,Target 2,Target 2,this is MV. HAIYUN 1,MV. HAIYUN 1,MV. HAIYUN 1 calling. Coming please. Over.

Target 2:MV. HAIYUN 1,this is Target 2.Go ahead please. Over.

HAIYUN 1:Target 2,this is MV. HAIYUN 1. Now we are crossing situation,you are giving way vessel,please pass my stern,please keep clear of me. Over.

Target 2:MV. HAIYUN 1,this is Target 2. Roger that,I will alter course to starboard side and pass your stern,please keep your course and speed. Over.

HAIYUN 1:Target 2,this is MV. HAIYUN 1.Thanks. Out.

行动任务四

<table>
<tr><td>任务主题</td><td>船舶在互见中的避碰行动(等级制原则)</td><td>计划学时</td><td>4 学时</td></tr>
<tr><td>任务导读</td><td colspan="3">船舶在互见中的避碰行动适用于任何能见度下的互见。《避碰规则》第十八条(船舶之间的责任)是根据等级制原则确定避让责任的,要求避让操纵能力相对较好的船舶尽可能给避让操纵能力相对较差的船舶让路。特别需要注意的是,在能见度不良的情况下,绝大多数情况会有从相互看不见发展到相互看见的过程。
在使用《避碰规则》第十八条(船舶之间的责任)进行避让时,应注意《避碰规则》各条的优先使用顺序</td></tr>
<tr><td>任务要求</td><td colspan="3">能够对所航水域的不同等级船舶进行识别,并理清避让责任,从而能够采取正确的避碰行动</td></tr>
<tr><td>学习目标</td><td colspan="3">通过对本任务的学习,能够处理两艘不同种类船舶之间的避让关系。掌握让路船的行动、直航船的行动、各类船舶之间的避碰责任。具体问题具体分析,积累丰富的航海知识,养成严谨的工作作风,能够运用良好船艺</td></tr>
<tr><td>知识结构</td><td colspan="3">
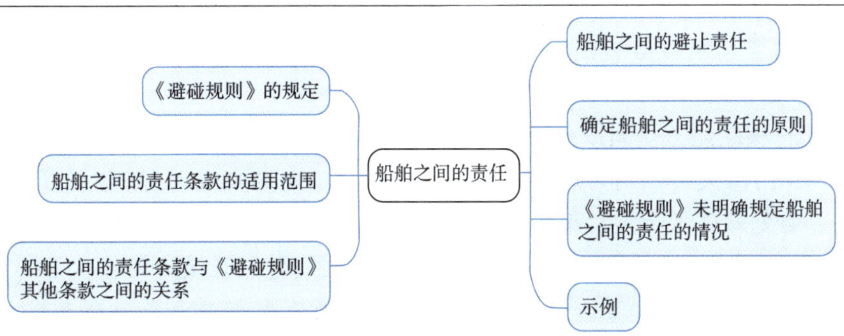

</td></tr>
<tr><td>学习重难点</td><td colspan="3">明确《避碰规则》第十八条(船舶之间的责任)的适用范围及构成条件,明确双方的行动规则</td></tr>
<tr><td>实践要求</td><td colspan="3">通过学习,掌握相关内容,积极参加讨论,完成相关作业和测试</td></tr>
</table>

任务须知

一、《避碰规则》的规定

第十八条规定:除第九、十和十三条另有规定外:

1.机动船在航时应给下述船舶让路:

(1)失去控制的船舶;

(2)操纵能力受到限制的船舶;

(3)从事捕鱼的船舶;

(4)帆船。

2.帆船在航时应给下述船舶让路:

(1)失去控制的船舶;

(2)操纵能力受到限制的船舶;

(3)从事捕鱼的船舶。

3.从事捕鱼的船舶在航时,应尽可能给下述船舶让路:

(1)失去控制的船舶;

(2)操纵能力受到限制的船舶。

4.(1)除失去控制的船舶或操纵能力受到限制的船舶外,任何船舶,若当时环境许可,应避免妨碍显示第二十八条信号的限于吃水的船舶的安全通行。

(2)限于吃水的船舶应全面考虑其特殊条件,特别谨慎地驾驶。

5.在水面的水上飞机,通常应宽裕地让清所有船舶并避免妨碍其航行。然而在有碰撞危险的情况下,则应遵守本章各款的规定。

6.(1)地效船在起飞、降落和贴近水面飞行时应宽裕地让清所有其他船舶并避免妨碍他们的航行;

(2)在水面上操作的地效船应作为机动船遵守本章条款的规定。

二、船舶之间的责任条款的适用范围

1.适用船舶情况

《避碰规则》第十八条所指的船舶之间的责任是指两船(不同种类船舶)之间的避让责任,即相遇两船中的一船对另一船应当承担的避让责任,而不包括三艘及以上船舶相遇同时构成碰撞危险的情况。

2.适用能见度

该条以两船处于互见中为前提条件。

3.适用条件

在适用该条时,应当满足下列两个条件:

(1)满足《避碰规则》第三条的“一般定义”;

(2)按照《避碰规则》的规定显示了相应的号灯或号型。

注意,该条的适用不以两船构成碰撞危险为前提。

三、船舶之间的责任条款与《避碰规则》其他条款之间的关系

在《避碰规则》各条款中，由于各条款的适用条件不同、确定船舶责任的原则有异，所以存在某些条款交叉的现象。因此，在解释和执行《避碰规则》时，必须注意责任条款与《避碰规则》其他条款之间的关系，正确地运用《避碰规则》。

涉及船舶之间避让责任的条款的适用顺序如下：

(1)第十三条(追越)；

(2)第九条2、3款，第十条9、10款，第十八条4款(不应妨碍)；

(3)第十八条(不同类船舶之间的避让责任)；

(4)第十二条、第十四条、第十五条(同类船舶之间的避让责任)。

四、船舶之间的避让责任

船舶之间的避让责任可以分为以下三类：

(1)一船不应妨碍另一船的通行或安全通行

第九条2、3款，第十条9、10款以及第十八条4款对船舶所提出的“不应妨碍”的要求，实际上就规定了两船之间的责任是一船负有不应妨碍另一船安全通行的责任。

(2)一船应给另一船让路

第十二条、第十三条、第十五条和第十八条中提出两船相遇时一船应给另一船让路，实际上就规定了两船之间的责任是一船负有给另一船让路的责任。一船应给另一船让路的责任只适用于互见中。

(3)两船负有同等的避碰责任

会遇中的两船还可能负有相同的避碰责任和义务。例如，在互见中，《避碰规则》第十四条规定的对遇局面中的两艘机动船负有同等的避碰责任和义务，各自应当向右转向从而从他船的左舷通过。在能见度不良的水域中或其附近航行的船舶，只要两船不在互见中，任何一船与任何他船相遇均负有同等的避碰责任和义务。

五、确定船舶之间的责任的原则

《避碰规则》在划分船舶之间的责任时，采用了等级制和几何制两个原则。等级制原则，是指根据船舶的避让操纵能力的优劣来划分船舶之间的避让责任的原则；几何制原则，是指根据两船所处的相对几何位置关系来划分船舶之间的避让责任的原则。

《避碰规则》第十八条船舶之间的责任条款是根据等级制原则确定避让责任的。

《避碰规则》第十二条(帆船)、第十三条(追越)、第十四条(对遇局面)、第十五条(交叉相遇局面)是根据几何制原则确定避让责任的。

六、《避碰规则》未明确规定船舶之间的责任的情况

对于《避碰规则》条款未明确规定避让责任关系的，如三艘或者三艘以上船舶相遇同时致有构成碰撞危险的情况，或者当两艘从事捕鱼的船舶、两艘失去控制的船舶、两艘操纵能力受到限制的船舶相遇致有构成碰撞危险时，一艘失去控制的船舶与一艘操

纵能力受到限制的船舶相遇致有构成碰撞危险时,每一船均负有同等的避碰责任和义务,每一船均应按照《避碰规则》第二章的规定并运用良好的船艺采取行动,以避免碰撞。

在采取行动时,应遵循以下原则:

(1)操纵能力稍好的船舶应尽可能给操纵能力更差的船舶让路。例如,操纵能力受到限制的船舶应尽可能给失去控制的船舶让路;从事拖带作业的操纵能力受到限制的船舶应尽可能给正在发射或收回航空器的船舶让路等。

(2)相遇两船均有责任尽最大努力采取行动,以避免碰撞事故的发生。

(3)在采取具体行动时,在条件允许的情况下,应遵循《避碰规则》所确定的行动原则;均应当运用良好的船艺,及早采取避让行动,以保证船舶之间能够在安全距离上通过。

七、示例

通过视觉瞭望、AIS以及雷达标绘判断出他船的种类,如他船为失去控制的船舶,操纵能力受到限制的船舶或者从事捕鱼的船舶或帆船,则适用于船舶之间的责任条款,我船为让路船,应给他船让路。两船之间的对话如下:

HAIYUN 1:Target 2,Target 2,Target 2,this is MV. HAIYUN 1,MV. HAIYUN 1,MV. HAIYUN 1 calling. Coming please. Over.

Target 2:MV. HAIYUN 1,this is Target 2. Go ahead please. Over.

HAIYUN 1:Target 2,this is MV. HAIYUN 1,you are a vessel not under command/a vessel restricted in her ability to manoeuvre/a vessel engaged in fishing/a sailing vessel,I will keep clear of you,pay attention please. Over.

Target 2:MV. HAIYUN 1,this is Target 2. Roger that,thanks. Out.

HAIYUN 1:Target 2,this is MV. HAIYUN 1. Thanks. Out.

课后作业

一、主题研讨

让路船与直航船的行动。

二、线下作业

按照让路船与直航船的行动要求，在模拟器中进行演练。

三、模拟训练

模拟训练一：几何制原则下的避碰行动(一)

本任务分小组进行：对本航次所经水域的船舶进行避碰	
任务要求、目标	船舶安全航行，对所航水域的船舶进行识别，正确判断追越局面，从而能够采取正确的避碰行动
船舶参数及初始状态	船舶参数： 船型：集装箱船；船长：280 m；船宽：39.8 m；排水量：69 220 t； 吃水：9.35 m；船舶载运集装箱：3 200 TEU； 初始状态：天津港开航
外界环境	风、流、船舶通航状况： (1)天气：白天，能见度情况良好； (2)流向：150°，流速：0.5 kn； (3)风向：045°，风速：6 级
操纵内容、流程	(1)检查设备的工作状况； (2)正常航行中追越局面的避让； (3)练习结束后将设备归位； (4)教师点评
学生任务完成情况	
小组代表总结	
教师评语	

追越局面

会遇局面

对遇局面

交叉相遇局面1

交叉相遇局面2

交叉相遇局面3

船舶之间的责任1

船舶之间的责任2

模拟训练二:几何制原则下的避碰行动(二)

<table>
<tr><td colspan="2">本任务分小组进行:对本航次所经水域的船舶进行避碰</td></tr>
<tr><td>任务要求、目标</td><td>船舶安全航行,对所航水域的船舶进行识别,正确判断对遇局面,从而能够采取正确的避碰行动</td></tr>
<tr><td>船舶参数及初始状态</td><td>船舶参数:
船型:集装箱船;船长:280 m;船宽:39.8 m;排水量:69 220 t;
吃水:9.35 m;船舶载运集装箱:3 200 TEU;
初始状态:天津港开航</td></tr>
<tr><td>外界环境</td><td>风、流、船舶通航状况:
(1)天气:白天,能见度情况良好;
(2)流向:150°,流速:0.5 kn;
(3)风向:045°,风速:6 级</td></tr>
<tr><td>操纵内容、流程</td><td>(1)检查设备的工作状况;
(2)正常航行中对遇局面的避让;
(3)练习结束后将设备归位;
(4)教师点评</td></tr>
<tr><td>学生任务完成情况</td><td></td></tr>
<tr><td>小组代表总结</td><td></td></tr>
<tr><td>教师评语</td><td></td></tr>
</table>

模拟训练三：几何制原则下的避碰行动(三)

本任务分小组进行：对本航次所经水域的船舶进行避碰	
任务要求、目标	船舶安全航行，对所航水域的船舶进行识别，正确判断交叉相遇局面，从而能够采取正确的避碰行动
船舶参数及初始状态	船舶参数： 船型：集装箱船；船长：280 m；船宽：39.8 m；排水量：69 220 t； 吃水：9.35 m；船舶载运集装箱：3 200 TEU； 初始状态：天津港开航
外界环境	风、流、船舶通航状况： (1)天气：白天，能见度情况良好； (2)流向：150°，流速：0.5 kn； (3)风向：045°，风速：6 级
操纵内容、流程	(1)检查设备的工作状况； (2)正常航行中交叉相遇局面的避让； (3)练习结束后将设备归位； (4)教师点评
学生任务完成情况	
小组代表总结	
教师评语	

模拟训练四:不同等级下的避碰行动

本任务分小组进行:对本航次所经水域的不同等级船舶进行避碰	
任务要求、目标	船舶航行,对所航水域的不同等级船舶进行识别,并理清避让责任,从而能够采取正确的避碰行动
船舶参数及初始状态	船舶参数: 船型:集装箱船;船长:280 m;船宽:39.8 m;排水量:69 220 t; 吃水:9.35 m;船舶载运集装箱:3 200 TEU; 初始状态:天津港开航
外界环境	风、流、船舶通航状况: (1)天气:白天,能见度情况良好; (2)流向:150°,流速:0.5 kn; (3)风向:045°,风速:6 级
操纵内容、流程	(1)检查设备的工作状况; (2)正常航行中不同种类船舶之间的避让行动; (3)练习结束后将设备归位; (4)教师点评
学生任务完成情况	
小组代表总结	
教师评语	

任务三　知悉船舶在能见度不良时的避碰行动

行动任务

任务主题	船舶在能见度不良时的行动规则	计划学时	4 学时
任务导读	船舶于能见度不良水域或其附近航行时，难以及早发现来船并准确识别，即便借助助航仪器，获得的信息也间接抽象且可靠性有限，需船舶驾驶人员进一步处理和分析。相较能见度良好时，此时获取判断局面与碰撞危险所需的信息更少，所采取的避碰行动也难被他船通过视觉发现，常需借助雷达等手段判定。通过对本任务的学习，掌握《避碰规则》第十九条相关规定，能正确处理助航仪器信息，提升在能见度不良时判断局面与碰撞危险的能力，熟悉并恰当采取避碰行动，增强船舶航行安全性		
任务要求	能够对本航次所经能见度不良水域的船舶采取相应的避碰行动		
学习目标	通过学习本情境内容，掌握船舶在能见度不良水域及其附近航行时的避碰行动		
知识结构	船舶在能见度不良时的行动规则 《避碰规则》的规定 船舶在能见度不良时的戒备 能见度不良的避碰行动 演练程序及沟通示例		
学习重难点	船舶在能见度不良水域及其附近航行时的避碰行动		
实践要求	(1)考生 A 担任驾驶员，驾驶船舶按照计划航线航行和应急处置；然后按照评估员的要求轮换角色，考生 B 和 C 依次担任驾驶员，先后完成航行值班和应急处置； (2)驾助协助瞭望，定位和对内、对外通信联络； (3)操舵水手按照驾驶员的舵令操舵和显示信号； (4)考生轮换角色时，应遵守驾驶台的交接班程序； (5)操作时间：每位考生担任驾驶员约 15 min(包含应急处置)		

任务须知

一、《避碰规则》的规定

《避碰规则》第十九条规定：

1.本条适用于在能见度不良的水域中或在其附近航行时不在互见中的船舶。

2.每一船应以适合当时能见度不良的环境和情况的安全航速行驶，机动船应将机器做好随时操纵的准备。

3.在遵守本章第一节各条时，每一船应充分考虑到当时能见度不良的环境和情况。

4.一船仅凭雷达测到他船时，应判定是否正在形成紧迫局面和(或)存在碰撞危险。若是如此，应及早地采取避让行动，如果这种行动包括转向，则应尽可能避免如下各点：

(1)除对被追越船外，对正横前的船舶采取向左转向；

(2)对正横或正横后的船舶采取朝着它转向。

5.除已断定不存在碰撞危险外，每一船当听到他船的雾号显似在本船正横以前，或者与正横以前的他船不能避免紧迫局面时，应将航速减到能维持其航向的最小速度。必要时，应把船完全停住，而且，无论如何，应极其谨慎地驾驶，直到碰撞危险过去为止。

二、船舶在能见度不良时的戒备

船舶航行在能见度不良的水域或其附近时，不易及早发现来船和正确地识别来船，即使使用助航仪器，其信息也较间接和抽象，需要航海技术人员进一步处理和分析，可靠性也有一定的限度，达不到视觉瞭望的直观、形象，因此获得的判断局面和碰撞危险所需要的信息要比能见度良好时少。此外，船舶所采取的避碰行动也不能被他船用视觉发现，而需要通过雷达标绘等手段才能判别。为此，《避碰规则》第十九条对船舶在能见度不良时的行动规则做出了专门的规定。

（一）船舶在能见度不良时的行动规则条款的适用范围

《避碰规则》第十九条(船舶在能见度不良时的行动规则)1款规定："本条适用于在能见度不良的水域中或在其附近航行时不在互见中的船舶。"

（二）船舶在能见度不良水域航行时的避碰戒备

《避碰规则》第十九条2款规定："每一船应以适合当时能见度不良的环境和情况的安全航速行驶，机动船应将机器做好随时操纵的准备。"《避碰规则》第十九条3款规定："在遵守本章第一节各条时，每一船应充分考虑到当时能见度不良的环境和情况。"因此，船舶在能见度不良水域或其附近航行时，应当在保持正规瞭望、以安全航速行驶、正确判断碰撞危险、采取避免碰撞的行动等方面保持高度的戒备。

三、能见度不良的避碰行动

（一）利用雷达标绘协助避让

雷达是保持正规瞭望、判断碰撞危险和协助避碰的重要助航仪器，尤其是在交通密度较大的近海水域或在能见度不良的情况下，更需要借助雷达来协助避碰。

1.进行雷达观测

雷达标绘是指通过系统连续观测来船雷达回波的距离、方位(三次或三次以上),在专用的雷达标绘纸上或者直接在装有反射作图器的雷达屏幕上作图,求取来船的航速、航向、DCPA 和 TCPA 等信息,确定本船应采取的行动,判断他船所采取的行动以及核查避碰效果等。随着科技的进步,ARPA 和 AIS 已在船舶上广泛使用,但是,雷达标绘和雷达作图作为雷达协助避碰的基本手段,船舶驾引人员仍然必须熟练掌握。

2.雷达标绘和确定避让重点船

在通过雷达观测获得相应的观测数据后,即可进行雷达标绘。在雷达标绘以及决定避碰措施前,应当遵循以下原则确定避让重点船:

(1)相距距离近的来船;

(2)相对速度快的来船;

(3)正横前的右舷来船;

(4)利用转向不变线确定重点船。

3.采取避碰行动

对正横前来船一般在两船相距 4~6 n mile 时采取避碰行动,对正横后的来船在两船相距 3 n mile 前采取避碰行动。

在确定拟采取抑或转向、抑或变速或转向结合变速的行动方案时,应充分考虑本节第四部分所确定的原则。此外,在决定拟采取避碰行动方案时,必须严格遵守《避碰规则》各条的相关规定,尤其是《避碰规则》第十九条 4 款、第六条等相关条款的规定。在采取转向或转向结合变速的行动时,应特别注意除对被追越船外,对正横前的来船应避免采取向左转向的行动;对正横或正横后的来船应避免采取朝着它转向的行动。在采取变速避碰的行动时,应注意考虑安全航速的要求。在确定转向或变速的幅度时,应注意《避碰规则》第八条和第十九条“早、大、宽、清”的要求,并应使用雷达标绘作图方法确定行动的幅度或利用转向不变线预估转向角。

4.核查避碰效果和回航

在采取避碰行动后,应利用雷达标绘或与之相当的系统观测,核查避碰效果,直到最后驶过让清为止。在经核查确认来船已经驶过让清后,本船可以恢复原航向或原航速。

(二)船舶在能见度不良时的避碰行动

在能见度不良的情况下,船舶可以采取的避碰行动包括转向避碰、变速避碰以及转向与变速结合的避碰。

1.仅凭雷达测到他船时采取的避碰行动——转向避碰

在有足够水域的情况下,单凭转向避碰通常是最有效的避碰行动,其优点是时间短、效果明显、操作简单、不依赖于备车。因此,转向避碰是最常用的避让方法。

《避碰规则》第十九条 4 款(1)项规定,除对被追越船外,应避免对正横前的船舶采取向左转向。因此,无论来船是在本船的右正横以前(如图 2-3-19 所示)还是左正横以前(如图 2-3-20 所示)或是在正前方,本船均应向右转向避让。

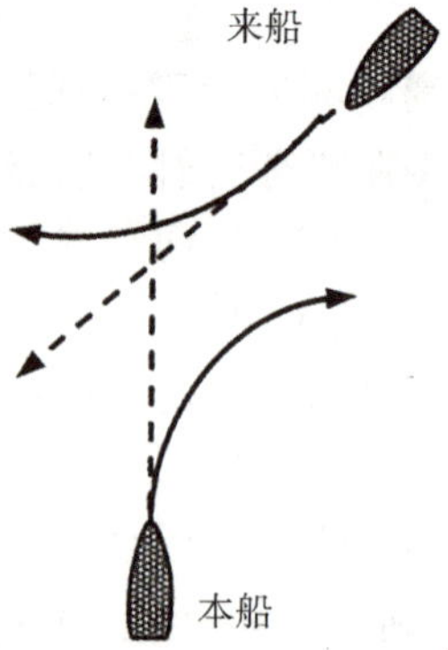

图 2-3-19　来船在本船的右正横以前

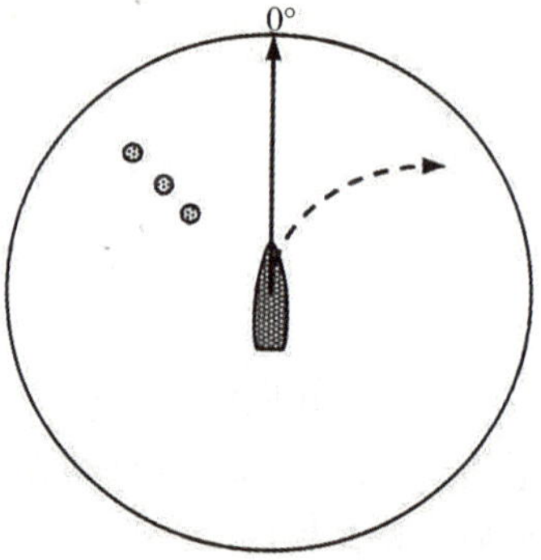

图 2-3-20　来船在本船的左正横以前

《避碰规则》第十九条 4 款(1)项禁止船舶向左转向是为了保证两船之间转向避碰行动的协调性。当他船位于本船正横以前时,实际上本船也位于他船的正横以前,《避碰规则》规定两船均应当避免左转,可以有效避免由于两船中因一船右转、另一船左转造成的避碰行动的不协调。

《避碰规则》第十九条 4 款(1)项所指的“被追越船”不属于《避碰规则》第十三条所指的追越中具有法定含义的“被追越船”,而仅仅是指在相对位置上逐渐被本船赶上的船。对于正横以前的被追越船,《避碰规则》并没有明确规定必须左转或者右转,船舶可以根据当时的环境和情况选择向左或向右转向避让。

2.避让正横和正横后来船

对于从本船正横和正横后驶近的来船,如果朝着它转向,由于转向时航速的下降使朝着他船转向的效果极差,并且因为采取了驶近他船的行动,两船的接近速度急剧加快,使两船处于不协调的境地,比转向前更危险。为此,《避碰规则》第十九条 4 款(2)项规定,应避免对正横或正横以后的来船采取朝着它转向的行动。因此,对右正横或右正横以后的来船应采取向左转向避让的行动(如图 2-3-21 所示);对左正横或左正横以后的来船应采取向右转向避让的行动(如图 2-3-22 所示)。总之,本船背向他船转向,达到远离的效果,是保证安全的重要措施。

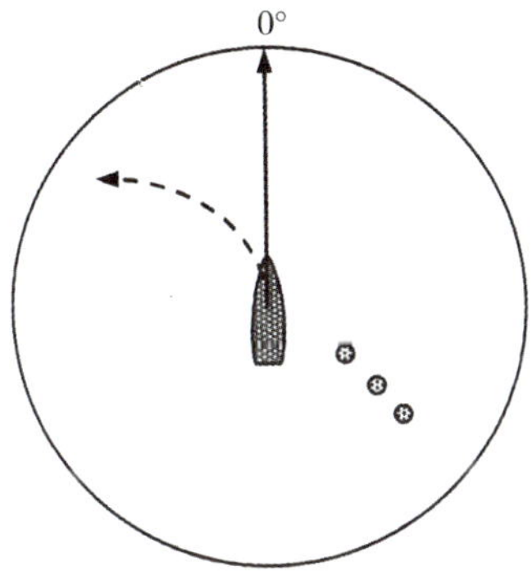

图 2-3-21 避让右正横或右正横以后来船

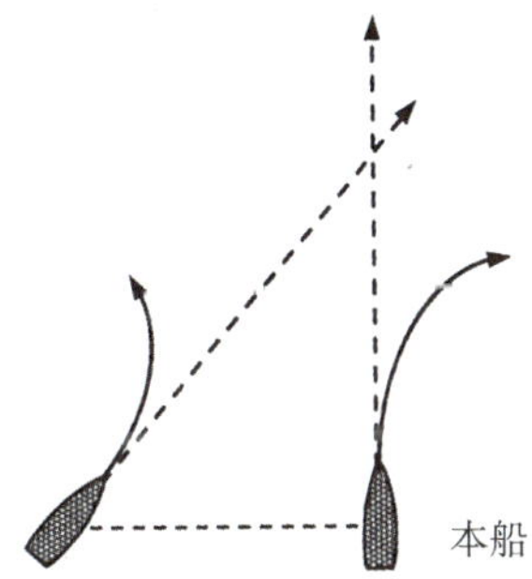

图 2-3-22 避让左正横或左正横以后来船

《避碰规则》第十九条 4 款对于转向避让的规定如图 2-3-23 所示。

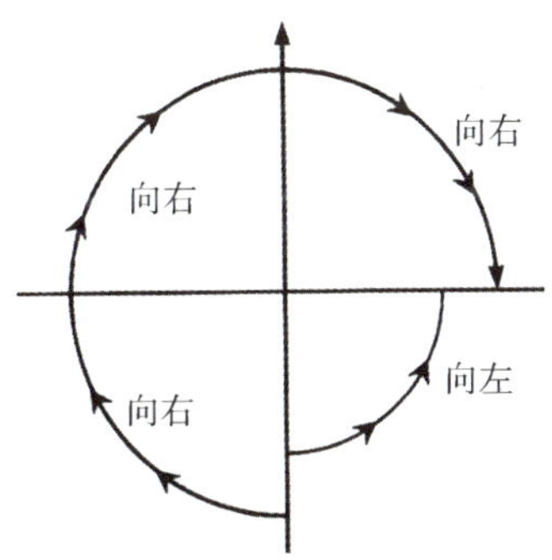

图 2-3-23 《避碰规则》关于转向避让的规定图解

3.雷达避碰转向示意图

英国航海学会于 1970 年成立了一个工作组,讨论如何修改《避碰规则》。该工作组运用雷达标绘方法和数学方法研究雷达避碰问题,并根据《避碰规则》第十九条 4 款的规定和良好船艺的要求,考虑了船舶之间的协调问题,绘制了雷达避让转向示意图,向航海人员推荐使用,如图 2-3-24 所示。该雷达避让转向示意图在国际航海界颇有影响,可以认为是对第十九条 4 款关于转向避让要求的一个补充。

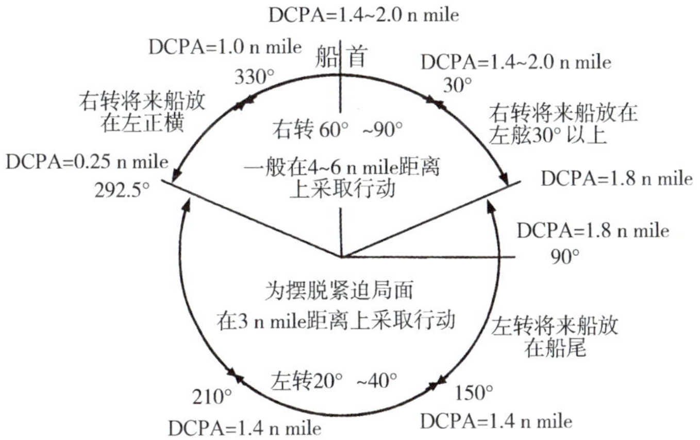

图 2-3-24 雷达避碰转向示意图

(1)对左舷30°到右舷30°的来船:向右转向60°~90°。

①对左舷来船可转向60°,对右舷来船可转向90°。

②相距较远时转向60°,相距较近时转向90°,这样可增大DCPA。

③来船速度比本船快时可转向90°,比本船慢时可转向60°。

(2)对右舷30°~90°的来船,向右转向直到来船处于左舷30°以上;对于接近正横的来船,在相距较近的时候,例如2 n mile左右,应把船停住。

(3)对左舷330°~292.5°的来船:向右转向直到来船处于左舷正横。

①对于偏近330°方位的来船,DCPA较大,或对偏近292°的来船,DCPA偏小时,要么把船停住让来船先通过,要么在转向的同时增加船速,提早越过来船。

②本船处于来船右舷,它很有可能向右转向,因此切勿向左转向以免交叉相碰。

(4)对于292.5°~210°的来船:向右转向直到来船处于本船船尾。

①本船如处于来船的右首舷,它很可能向右转向60°~90°,就避让效果来说,彼此是分离的。

②如本船向左转向就是横越来船或与来船右让相碰,故切勿向左转向。

③对正横以前的来船亦可将船停住让来船通过。

(5)对于210°~150°的追越船:向左转向20°~40°。

①转向40°比转向20°的效果好。

②处于右尾舷的来船,除它左转过本船尾的情况外,向左转向是利于增大DCPA的。

③处于左尾舷的来船,如本船处于来船左或右较小舷角时,来船很可能右转过本船尾。

④在此尾舷角内减速对增大DCPA的效果不大。

(6)对于150°~90°的来船:向左转向直到来船处于船尾。

①本船处于来船的左舷角上,它可能向右转向60°~90°。要提防它向左转向过船尾,但即便如此,因几乎同向航行,有足够余地进行继续观测和避让。

②针对减速效果,尾舷角小的不如尾舷角大的显著。

4.仅凭雷达测到他船时采取的避碰行动——变速避让

采取大幅度转向避让的前提条件是要有足够的水域,并不致造成另一紧迫局面。因此,在没有足够水域或存在第三船致使无法大幅度转向避让的情况下,船舶应考虑采用变速的避让措施。在采取变速避让措施时,应当注意以下事项:

(1)对右正横前的来船,本船的减速行动和来船可能采取的向右转向措施和(或)增速措施效果一致(本船追越他船的情况除外);但对于左正横前的来船,本船的减速行动会与来船可能采取的右转向措施和(或)减速措施效果相互抵消。

(2)对于正横附近来船,变速行动可以改变两船“齐头并进”的局面,让来船超前或滞后,避让效果比较明显。变速措施短时间内效果不明显,不易被来船察觉,因此应及早地、大幅度地进行。

(3)船舶在能见度不良的水域所采用的变速措施通常是减速措施。如采取增速措施,必须要考虑增速的余地和安全航速的要求。

5.仅凭雷达测到他船时采取的避碰行动——转向和变速结合的避碰

在转向和变速同时进行时,转向的方向仍应遵守本款对转向避让的要求。在采取转向和变速结合的避碰措施时,应当注意:

(1)在避让本船右正横前来船时,本船宜采取右转结合减速的措施,本船右转和减速的效果是一致的。

(2)在避让左正横前来船时,在安全航速许可的范围内,可以采取右转结合增速的措施。一般而言,本船向右转向与增速效果一致,并且与来船可能采取的右转和(或)减速措施效果一致。需要注意的是,如他船的相对运动航向线与转向不变线平行或者重合,则转向不一定有效果。

(3)在避让左正横后的来船时,本船通常应当以右转为主,同时也可以结合增速。

(4)在避让右正横后的来船时,本船宜采取左转并结合增速的措施。

6.听到他船雾号显似在本船正横以前或与正横以前的他船不能避免紧迫局面时采取的避碰行动

《避碰规则》第十九条5款规定:“除已断定不存在碰撞危险外,每一船当听到他船的雾号显似在本船正横以前,或者与正横以前的他船不能避免紧迫局面时,应将航速减到能维持其航向的最小速度。必要时,应把船完全停住,而且无论如何,应极其谨慎地驾驶,直到碰撞危险过去为止。”

(1)已断定不存在碰撞危险时,本船可以不采取行动,但应当做到谨慎驾驶

所谓“已断定不存在碰撞危险”主要是指虽然听到来船的雾号显似在本船正横以前,但已确认该船正在驶离或者能够保证在足够安全的会遇距离上通过。此时,《避碰规则》第十九条5款的规定不适用,该船无须采取避让行动,但应当做到谨慎驾驶。若一船虽然经过系统观测,但仍然无法确定是否存在碰撞危险时,应当根据《避碰规则》第七条1款的规定,假定存在碰撞危险,并按《避碰规则》第十九条5款的规定采取相应的行动。

(2)将航速减到能维持其航向的最小速度

根据《避碰规则》第十九条5款的规定,本船应将航速减到能维持其航向的最小速度的情况包括,“当听到他船的雾号显似在本船正横以前”和“与正横以前的他船不能避免紧迫局面时”两种情况。

雾号的可听距离通常只有2 n mile左右,因此听到来船的雾号显似在本船正横以前时,两船已不能避免紧迫局面的形成。同时,雾号在雾中传播时可能发生折射现象,所以仅凭雾号很难正确判断该船的方位和距离,因而,不应当仅仅根据雾号来判断是否存在碰撞危险。通常认为,当听到他船的雾号显似在本船的正横以前时,应当假定他船与本船不能避免或者已经形成紧迫局面。此外,将正横附近传来的雾号当作来自正横以前的雾号也是一种谨慎的做法。

实践证明,在与正横以前的来船不能避免紧迫局面时,盲目转向往往会使局面更加恶化。在当时的局面不明了时,减速或停船将有利于缓解紧迫性,为判明情况保留一定余地;或当时情况已经十分危险,减速或停船也有利于降低碰撞的危险性。当然,减速对于正横后的来船反而是更危险的,所以《避碰规则》强调的是正横以前。另外,若将

航速降低到不能控制航向的程度，船舶失去舵效，使得在必须转向时船舶无法及时转向，这也是不利的。因此，《避碰规则》第十九条5款提出“将航速减到能维持其航向的最小速度”。这一速度，对于万吨级船舶而言，一般为2~4 kn。

(3)必要时把船完全停住

如果将航速降低到能够维持其航向的最小速度仍然不足以应对当时的紧迫局面或者紧迫危险，船舶应立即停车、倒车把船完全停住。所谓“必要时”，通常指以下几种情况：

①对不备有可使用雷达的船舶：

a.在邻近处初次听到他船的雾号时；

b.听到有雾号显似在本船正前方时；

c.听到他船的雾号显似在船首前方的角度逐渐减小时；

d.看到一船从雾中隐隐出现，但其动态还未能判断清楚时；

e.听到帆船的雾号显似在本船的正横以前时；

f.听到本船正前方附近有锚泊船的雾号时。

②对备有可使用雷达的船舶：

a.当与正横前的他船不能避免紧迫局面时，尤其是他船从正前方或本船船首左右各30°左右的舷角以内驶来时；

b.当遇到有任何船舶用较高速度径直驶来，但对来船究竟从本船哪一侧驶过存在怀疑时；

c.听到他船鸣放的雾号但在雷达的众多回波中无法确定鸣放雾号的船舶时；

d.发现位于正横以前的雷达回波消失在雨雪或海浪的干扰杂波之中，无法确定其动态，但又听到他船鸣放的雾号显似在正横以前时；

e.当发现他船正在采取与本船不协调的行动，紧迫局面即将形成时；

f.浓雾中发现一船正在雾中隐隐出现，但无法判断其动态时。

(4)谨慎驾驶

《避碰规则》第十九条5款规定，每一船当听到他船的雾号显似在本船正横以前，或者与正横以前的他船不能避免紧迫局面时，均应极其谨慎地驾驶，直到碰撞危险解除为止。

所谓谨慎驾驶，其含义是十分广泛的，不仅包括保持正规瞭望、及时备车并以安全航速行驶、以适合当时环境和情况的一切有效手段判断碰撞危险等；而且包括对当时可能发生的特殊情况保持应有的戒备，如多船会遇同时构成碰撞危险的情况、他船背离《避碰规则》或者违背《避碰规则》采取行动的情况等；也包括避免盲目转向、及时将航速减小到能维持其航向的速度，必要时把船完全停住的行动。

总之，谨慎驾驶的内容十分广泛，从加强瞭望、戒备到采取行动，从《避碰规则》的要求到良好船艺的要求，从避免盲目转向到减速、停车、停船等，均是谨慎驾驶的要求。

四、演练程序及沟通示例

1.雾航应急演练程序

驾驶员看到能见度不良,马上发布指令:

(1)鸣放雾号(同时做出相应动作,一长声,然后打开自动雾号);

(2)开启航行灯(同时做出相应动作);

(3)改用手操舵,通知机舱将机器做好随时操纵的准备,使用安全航速(若已备车航行,把速度降低就可以,比如降到前进二);

(4)通知船长上驾驶台、通知大副船头备双锚、瞭头;

(5)发布船舶动态。

2.沟通示例

驾驶员:驾助,通知船长上驾驶台,通知机舱备车,通知大副增派瞭头。

驾助:收到(立即通知)。

驾驶员:瞭望人员开启航行灯,鸣放雾号,打开门窗,加强瞭望。

瞭望人员:收到(立即采取措施,完毕后报告)。

驾驶员:舵工手操舵。

舵工:收到(立即采取措施),报告驾驶员,现在手操舵,航向×××。

驾助:“宁安 1 号”机舱,驾驶台叫,收到请回答。

机舱:收到,请讲。

驾助:能见度不良,请备车航行。

机舱:收到。

驾助:“宁安 1 号”船长,驾驶台叫,收到请回答。

船长:收到,请讲。

驾助:能见度不良,请上驾驶台。

船长:收到。

驾助:“宁安 1 号”大副,驾驶台叫,收到请回答。

大副:收到,请讲。

驾助:能见度不良,请增派瞭头。

大副:收到。

驾助:(发布航行警告)Security, security, security. All ships, all ships, all ships, this is MV. NINGAN 1. Call sign ×××, position ×××, course ×××, speed ×××. The visibility is poor. All ships in the vicinity, please navigate with caution, thanks, out.

(雾消失后,能见度恢复,能见距离超过 5 n mile。)

驾驶员:驾助,通知机舱恢复正常航行,通知大副撤回瞭头。

瞭望人员:关闭航行灯,关闭雾号(瞭望人员立即采取措施,完毕后报告)。

驾助:“宁安 1 号”机舱,驾驶台叫,收到请回答。

机舱:收到,请讲。

驾助:能见度良好,恢复正常航行。

机舱:收到。

驾助:“宁安 1 号”大副,驾驶台叫,收到请回答。

大副:收到,请讲。

驾助:能见度恢复,撤回瞭头。

大副:收到。

船舶避碰英语沟通示例:

NA1:MV. Target 12,this is MV. NING AN 1 calling,coming please.

T:MV. NINGAN 1,this is Target 12. Go ahead please.

NA1:Target 12,this is MV. NING AN 1. Now visibility is poor,I' ll alter my course to port (starboard) side,please keep wide berth to me. Over.

T:MV. NINGAN 1,this is Target 12.I will alter my course to port (starboard) side and keep safe distance to you. Over.

NA1:Thank you.Out.

课后作业

一、主题研讨

船舶在能见度不良时的行动要求。

二、线下作业

就能见度不良的情景，在模拟器上进行操练。

三、模拟训练

模拟训练一：声号的使用及戒备行动

本任务分小组进行：对本航次所经能见度不良水域的船舶采取相应的戒备行动	
任务要求、目标	船舶航行，根据所航能见度不良水域的船舶的声号进行识别，采取相应的戒备行动
船舶参数及初始状态	船舶参数： 船型：集装箱船；船长：280 m；船宽：39.8 m；排水量：69 220 t； 吃水：9.35 m；船舶载运集装箱：3 200 TEU； 初始状态：天津港开航
外界环境	风、流、船舶通航状况： (1)天气：白天，能见度：2 n mile (2)流向：150°，流速：0.5 kn； (3)风向：045°，风速：6 级
操纵内容、流程	(1)检查设备的工作状况； (2)根据所航能见度不良水域的船舶的声号，对来船进行识别； (3)按照能见度不良的行动规则，采取相应的戒备行动； (4)练习结束后将设备归位； (5)教师点评
学生任务完成情况	
小组代表总结	
教师评语	

能见度不良时船舶采取变速、变向避碰行动效果分析

能见度不良时的戒备行动

能见度不良时仅凭雷达测到他船时的避碰行动

能见度不良时使用的声号

听到雾号显似在本船正横以前或与正横以前的来船不能避免紧迫局面时的行动

能见度不良时的声响信号

模拟训练二:能见度不良时的避碰行动

本任务分小组进行:对本航次所经能见度不良水域的船舶采取相应的避碰行动	
任务要求、目标	船舶航行,根据所航能见度不良水域的船舶的声号进行识别,采取相应的避碰行动
船舶参数及初始状态	船舶参数: 船型:集装箱船;船长:280 m;船宽:39.8 m;排水量:69 220 t; 吃水:9.35 m;船舶载运集装箱:3 200 TEU; 初始状态:在航
外界环境	风、流、船舶通航状况: (1)天气:白天,能见度:2 n mile; (2)流向:150°,流速:0.5 kn; (3)风向:045°,风速:6 级
操纵内容、流程	(1)检查设备的工作状况; (2)根据所航能见度不良水域的船舶的声号,对来船进行识别; (3)按照能见度不良的行动规则,采取相应的避碰行动; (4)练习结束后将设备归位; (5)教师点评
学生任务完成情况	
小组代表总结	
教师评语	

项目四　船舶应急操作程序

应急操作程序是在突发事件发生时采取的一系列措施和步骤,以确保生命安全、财产安全和环境保护。操作程序是整个流程的重要组成部分,它规定了在紧急情况下的具体操作步骤和责任分工。

船舶应急(又称船舶应变)是指船舶进入或临近进入某种事故或紧急状态时所采取的应对措施和行动的活动过程。一旦进入或临近进入事故状态,就必须按照应急程序立即反应,确保海上人命财产和海洋环境摆脱或远离事故危险,恢复安全状态。

驾驶台班组为了完成或实现既定的安全和有效的船舶应急操作,就需要使用和协调所有的技能、知识、经验和可用资源,包括:

(1)训练有素的人员;

(2)完备的应急设施和器材,符合规范的船体结构;

(3)高效率的应急预案;

(4)正确果断地指挥和组织,良好的群体协同和配合。

通常情况下,船舶应变按性质可分为:消防、救生、堵漏和防污。根据《国际安全管理规则》(ISM 规则)的强制性规定,船公司和船舶应对船上可能发生的各种紧急情况做好应急准备,建立应急反应程序,制订应急行动的训练和演习计划,以确保在船舶发生各种紧急情况时能迅速、有效地采取各种应变措施,最大限度地控制灾情,减少损失。

党的二十大报告强调安全发展理念,这就要求船舶应急操作必须坚持人民至上、生命至上。应通过完善应急预案,加强船员应急培训,提高应对突发事件的能力,确保在紧急状况下能够迅速、科学、高效地响应,保障船员生命安全与船舶安全。同时,应秉持创新理念,积极引入先进应急技术与设备,不断优化应急操作流程,以适应新时代对船舶航行安全的高标准、严要求,在海洋上筑牢安全防线。

任务一　掌握应急计划

任务主题	掌握应急预案处置流程,探讨在面对突发事件时的正确响应
任务导读	依据系统论观点,在“人-机-环境-管理”这个水上交通系统中,人、船舶、环境和管理是互相依存、互相影响和互相制约的,船舶的航行安全是这三个要素相互作用的结果,由于系统的种种原因,险情和事故会以小概率的形式出现,如不迅速有效地控制和消除,就会严重危害海上人命财产和海洋环境安全。 ISM 规则明确规定每个船公司和船舶都应建立、实施安全管理体系(SMS),要求在安全管理体系中明确船舶可能遭遇的紧急情况和响应的反应程序。因此船舶应急计划系统是 ISM 规则重要的组成部分,同样也是公司和船舶安全管理体系的基本组成部分。 为了使相关计划更适合各公司和船舶的操作使用,必须考虑到船舶类型、构造、货物、设备、配员和航线的差别
任务要求	应急计划的制订和应变部署表的编制
学习目标	(1)学习应急计划的制订; (2)熟知并能阐述应急计划的流程; (3)培养学员面对应急事件的反应和处置能力
知识结构	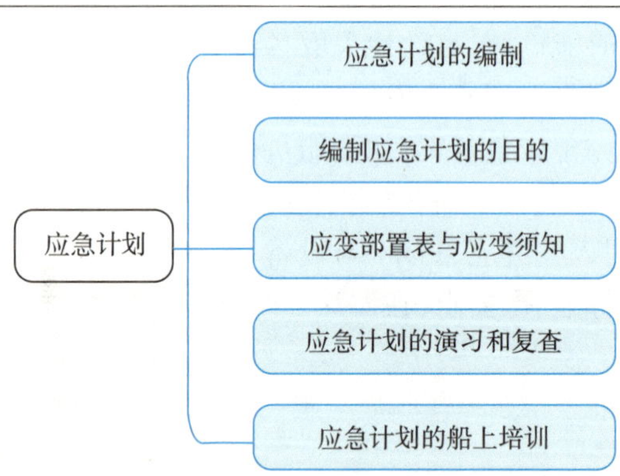
学习重难点	重点:应急计划的制订 难点:应变部署表的编制
考核方式	(1)考生 A 担任驾驶员,驾驶船舶按照计划航线航行和应急处置;然后按照评估员的要求轮换角色,考生 B 和 C 依次担任驾驶员,先后完成航行值班和应急处置; (2)驾助协助瞭望,定位和对内、对外通信联络; (3)操舵水手按照驾驶员的舵令操舵和显示信号; (4)考生轮换角色时,应遵守驾驶台的交接班程序; (5)操作时间:每位考生担任驾驶员约 15 min(包含应急处置)

任务须知

一、应急计划的编制

（一）背景

根据经修正的SOLAS公约第Ⅳ章提到的ISM规则第8章的强制性要求，1995年11月各缔约国政府大会通过的SOLAS公约第Ⅲ章第24-2条及MARPOL 73/78附则Ⅰ第26条的规定，船上对各种紧急情况应做出应急计划准备。为了协调船舶计划的编制结构，由IMO海上安全委员会（MSC）制定了《船上紧急情况应急计划综合系统结构指南》，并于1997年11月27日通过了IMO A.852（20）号决议。该指南为船上紧急情况下的应急计划整体系统的准备和使用模块结构提供了指导，其主要目的是：

（1）利用整体系统的构成帮助公司将规则要求转化成行动要求；

（2）将有关船上的紧急情况融合进这一系统中；

（3）帮助编制、协调应急计划，使船上人员接受，并在紧急情况下得到正确应用；

（4）为取得一致，鼓励各国政府采用整体系统的结构制订各种船上应急计划。

针对船舶在航行、锚泊、系泊及在港内或干船坞中遇到的紧急情况，为保护人员、船舶、海上环境和货物而采取的最佳行动，船公司认真考虑、制订计划、为船上人员提供指南，制定在事故发生时能使损害降至最低的程序标准。为使船上和岸上具有同样的计划，计划中应明确船上人员和岸上人员所应采取的行动。在任何情况下，都要秉承保护人命、海上环境、财产的顺序采取行动。

（二）紧急情况种类

对反应行动和计划应确定可能的各种紧急情况，船上紧急情况大致可分为四大类：

（1）火灾和海损类：碰撞；搁浅/触礁；火灾/爆炸；船体破损/进水；严重横倾；恶劣天气损害；弃船救生。

（2）机损和污染类：主机失灵；舵机失灵；供电故障；机舱事故；船舶溢油；造成污染的意外排放。

（3）货物损害类：货物移位；海难自救抛货；危险货物事故。

（4）人身安全类：严重伤病；人员落水；海盗或暴力行动；搜寻/救助；进入封闭场所；战区遇险；直升机操作。

（三）应急计划编制的基本原则

在编制应急计划时应遵循以下基本原则。

1.安全第一

应急计划编制的首要原则就是安全第一。应急计划需要完善的各种应急方案和措施，都应是以保障人员、环境、财产安全为前提条件。在此前提下，全面分析船舶危险因素、可能发生的事故类型及事故的危害程度，针对各种可能的事故情景，设定对应的反应程序。

2.系统性

应急计划编制所涉及的内容极为复杂，覆盖范围也广泛，预案中需要涉及船舶各个部门和岸基工作的具体计划，因此，应急预案应该是一个系统性的方案，包括人员的配备、应对措施以及相关经验、应急反应设备所在位置及其可用性等。

3.科学性

应急计划中各种措施、方案的采用应是凭借科学的分析，对调查结果和相关经验进行有效的分析和比较。客观评价船舶应急能力、协调反应行动、制订应急计划时，应充分考虑各种应急计划的可行性，确保不会留下漏洞。

4.灵活性

应急计划是一份应对各类突发事件的行动方案，因此需要在一定的标准化基础上实行灵活性操作。对可能发生的事故类型及其危害程度，指定各项反应行动负责的人员，且能通过职务或姓名识别。在实际应对过程中，需要根据具体情况随时做出调整。

5.畅通的联系渠道

针对事故危险源和存在的问题，确定相应的防范措施，并确保用于与外部救援或岸基支持部门联络的通信路线畅通。为了报告紧急情况，保证船舶与应急控制中心、公司和相关主管机关建立并保持快速的、可靠的即时通信线路，与此相关的电话、电传、传真号码等信息应能根据人员变化的情况随时更新。

二、编制应急计划的目的

为了执行 SOLAS 公约和 MARPOL 公约有关规则的要求，根据 IMO 制定的《船上紧急情况应急计划综合系统构成指南》，船公司为船上各种紧急情况预先制定出各种行动方案(应急预案)，即应急反应计划。船舶在海上航行、停泊和作业所处环境复杂多变，各种紧急状况随时可能发生并危及船舶、人命、财产和海洋环境的安全。为减少和控制事故的发生和损失，每一船舶应当根据船舶类型、人员状况、设备的配备以及货物装卸等情况编制各种应急计划，明确规定在紧急情况下每个人的责任、应到达的岗位及应执行的任务，并定期进行训练和演习，使每位船员在船舶发生紧急情况时能迅速熟悉各种应急程序，采取有效措施，正确使用各种应急设备，统一指挥，协同作战，有效地控制局面，把事故数量和损害降低到最低限度。

对涉及紧急情况或海上污染事故的船舶，必须与船舶的利益联络人和沿岸国或港口联络人保持联系。关于报告程序可参照 IMO 制定的《船上油污应急计划编制指南》等，其中包括：何时报告、如何报告、与谁联系、报告内容等。

船上应急预防准备和反应行动主要是建立并持续完善相关系统，包括协调岸上公司与船上的应急反应工作，开展对应急程序的评价，制定针对实施情况提供适当反馈信息以及修改计划的程序，以此改进船上的事故预防、准备工作及应对措施。

三、应变部署表与应变须知

船舶所处的环境复杂多变，随时可能发生危及船舶和人命安全的事故，为了避免严重后果，把损失降到最低，船舶必须备有各种应变设备和器材，船员必须明确自身的应变职责，掌握足够的应变知识，能熟练操作应变系统、设备和器材，还必须制订一套完整的应急计划。

SOLAS 1974 公约(2001 年综合文本)第三章第三十七条“应变部署表与应变须知”规定:

1.应变部署表应写明公约所规定的通用紧急报警信号和有线广播系统的细则,并应规定发生警报时船员和乘客应采取的行动。应变部署表还应写明弃船命令将如何发出。

2.每艘客船应具有寻找并救出困在客舱内乘客的适当的程序。

3.应变部署表应写明分派给每位船员的任务,包括:

(1)船上水密门、防火门、阀、泄水孔、舷窗、天窗、装货舷门和其他类似开口的关闭;

(2)救生艇筏和其他救生设备的配备;

(3)救生艇筏的准备工作和降落;

(4)其他救生设备的一般准备工作;

(5)集合旅客;

(6)通信设备的用法;

(7)指定处理火灾的消防队人员的配备;

(8)指定有关使用消防设备及装置方面的专门任务。

4.应变部署表应规定指定的驾驶员负责保证维护救生和消防设备,使其处于完好状态,并立即可用。

5.应变部署表应指明关键人员受伤后的替换者,要考虑不同应变情况要求不同的行动。

6.应变部署表应指明在紧急情况时,指定给船员的与乘客有关的各项任务。这些任务应包括:

(1)向乘客告警;

(2)查看乘客是否适当地穿好衣服,以及是否正确地穿好救生衣;

(3)召集乘客于各集合地点;

(4)维持通道及梯道上的秩序,并控制乘客的动向;

(5)保证把毛毯送到艇筏上。

7.应变部署表应在船舶出航以前制定。在应变部署表制定后,如船员有所变动而必须更改应变部署表时,船长应修订该表,或者制定新表。

8.客船用应变部署表的格式应经认可。

SOLAS 1974 公约第三章第八条“应变部署表与应变须知”中也规定:船上每个人员应配有一份在紧急情况应变时必须遵循的明确的须知。如为客船,这些须知应使用船旗国的语言或船旗国要求的语言以及英语写成。应变部署表和应变须知应展示在全船各明显之处,包括驾驶室、机舱和各船员起居处所。应在乘客舱室内张贴配有适当文字的示意图和应变须知,并在集合地点及其他乘客处所明显地展示出来,以告知乘客集合地点和紧急情况时必须采取的必要行动以及救生衣的穿着方法。

四、应急计划的演习和复查

（一）应急计划的统筹

作为最低要求，应急计划应提供程序、计划或行动进展的信息，其目的是：

(1)使船上人员熟悉系统和计划的规定；

(2)培训和教育船上新换岗人员关于系统和计划的内容；

(3)制定日常训练和练习的时间表，使船员能够处理船上可能出现的紧急情况；

(4)有效地协调船上人员和公司的行动包括外部应急机构可能提供的帮助；

(5)准备可操作的反馈系统。

因此，对船上人员应定期进行培训和教育；应提供信息保证船上的每个关键人物都了解计划、执行计划、履行职责、正确报告；应制订训练和演习计划；应反馈信息，不断改进。

（二）应急计划的演练

(1)制订出完善的应急计划，尚不能保证船舶应急的成功。应急计划如不能使船员熟练掌握则不可能在应急中发挥效用。而定期的演习能保证应急计划发挥预定的作用。通过定期演习制度，对各种应急计划进行训练、操作，能使船员熟练掌握应急计划和程序，使应急计划得到正确的实施，使船上应急设备获得有效应用，保证指挥、协作、通信联系和报告程序的可靠运行。

(2)通过定期演习可以及时发现船员应急知识和应急技能的问题、船员组织和协作的问题、应急计划所存在的问题以及应急设备所存在的问题，并及时评估和整改，使应急计划的效能得以充分发挥。

(3)船舶应急教育：应急计划的训练和演习是船舶安全制度不可缺少的内容，也是每个公司和船舶建立、实施和保持安全管理体系的基础。根据 SOLAS 公约的规定，船舶应结合实际每月至少进行一次消防演习和弃船演习，若有 25%以上的船员未参加该船上个月的消防和弃船演习，则在该船离港后 24 h 内应举行这两项演习，并将训练和演习情况妥善记入航海日志。

（三）应急计划的复查

要保持应急计划的完整、有效和实用，船公司或船舶经营人、船长应定期复查，结合船舶安全体系的定期复查、评估和审核，将频繁变化的各种情况和资料输入应急计划的信息反馈系统中，使应急计划得到及时、有效的更新、提高和完善。复查后，应及时纠正应急计划中发现的不完善之处，但属于主管机关控制的内容(如 SOPEP 强制部分)或公司控制的内容(如 SMS 中的通用规定)，修改方案必须事先获得控制方的批准。

应急计划的复查可通过下列 4 种方法完成：

(1)演习复查：每次演习后，应结合对演习效果的评估，复查应急计划编制的合理性和有效性，并做必要的修正。

(2)年度复查：船东或船舶经营人至少应每年复查应急计划一次，包括：地方法律或政策、联系人名称和编码、船舶性能、公司方针的变化、应急计划的训练和演习过程存在的缺陷等,并对比做出必要的修改和更新。

(3)定期复查:配合主管机关对船舶安全管理体系进行每5年一次的换证审核,应对应急计划进行全面的复查和评估。

(4)事故复查:在船舶事故应急反应中,执行应急计划以后,船东或船舶经营人应适时评估应急计划的完整性、实用性和有效性,并做出相应的修改、补充和完善。

五、应急计划的船上培训

(一)培训安排

按照规定,船员的船上培训安排应满足下列要求:

(1)不迟于船员上船(如果是定期安排轮派上船的船员应在不迟于第一次上船)后的2周内进行救生、消防设备的船上训练。

(2)在装有吊架降落救生筏的船上,在不超过4个月的间隔期内应进行一次该项设备用法的训练。

(二)培训内容

每次授课应讲授船舶救生、消防设备的用法及海上救生方面的课程,应包括但不一定局限于:

(1)气胀式救生筏的操作与使用;

(2)低温保护与体温过低的急救护理;

(3)在恶劣天气和海况中使用救生设备所必需的专门知识;

(4)消防设备的操作与使用。

每次授课可以包括船舶救生和消防设备的不同部分,但在任意2个月的期限内应包括该船的全部救生和消防设备。

(三)训练手册

(1)每一个船员餐厅、娱乐室、船员住舱应配备一本训练手册。

(2)手册的内容应包括救生设备和最佳救生方法的须知和资料,包括:救生衣和救生服的穿着方法;在指定地点集合;救生艇筏的登乘、降落和离开。

课后作业

一、主题研讨

应急计划的演练。

二、线下作业

到实训室学习训练手册。

三、模拟训练

模拟训练:学习训练手册

本任务分小组进行:学习训练手册	
任务要求、目标	掌握训练手册的内容
学习内容	学习救生设备和最佳救生方法
学生任务完成情况	
小组代表总结	
教师评语	

任务二 熟悉碰撞前后的应急程序

任务主题	熟悉碰撞前后的应急程序
任务导读	随着海上通航密度的增大及船舶大型化的发展,环境因素的影响以及人为失误,船舶碰撞事故时有发生。船舶操纵人员如果能采取适当而有效的应急操纵措施,将会使损失或损害降到最低程度。 通过学习本任务,掌握碰撞前的紧急操船措施和碰撞后的应急操船要领,清楚碰撞后的损害评估和紧急处置,熟悉应急结束后的行动
任务要求	按照碰撞前后的应急程序进行船舶操纵
学习目标	(1)了解船舶失控的影响。 (2)熟悉碰撞前后的应急程序。 (3)培养学员面对应急事件的反应和处置能力
知识结构	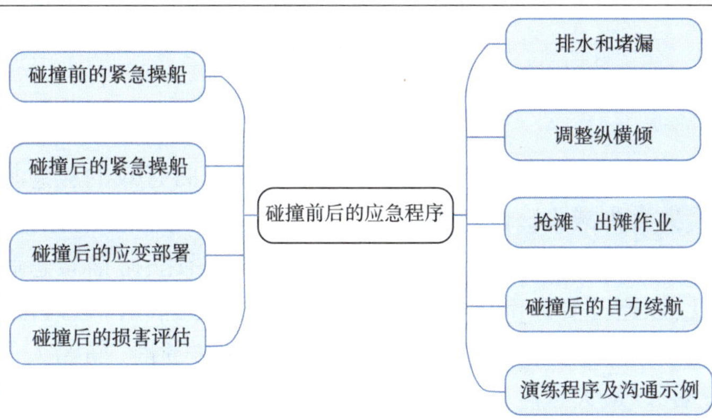
学习重难点	碰撞前后的应急程序和应急措施
实践要求	航行期间,考生根据题卡(或者根据评估员的要求),设置一条与本船有碰撞危险的目标船,调整该船的航向和航速(要求具有一定的合理性),致使其与本船发生碰撞。 (1)及时发现碰撞紧迫危险,驾驶员立即采取行动; (2)报告船长,协助船长启动应急响应和进行后续行动,减小碰撞损失

任务须知

一、碰撞前的紧急操船

由于船舶的大型化发展和航速的提高,若在航行中两船发生碰撞,其后果可能是灾难性的。当碰撞不可避免时,每一船舶应运用良好的船艺采取最有效的行动减少碰撞的损失,如紧急倒车刹减船速,或在可行条件下,抛双锚刹减船速,以减小碰撞的动能。若碰撞后船舶还处于全速进车状态,在法律上会被认为犯有重大过失,并为此承担相应的责任。此外,可按照情况采取大角度转向的措施,避免船中或机舱附近被他船船首撞入,尽可能减小碰撞角度以及防止"T"字碰撞(如图 2-4-1 所示)等。

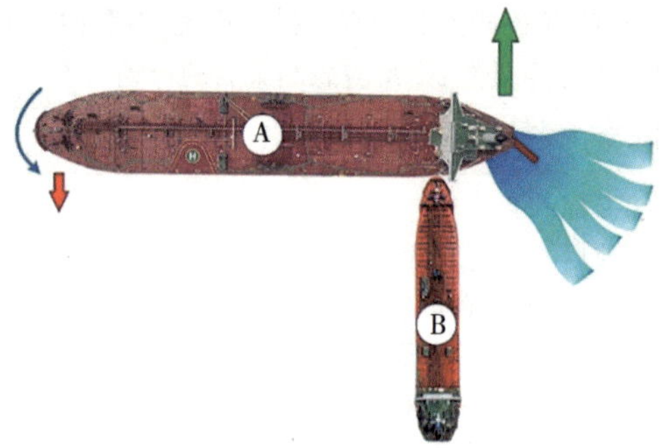

图 2-4-1 "T"字碰撞

当船舶碰撞不可避免时,操船人员在碰撞前采取适当而有效的应急操纵和应急措施将会使碰撞的损失大为减少。降低碰撞受损程度的决定性因素有两方面:其一是减小船舶运动速度,以减少碰撞时的冲量(如全速倒车刹减船速、抛锚紧急制动船舶);其二是减小碰撞角度,以避开要害部位(如机舱、船中)。同时,依据《避碰规则》的背离条款,当船舶面临特殊紧迫危险,严格遵守规则已无法避免碰撞时,操船人员可背离规则要求,果断采取行动,以最大程度保障船舶安全,降低碰撞风险。

二、碰撞后的紧急操船

船舶碰撞后的损害程度取决于:两船相对运动速度、碰撞角度、碰撞位置、破损的大小、碰撞船舶的吨位大小、当时的海况及离岸距离等因素。在两船发生碰撞后,应立即根据当时当地的情况,迅速做出正确的判断,果断地采取最妥善的处置措施。

本船船体被他船撞入时,应尽量使本船停住,消除前进或后退的惯性,以降低损失;关闭破洞舱室前后的水密装置,各项堵漏器材准备妥当后方可同意对方倒车脱出。在船舶非两舷同时受损的情况下,应尽量操纵船舶使其破损的部位处于下风侧。

当本船船首撞入他船时,不论在撞入他船前是进车或是已经采取倒车措施,在撞入后,都应首先开微速进车顶住对方,待对方采取防水堵漏应急措施,并征得对方同意后方可倒车脱出。本船脱出后,应滞留在附近,一方面检查本船的损伤情况,另一方面随时准备给予对方各方面的救援,当确定对方已经脱离危险可以继续航行时,双方办理完碰撞事实确认手续后,方可离去。

碰撞后,为使本船能与对方船体靠紧,以减少进水量和防止滑出,有时可互用缆绳系住,并配合用车,保持顶住对方破洞的姿态。如情况紧急而附近又有浅滩,经对方同意后,本船可顶向浅滩处搁浅。

三、碰撞后的应变部署

船舶发生碰撞后,应立即发出碰撞警报信号,实施碰撞应变部署。全体船员应按应变部署进行排水堵漏的抢救工作。

(1)大副和水手长应检查全船,判明破损部位及受损程度。木匠应立即测量各污水沟、井和各水舱的水位,向总指挥和现场指挥报告;抢救过程中,还应定时测量,给进水量的估算和漏损部位的确定提供依据。其他船员应按应变部署携带好规定的器材迅速赶往指定位置,集合待命。

(2)机舱固定值班人员除检查主辅机情况外,还应及时测量油舱油位,并将全部排水泵和备用发电机备妥,随时准备排水或送电。

(3)相关人员应立即呼叫附近岸台并发出航行警告或按船长批示发出电报,同时备妥应急电台或其他应急通信设备,坚守岗位。

四、碰撞后的损害评估

船舶发生碰撞后,根据当时当地的情况对碰撞损害做出正确的判断,从而采取相应的对策和措施,挽救船舶和保障人命安全。

评估碰撞后的损害损失情况如下:

(1)现场检查船体是否进水和进水的程度。

(2)船舶发生碰撞后,应立即布置全船检查人员受伤情况、船体受损情况、机器设备情况和海面污染情况,以便为后续的应急行动提供决策依据。

(3)评估损害情况时应考虑:两船的吨位大小;碰撞时的相对速度;碰撞角度的大小;碰撞的部位以及风、流、浪的情况等。

根据查明的损坏程度,评估船舶所面临的危险是采取下一步行动的前提。评估船舶所面临的危险应考虑下列事项:

(1)进水量的大小,排水设备、堵漏设备能否控制进水量;

(2)船位以及距离最近港口或浅水区的距离;

(3)风、流、浪的大小和方向;

(4)船舶主机、辅机和舵机的运行状况;

(5)船舶是否有沉没的危险等。

五、排水和堵漏

当破损部位确定后,应立即关闭破损部位舱室附近的水密门窗,必要时予以加固。通知机舱启动泵系全力排水,随时测量各舱室的水位,以计算泵系的排量。船舶破损部位、漏洞大小和形状确定后,应立即采取堵漏措施。

进水舱室确定后,应立即关闭邻近舱室的水密门窗,并通知机舱排水。由于一般污水泵排水能力有限,而且污水井吸水口极易被货物散落颗粒堵住,所以一般污水泵排水量有限且维持的时间不会很长,如海水大量涌入会非常危险。必要时可设法用压载泵抽水,以提高排水能力,避免船舶因过量进水而沉没。

对于较小的破口可用木栓、毛毯等堵住。对于较大的破洞,可用堵漏毯(collisionmat)紧贴洞口外的船壳,用两根过底索等缚紧堵漏毯。为提高堵漏毯的强度,可在毯中插入几根钢管。挂上堵漏毯后,进水得到限制,此时再按照破洞大小,在船内采用堵漏板或堵漏箱,并于箱内灌注水泥堵住破洞再予以牢固支撑,并将舱内积水排尽(如图 2-4-2 所示)。对于具有相当大破口面积的破洞,仅凭堵漏毯通常难以奏效,因此还应加强浸水舱邻舱的防漏及补强工作,以抵抗过大的压力,避免舱壁破损而波及邻舱(如图 2-4-3 所示)。

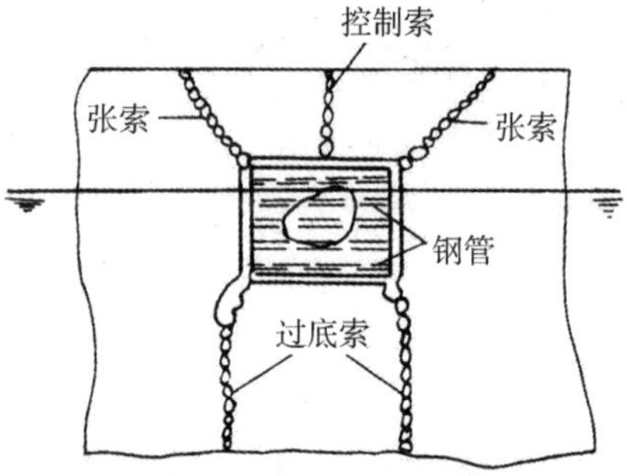

图 2-4-2 堵漏毯的运用

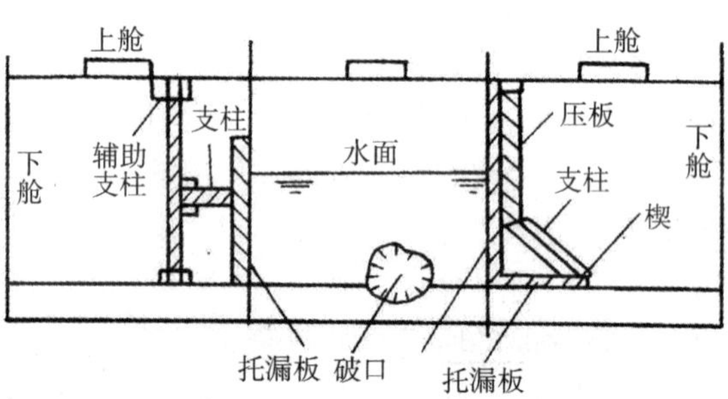

图 2-4-3 相邻舱室内对进水舱隔舱壁的补强

六、调整纵横倾

船舶进水后必然导致纵横倾的变化,应详细测量各油水舱的情况,利用排出、注入、卸载、转驳等方法保持船舶的浮态。

船舶进水后,船体必然会发生纵横倾的变化及稳性高度的变化。为了保持比较合理的纵横倾和 *GM* 值,就必须利用排出或调驳油水来进行调整。对于向倾斜相反舷注水的方法,虽对有纵向隔舱壁的船舶可起一定的作用,但此方法会导致船舶储备浮力的进一步减小,形成新的自由液面,从而进一步减小 *GM* 值。因此,采用此法必须对 *GM* 值进行认真计算,在确保安全后方可使用。向他船转驳货物或抛弃部分货物也是调整船体纵横倾的一种方法,对于位于水线附近的破口,这样做还可同时减小进水量。但抛弃货物至少应满足下述条件之一：

(1)该货物浸水会发生火灾或爆炸等危险情况；

(2)该货物浸水后会急剧膨胀；

(3)抛弃该货物是为了保持船舶具有足够的稳性；

(4)抛弃该货物是为了保留储备浮力或减小进水量；

(5)所抛弃货物的数量是减少进水量所必需的最低数量。

七、抢滩、出滩作业

如果船舶碰撞后大量进水，排水的速度比不上进水的速度，船舶无法进行有效堵漏、有沉没危险而附近有浅滩时，可考虑采取抢滩措施，以保全人员、船舶及货物，抢滩后再进行堵漏和船体修复工作。船舶抢滩的同时也要尽可能地为后续的出滩创造条件。

1.抢滩前的准备工作

(1)选择合适的抢滩地点；

(2)调整合适的吃水差；

(3)备双锚；

(4)报告有关当局。

2.选择抢滩地点需要全面考虑的因素

(1)底质

船舶抢滩时选择泥沙或砂砾底质均可，附近应无礁石。软泥会导致船体下沉而难以脱浅，活沙则不易固定船体。

(2)风流

尽可能选择潮流较小的场所抢滩，并应在高潮后落潮的时间进行。尽量选择港湾内能避大风浪的处所，或风浪影响小的当地盛行风的下风位置。

(3)水深

抢滩时无论高、低潮，水深应大于轻载吃水而小于型深，船舶主甲板应始终露出水面。

(4)坡度

抢滩时坡度应适当，以避免船体受损或不易搁牢。坡度可根据预定的抢滩地点附近相邻等深线水深差与等深线间距之比进行计算。适宜的坡度标准：小型船为 1∶15；中型船为 1∶17；大型船为 1∶19～1∶24。

(5)周围环境

周围环境应便于固定船舶。抢滩时应让出航道以利于后续出滩作业和施救工作的进行。

3.抢滩和出滩操作

(1)抢滩前应打压载水，并将船舶吃水差调整至与坡度相适应，使船体既能稳固地搁在滩上，又有利于出滩。

(2)一般以船首上滩。船首抢滩时，应保持船身与岸线垂直，慢速接近，适时停车，使船体缓慢地擦滩而上。如速度过大,船体容易损坏,也不利于出滩。

(3)抢滩时可适时抛下双锚,以便稳定船身且有助于出滩。若抛锚会影响抢滩效果,也可在抢滩后,用拖船、救生艇或重吊将锚向后抛出。

(4)抢滩后应争取在下一高潮来临之前将破洞堵好。船舶自力无法做到或天气即将变坏时应申请救助单位协助将破洞补好,做好准备后出滩,驶往附近安全锚地或港口做进一步的修复。

(5)出滩时,排出压载水,等高潮来临前收绞双锚,配合主机倒车,或者拖船协助使船舶出滩。

八、碰撞后的自力续航

碰撞后的续航决策应十分谨慎。船舶发生碰撞后,经过仔细检查,如果主机、辅机、舵机情况完好无损,船体破损部位经过堵漏、加强后进水得以控制,经调整后船舶能保持正常浮态和稳性,救生设备完好无损,可考虑自力续航至最近的港口避难,并进行检查修理。

自力续航应注意以下要点:

(1)选取近岸航线,选择最近的港口,并尽可能近岸航行;查明沿线海域可供避风的锚地,备妥海图资料等。

(2)减速航行,指令船员勤测各舱水位并记录,密切关注各舱水位的变化情况。如情况恶化,应查明原因并重新采取堵漏、修复排水设备、清理排水吸入口等措施。

(3)保护好损伤部位,尽量使之处于下风舷侧,根据风浪方向调整航向和船速;风浪大时应采取措施减轻船舶的摇摆;无法继续航行时,可考虑利用海锚滞航及洒油镇浪。

(4)密切注意气象变化,风力增大后应立即择地避风。

(5)与附近海岸电台、公司或船舶所有人保持密切联系,及时报告航行情况和船位,根据指示并结合实际情况采取相应措施。

九、演练程序及沟通示例

(一)演练程序

(1)准确判断并及时使用车舵,降低船速,减小碰撞角度,尽量避开船中部、生活区、机舱等要害部位,减少碰撞损失。

(2)报告船长,协助启动全船警报,安排人员检查碰撞进水情况、机器设备状况、货损情况和人员受伤情况,及时抢救伤员;

(3)保持碰撞部位处于咬合状态(如需要);

(4)向主管机关通报,发布航行警告。

(二)沟通示例

我船撞入B船左舷:

驾助:船长,驾驶台呼叫。

船长:收到,请讲。

驾助:本船与 B 船发生碰撞,请船长上驾驶台。

船长:收到。

船长通知驾助,按照应变部署表的要求采取措施。(将车钟转为前进一。)

驾助:全体人员请注意,我船发生碰撞,请按照应变部署表的要求,各就各位,采取行动。

(1)船舶碰撞后,航行警告(VHF Radio)

"MAYDAY, MAYDAY, MAYDAY. This is Ship A, call sign ×××, position: latitude ××× and longitude ×××. Calling all stations. We have just collided with Ship B on her port side. We are currently assessing the situation and taking necessary measures. Any nearby vessels, please keep clear and standby for assistance if needed. Over."

(2)碰撞发生后,与对方船舶的沟通

本船 (Ship A):"Ship B, Ship B, this is Ship A, we have collided with your port side. We are taking immediate action to secure the contact by applying slow ahead. Please advise on your status and emergency measures being taken."

他船 (Ship B):"Ship A, this is Ship B, we have received your message. We are taking waterproofing and damage control measures. Please maintain the contact while we work on this."

(3)确保对方采取应急措施后

本船 (Ship A):"Ship B, this is Ship A. We have stabilized the contact. Are you ready for us to back off once you have completed your emergency measures?"

他船 (Ship B):"Ship A, this is Ship B. Yes, we are ready. Please proceed with backing off when you are ready."

(将车钟转为后退一。)

(4)倒车脱出后

本船 (Ship A):"Ship B, this is Ship A. We have backed off safely. We will remain in the vicinity to check our own damage and provide assistance if needed. Please advise if there is anything we can do."

他船 (Ship B):"Ship A, this is Ship B. Thank you for your assistance. We are still assessing the situation but appreciate your standby support."

(5)如需使用缆绳系住

本船 (Ship A):"Ship B, this is Ship A. To further secure the contact and reduce water ingress, we propose using mooring lines to tie us together. What do you think?"

他船 (Ship B):"Ship A, this is Ship B. That sounds like a good idea. Please proceed with the mooring operation and advise when ready."

(6)如需要抢滩

本船 (Ship A):"Ship B, this is Ship A. Due to the urgency of the situation and the presence of nearby shoals, we propose beaching both vessels to minimize damage. Do you agree?"

他船（Ship B）："Ship A，this is Ship B. We understand the situation. Please proceed with beaching after ensuring the safety of all personnel on board."

（7）确认对方脱离危险后

他船（Ship B）："Ship A，this is Ship B. We have assessed the situation and believe we are now in a safe condition to continue our voyage. Thank you for your assistance."

本船（Ship A）："Ship B，this is Ship A. Glad to hear that. We will now complete the collision report and leave the area. Stay safe and good luck."

（8）与交管中心（VTS）的沟通

Ship A to VTS：

"VTS，this is Ship A. We have just collided with Ship B on her port side. We are currently securing the contact and taking measures to minimize damage. We will update you on our status as soon as possible. Over."

VTS to Ship A：

"Ship A, this is VTS. We have received your report. Please proceed with your emergency measures and keep us informed of any changes. We will monitor the situation and provide assistance if needed. Over."

Ship A to VTS（after assessing the situation）：

"VTS，this is Ship A. We have stabilized the contact and Ship B is taking emergency measures. We are standing by for further instructions. Over."

VTS to Ship A：

"Ship A，this is VTS. Good to hear that. Please remain in the vicinity and be prepared to render assistance to Ship B. We will keep in touch with you both and provide any necessary assistance. Over."

Ship A to VTS（after ensuring Ship B is safe to continue）：

"VTS，this is Ship A. We have confirmed that Ship B is now in a safe condition to continue her voyage. We are completing the collision report and will leave the area shortly. Thank you for your assistance. Over."

VTS to Ship A：

"Ship A，this is VTS. Glad to hear that both vessels are safe. Please proceed with your voyage and stay safe. Over and out."

船长将碰撞事故记入航海日志，并向公司提交事故报告，公司启动相应应急行动。

船长：机舱，我船和他船危险已解除，可以恢复正常航行。

机舱：收到，可恢复正常航行。

驾驶员应在发布命令后，立即逐级加车，同时叫舵工把定×××航向。

课后作业

一、主题研讨

船舶碰撞的应急演练程序。

二、线下作业

按照船舶碰撞应急演练程序模拟训练驾驶台和内外部的沟通流程，分组完成。

三、模拟训练

模拟训练:船舶碰撞应急操作

<table>
<tr><td colspan="2">本任务分小组进行:船舶操纵、避碰与驾驶台资源管理(三副)训练任务——船舶碰撞应急操作</td></tr>
<tr><td>任务要求、目标</td><td>使学员掌握模拟设备操作、船舶紧急操纵性能、主机失控应急程序及紧急情况应急决断;具备模拟设备操作、紧急情况判断处置、选择最佳应急反应及保障航行安全的能力;养成良好的情景意识、资源管理能力及应急反应意识</td></tr>
<tr><td>船舶参数及初始状态</td><td>船舶参数:Bulk Carrier NING AN 1
Displacement 48,938 t,Length overall 194 m,Breadth 32 m,
Draught 9.2 m for./10.3 m aft.
初始状态:开始时间:1000 Local Time
开始位置:模拟练习指定位置
航向:355°;航速:13 kn
主机状态:Full Ahead
船舶吃水:9.0 m for./10.0 m aft.</td></tr>
<tr><td>外界环境</td><td>海区:新加坡海峡水域;
航行环境:风:NW/3 kn;流:340°/0.6 kn;能见度:12 n mile;开阔水域,周围船舶正常航行,模拟海上常规交通流状态;
驾驶团队:船长(由教师代替);值班驾驶员、舵工和瞭望人员(由学员代替)当值;
场景:(1)船舶准备备车,航行前往大连;
(2)值班驾驶员正在值班,另有瞭望人员和舵工协助;
(3)船长在驾驶台,值班驾驶员负责指挥;
(4)舵工正在操舵</td></tr>
<tr><td>操纵内容、流程</td><td>(1)检查设备的工作状况;
(2)掌握碰撞前后的紧急操船措施;
(3)明确碰撞后的应急部署;
(4)碰撞应急操作中人员的组织和安排;
(5)练习结束将设备归位;
(6)教师点评</td></tr>
<tr><td>学生任务完成情况</td><td></td></tr>
<tr><td>小组代表总结</td><td></td></tr>
<tr><td>教师评语</td><td></td></tr>
</table>

任务三 熟悉主机、舵机失控的应急程序

任务主题	主机、舵机失控的应急程序
任务导读	船舶失控时，船长/值班驾驶员应根据失控的具体情况，以及当时所处的航行环境，运用良好的船艺，采取最有效的行动，尽量避免船舶碰撞或搁浅的发生。如碰撞不可避免，应采取措施减少碰撞的损失，诸如采取紧急倒车或抛锚刹减船速，减小碰撞的动能，避免船中或机舱附近被他船船首撞入等；如搁浅不可避免，同样不可惊慌失措，应设法采取减轻搁浅程度和防止船体损伤扩大的措施，诸如及时倒车或抛锚减小船的冲力，尽量避开礁石，保护好舵和推进器等
任务要求	能够按照失控的应急程序进行船舶操纵
学习目标	(1)了解船舶失控的影响。 (2)熟悉船舶失控的应急程序。 (3)培养学员不怕困难、勇于克服困难的能力
知识结构	主机、舵机失控的应急程序 —主机失控 —舵机失控 —船舶失控的避险措施
学习重难点	主机、舵机失控的应急程序
考核方式	通过学习，掌握相关内容，积极参与讨论，完成相关作业和测试

任务须知

船舶失控，是指由于某种异常情况，船舶不能按照《避碰规则》的要求进行操纵，不能给他船让路的状况。

主机(故障)失控，船舶在初期尚可利用余速操舵，勉强控制航向和船位。

舵机(故障)失控，船舶的航向和船位很难控制。

全船失电，所有设备短时间内全部停摆，而应急发电机只能给应急照明、通信、消防和救生设备以及应急操舵设备供电。在电力恢复前，船舶处于相当严重的失控状态。

当然，船舶失控包括但不限于：舵机失控、主机失控、全船失电、螺旋桨/舵叶松动或脱落等异常情况。一旦发生船舶失控，立即启动应急反应程序，或遵照所属公司的安全管理体系文件中的程序实施应急，以避免或减小事故可能造成的损害。

一、主机失控

(一)主机失控的含义及风险

船舶主机失控是指船舶的主推进系统(主机)无法正常运行或失去控制，可能导致船舶失去动力或无法操纵。船舶主机失控会带来一种严重的海上事故风险，可能对船员、船舶、货物和环境造成严重的损害和影响。以下是船舶主机失控可能带来的主要影响：

1.船舶失去动力

主机失控最直接的影响是船舶失去动力，可能导致船舶失去航向控制，无法按照预定的航线或速度航行。这会对船舶的航行安全构成较大的威胁。

主机失控可能导致船舶无法及时避让其他船舶或障碍物，从而发生碰撞事故。碰撞事故可能导致船舶损坏、货物损失、人员伤亡等严重后果。

2.搁浅

船舶主机失控时，船舶可能因失去动力而无法控制航向，导致搁浅事故的发生。搁浅事故可能对船舶的结构和稳定性造成损害，同时也会对海底生态环境造成潜在威胁。

3.货物损失和船舶损坏

主机失控可能导致船舶在恶劣天气或海况下无法保持稳定，从而导致货物移位、损坏或丢失。此外，主机失控还可能对船舶的推进系统、舵系统、螺旋桨等关键系统和部件造成损坏。

4.环境污染

船舶主机失控可能导致燃油泄漏、排放超标等污染问题。燃油泄漏会对海洋生态系统造成严重影响，可能破坏海洋生物的栖息地，影响海洋生态平衡；排放超标则可能加剧全球气候变化和环境恶化。

为了减少船舶主机失控的风险，船舶所有人、运营商和船员需要采取一系列措施，包括定期进行主机维护和检查、确保船员熟悉主机操作系统、制定紧急情况下的应对措施等。此外，还需要加强对船舶主机的监控和管理，及时发现和处理潜在的安全隐患和严重威胁，尤其是在复杂或繁忙的海域。

(二)演练程序及沟通示例

驾驶员发现主机故障灯和警报响起,马上发布指令:

(1)使用内部通信系统询问机舱主机故障原因,把车钟置于停车位置,在海图中定位并做好标记。

(2)显示失控号灯、号型(白天两个黑球,晚上两盏红灯,对水移动时加舷灯、艉灯,同时做出相应动作)。

(3)改用手操舵,利用船舶余速驶离交通要道。

(4)通知船长上驾驶台,通知大副船头备双锚。

(5)向船长介绍情况(包括内、外环境情况介绍),船长联系机舱并做进一步的确认(机舱回应故障不是很严重,短时间内可修复,不需报公司技术支持)。

(6)发布船舶动态。

(7)机舱排除故障、修复主机后,通知驾驶台恢复正常航行。驾驶台取消失控信号,取消备锚,通过 VHF 向 VTS 报告本船的情况,恢复正常航行。

注意,重要节点应在纸质海图定位并做记录。

沟通示例:

驾驶员:驾助,通知船长上驾驶台;询问机舱主机状况;瞭望人员悬挂失控信号,加强瞭望。

驾助:收到。

瞭望人员:收到(立即悬挂失控信号)。

驾助:"宁安 4 号"船长,驾驶台呼叫。

船长:"宁安 4 号"船长收到。

驾助:本船主机失控,请船长上驾驶台。

船长:收到。

驾助:"宁安 4 号"机舱,驾驶台呼叫。

机舱:"宁安 4 号"机舱收到,请讲。

驾助:请问主机现在什么情况?

机舱:我船主机故障,正在抢修当中。

驾助:尽快查明原因并修复。

驾驶员:驾助报告交管中心,我船主机失控,发布航行警告。

驾助:VTS, this is MV. NING AN 4, call sign ×××, position ×××/×××, my main engine not under command, main engine is repairing. Over.

VTS: Roger, keep clear of all the vessel and keep looking out. Over.

驾助:(发布航行警告)

Security, security, security, this is MV. ×××, call sign ×××, position ×××/×××, my main engine is not under command. All vessels in the vicinity, please navigate with caution and keep well clear of me, thank you. Out.

后续机舱主机修复,主机失控信号解除。
机舱:"宁安 4 号"驾驶台,机舱呼叫。
驾助:"宁安 4 号"驾驶台收到,请讲。
机舱:主机已修复,可恢复正常航行。
驾助:收到。

驾驶员应在发布命令后,立即逐级加车,同时叫舵工把定×××航向。

驾驶员:驾助,通知交管,我船主机已修复,解除航行警告;瞭望人员撤销失控信号。
驾助:收到。
瞭望人员:收到(立即撤销失控信号)。

驾助:VTS, this is MV. NING AN 4, call sign ×××, position ×××/×××, my main engine is normal. Over.

VTS:Roger, keep sharp looking out. Over.

驾助:(解除航行警告)

Security, security, security, this is MV. NING AN 4, call sign ×××, position ×××/×××. My main engine is normal, cancel the security report, thank you. Out.

船舶避让英语沟通示例:

NA4:MV. Target 12, this is MV. NING AN 4 calling, coming please.

T:MV. NING AN 4, this is Target 12. Go ahead please.

NA4:Target 12, this is MV. NING AN 4, my main engine not under command, please keep clear of me. Over.

T:MV. NING AN 4, this is Target 12. I will keep clear of you. Over.

NA4:Thank you. Out.

二、舵机失控

(一)舵机失控的含义及风险

舵机失控是指舵设备发生故障使航行船舶失去方向控制能力的现象,包括:舵机失灵、舵叶损坏等情况。舵机失控可能造成船舶失去方向,导致碰撞、触礁、搁浅等事故发生。以下是船舶舵机失控可能带来的主要风险:

1.碰撞

舵机失控后,船舶无法及时调整航向或保持航线,可能与其他船舶、码头、桥梁或障碍物发生碰撞,导致船体损坏、货物损失,甚至引发连锁事故,在繁忙航道或能见度不良的情况下后果尤为严重。

2.搁浅

舵机失控可能导致船舶偏离计划航线，尤其在浅水区、狭窄航道或靠近海岸时，可能造成搁浅，导致船体损伤、推进系统损坏，甚至船舶倾覆。在进出港口或通过浅滩时搁浅风险较高。

3.人员伤亡

舵机失控引发的碰撞或搁浅可能导致船体剧烈震动、进水或倾覆，造成船员和乘客受伤甚至死亡，在恶劣天气或夜间航行时，人员伤亡风险进一步增大。

4.环境污染

舵机失控导致的碰撞或搁浅可能使船体破损，造成燃油或危险货物泄漏，污染海洋环境，破坏生态系统，并可能引发高额清理费用和国际法律纠纷。载运大量燃油或化学品的船舶在敏感海域失控时风险尤为巨大。

（二）演练程序及沟通示例

1.演练程序

舵机失灵警报响起，驾驶员需要转换系统，若转到 NFU 应急操舵仍无效果，应发布命令并立即逐级把车钟拉下。

（1）使用内部通信系统询问机舱舵机故障原因，同时通知船长上驾驶台。

（2）（机舱回应因某种原因舵机发生故障，需抢修）通知机舱备车，慢车直至停车，保持瞭望，在海图上做相应标记。

（3）显示失控号灯、号型（白天两个黑球，晚上或能见度不良时两盏红灯，对水移动时加舷灯、艉灯，同时做出相应动作）。

（4）通知船长上驾驶台；通知大副船头备双锚。

（5）向沿岸 VTS 报告本船情况，发布船舶动态。

（6）机舱排除故障、修复舵机后，通知驾驶台恢复正常航行。

（7）驾驶台取消失控信号，取消备锚，通过 VHF 向 VTS 报告本船的情况，恢复正常航行。

2.沟通示例

驾驶员：驾助，通知船长上驾驶台；询问机舱舵机状况；瞭望人员显示失控号灯、号型（白天两个黑球，晚上或能见度不良时两盏红灯，对水移动时加舷灯、艉灯），加强瞭望。

驾助：收到。

瞭望人员：收到（立即显示失控信号）。

驾助：“宁安 1 号”船长，驾驶台呼叫。

船长：“宁安 1 号”船长收到。

驾助：本船舵机失灵，请船长上驾驶台。

船长：收到。

驾助：“宁安 1 号”机舱，驾驶台呼叫。

机舱:“宁安 1 号”机舱收到,请讲。
驾助:请问舵机现在什么情况?
机舱:我船舵机故障,正在抢修当中。
驾助:尽快查明原因并修复,主机备车航行。

驾驶员:驾助报告交管中心,我船舵机失控,发布航行警告。

驾助:(报告交管中心)

Chengshantou VTS, this is MV. NING AN 1, call sign ×××, position ×××/×××, my steering gear not under command, steering is repairing. Over.

VTS: Roger, keep clear of all the vessel and keep looking out. Over.

驾助:(发布航行警告)

Security, security, security, this is MV. ×××, call sign ×××, position ×××/×××. My steering gear is not under command, all vessels in the vicinity, please navigate with caution and keep well clear of me, thank you. Out.

后续机舱舵机修复,舵机失灵信号解除。
机舱:“宁安 1 号”驾驶台,机舱呼叫。
驾助:“宁安 1 号”驾驶台收到,请讲。
机舱:舵机已修复,可恢复正常航行。
驾助:收到。

驾驶员应在发布命令后,立即逐级加车,同时叫舵工把定×××航向。

驾驶员:驾助,通知交管,我船舵机已修复,解除航行警告。瞭望人员撤销失控信号。

驾助:收到。
瞭望人员:收到(立即撤销失控信号)。

驾助:Chengshantou VTS, this is MV. NING AN 1, call sign ×××, position ×××/×××, my steering gear is normal. Over.

VTS: Roger, keep a sharp look out. Over.

驾助:(解除航行警告)

Security, security, security, this is MV. NING AN 1, call sign ×××, position ×××/×××, my steering gear is normal, cancel the security report, thank you. Out.

船舶避让英语沟通示例:

NA1: MV. Target 12, This is MV. NING AN 1 calling, coming please.

T:MV. NING AN 1,this is Target 12. Go ahead please.

NA1:Target 12,this is MV. NING AN 1,my ship is not under command,please keep clear of me.Over.

T:MV. NING AN 1,this is Target 12. I will keep clear of you. Over.

NA1:Thank you. Out.

三、船舶失控的避险措施

在船舶失控的情况下,船长是应急反应的总指挥,负责发布命令。大副、轮机长分别是甲板部、轮机部的现场指挥,负责执行船长的命令。各级船员服从命令,听从指挥,做出应急反应。当船舶发生失控时,值班驾驶员首先应按《避碰规则》的规定显示失控信号,并立即通知船长,船长接到通知后应立即上驾驶台进行指挥。值班驾驶员应保持正规瞭望,包括使用雷达协助瞭望。当附近有船舶航经时,应发出警告信号与 VHF 警告,并保持 VHF 连续收听。船舶应尽快电告船舶管理公司,并与之保持联系。船长应充分考虑各种水文、气象情况和周围环境,采取一切手段控制船舶。船长应马上组织抢险,由轮机长带队,全力以赴排除故障,及早恢复船舶操纵能力。

除执行上述反应措施、及早恢复船舶动力外,还应不间断电台值班,时刻保持同公司的联系,请求支援,并尽量与附近船舶和港口联系,取得支持。船舶如在航道内或港内发生失控,应立即正确悬挂船舶失去控制的号型和号灯,尤其应注意关闭桅灯,不对水移动后应及时关闭舷灯和艉灯,使周围船舶了解我船动态。船长应当机立断,采取应急措施,并尽可能地控制船速,让出航道,用 VHF 报告港口当局,同时用各种手段(灯光、VHF、汽笛等)警告和通知过往船舶。如遇船又无法让出航道,则应紧急抛锚。如船速较快,应立即抛双锚,制动船舶,再组织抢修。

船舶从发生故障到推进器停转,再到惯性消失完全停住,总是需要时间的。如能充分利用,可为抢险争取宝贵的时间和有利的地位。船长可利用这宝贵的剩余操纵能力,根据当时的环境和情况驶向宽敞、可抛锚处,也可抢上风或上流区域,酌情驶离航道,特别要防止港口航道的堵塞断航。

在环境和情况允许的情况下,利用双锚,调整、稳定和控制船位。如果是在过江管线等禁止抛锚区,为了避免更大的损失,应注意避开此类禁区上下游各 100 m 的范围。不到万不得已不采取紧急避险行为(即以较小的损失来避免更大的损失)。如果当时的条件不允许抛锚,船舶的剩余操纵能力也已消失,应注意风向,估计船舶打横的方向。

在船舶动力推动系统、航向控制系统现代化发展的过程中,主舵机型升级换代,功能也越来越多,船舶所面对的外部险情也愈来愈复杂。为有效预防船舶失控险情的发生,船舶在航行过程中,务必要做到船舶适航、人员适任、货舱适货、设备适工,船东或船公司必须提供强有力的人、财、物等岸基支持和良好的船舶管理软环境,对关键性设备缺陷实行零容忍,从而大幅度降低船舶失控险情发生的可能性。

课后作业

一、主题研讨

主机、舵机失控的应急程序。

二、线下作业

在航海模拟器上进行主机、舵机失控的应急演练。

三、模拟训练

模拟训练一：主机失控的应急反应

<table>
<tr><td colspan="2">本任务分小组进行：船舶操纵、避碰与驾驶台资源管理（三副）训练任务一——主机失控的应急反应</td></tr>
<tr><td>任务要求、目标</td><td>在近岸水域航行中，突发主机失控现象，可正确采取主机失控后的应急操纵行动；按照主机失控应急程序采取正确的应对措施</td></tr>
<tr><td>船舶参数及初始状态</td><td>船舶参数：Bulk Carrier NING AN 1
Displacement 48,938 t，Length overall 194 m，Breadth 32 m，
Draught 9.2 m for./10.3 m aft.
初始状态：开始时间：1000 Local Time
开始位置：模拟练习指定位置
航向：355°；航速：13 kn
主机状态：Full Ahead
船舶吃水：9.0 m for./10.0 m aft.</td></tr>
<tr><td>外界环境</td><td>海区：新加坡海峡水域；
航行环境：风：NW/3 kn；流：340°/0.6 kn；能见度：12 n mile；开阔水域，周围船舶正常航行，模拟海上常规交通流状态；
驾驶团队：船长（由教师代替），值班驾驶员、舵工和瞭望人员（由学员代替）当值；
场景：（1）船舶准备备车，航行前往大连；
（2）值班驾驶员正在值班，另有瞭望人员和舵工协助；
（3）船长在驾驶台，值班驾驶员负责指挥；
（4）舵工正在操舵</td></tr>
<tr><td>操纵内容、流程</td><td>（1）检查设备的工作状况；
（2）根据航行数据变化和报警，迅速判断故障类型；
（3）报告船长，正确显示号灯、号型；
（4）向机舱了解故障情况和修复时间，通知备锚；
（5）向相关主管机关通报，发布航警；
（6）练习结束将设备归位；
（7）教师点评</td></tr>
<tr><td>学生任务完成情况</td><td></td></tr>
<tr><td>小组代表总结</td><td></td></tr>
<tr><td>教师评语</td><td></td></tr>
</table>

模拟训练二:舵机失控的应急反应

<table>
<tr><td colspan="2">本任务分小组进行:船舶操纵、避碰与驾驶台资源管理(三副)训练任务二——舵机失控的应急反应</td></tr>
<tr><td>任务要求、目标</td><td>在近岸水域航行中,船舶突发舵机失控现象,可正确采取舵机失控后的应急操纵行动;按照舵机失控应急程序采取正确的应对措施</td></tr>
<tr><td>船舶参数及初始状态</td><td>船舶参数:Bulk Carrier NING AN 1
Displacement 48,938 t,Length overall 194 m,Breadth 32 m,
Draught 9.2 m for./10.3 m aft.
初始状态:开始时间:1000 Local Time
开始位置:模拟练习指定位置
航向:355°;航速:13 kn
主机状态:Full Ahead
船舶吃水:9.0 m for./10.0 m aft.</td></tr>
<tr><td>外界环境</td><td>海区:新加坡海峡水域;
航行环境:风:NW/3 kn;流:340°/0.6 kn;能见度:12 n mile;开阔水域,周围船舶正常航行,模拟海上常规交通流状态;
驾驶团队:船长(由教师代替),值班驾驶员、舵工和瞭望人员(由学员代替)当值;
场景:(1)船舶准备备车,航行前往大连;
(2)值班驾驶员正在值班,另有瞭望人员和舵工协助;
(3)船长在驾驶台,值班驾驶员负责指挥;
(4)舵工正在操舵</td></tr>
<tr><td>操纵内容、流程</td><td>(1)检查设备的工作状况;
(2)根据航行数据变化和报警,迅速判断故障类型;
(3)报告船长,正确显示号灯、号型;
(4)向机舱了解故障情况和修复时间,通知备锚;
(5)向相关主管机关通报,发布航警;
(6)练习结束将设备归位;
(7)教师点评</td></tr>
<tr><td>学生任务完成情况</td><td></td></tr>
<tr><td>小组代表总结</td><td></td></tr>
<tr><td>教师评语</td><td></td></tr>
</table>

任务四　熟悉人员落水的应急程序

任务主题	人员落水的应急程序
任务导读	无论是在大洋中航行，还是在港口靠泊，船舶人员落水是一种常见但也非常危险的事故。人员一旦不慎落水，极易造成人员伤亡，需要立即按照应急程序将人救起。正确的应急措施和及时的救援是至关重要的。本任务将重点介绍船舶人员落水应急措施，以确保人员的安全
任务要求	能够按照人员落水的应急程序进行船舶操纵
学习目标	(1)了解人员落水的潜在风险。 (2)熟悉人员落水的应急程序。 (3)提高学生的风险和危机意识，培养学生的团队合作意识
知识结构	人员落水的应急程序 —人员落水 —人员落水的应急程序 —演练程序及沟通示例 —人员落水的紧急反应
学习重难点	人员落水的应急程序
考核方式	通过学习，掌握相关内容，积极参与讨论，完成相关作业和测试

任务须知

一、人员落水

人员落水事故是指船舶发生事故、船员发生意外或其他原因造成人员落水的险情。海上作业的安全风险一直是船舶行业最大的安全问题之一。船舶人员落水已经成为一种常见的船舶事故。无论是天气恶劣，还是人员操作不当，都可能导致人员落水。如果不及时采取救援措施，就会对落水人员的生命安全造成威胁。落水人员在水里时体力消耗很快，低温水域更是如此，因此在发现有人员落水时应注意及早进行施救。不穿保护服的落水者在不同水温中的可生存时间如表 2-4-6 所示：

表 2-4-6　不穿保护服的落水者在不同水温中的可生存时间

海水温度(℃)	低于 2	2～4	4～10	10～15	15～20	高于 20
可生存时间(h)	0.75 h 以下	1.5 h 以下	3 h 以下	6 h 以下	12 h 以下	视疲劳程度

一旦发现人员落水，应立即报告船长，并启动营救措施。船上人员必须熟知人员落水应急方案，并进行演练，以确保在紧急情况下能够及时保护自己和其他成员。如果在一定时间内找不到落水人员，船舶应该及时通知有关单位和其他船舶，并寻求援助。

导致船舶人员落水的因素很多，主要包括下列几种：

(1)天气恶劣：在恶劣的天气条件下，海上作业可能变得非常艰难。强风、大浪和暴雨都可能导致船员失去平衡并跌落入海。

(2)人员操作不当：如果操作人员疏忽大意，可能会导致意外事故。例如，当人员进行甲板作业时，如果没有按照规定操作佩戴劳保用品，可能会导致人员不慎跌落水中。

(3)船舶事故：如果发生船舶事故，例如船舶碰撞、爆炸等，可能会导致人员产生偏移或失去平衡，掉进水中。

当发生以上情况时，船舶人员必须能够快速采取应急措施，以保护自己和其他成员。首先，应做好防范工作，对船舶作业和海上环境进行预测和预防。出现异常情况时，立即采取必要的安全措施，及时报告船长和其他有关人员。其次，要求人员穿着合适的救生衣，保护自己，尤其是在进行舷外作业或救生设备检查等操作时。在船舶上定期开展常规培训，并反复强调相关人员应采取的应急措施，确保人员安全。如果发现自己已经落水，切勿惊慌，要保持冷静，尽可能地保存体力。最后，船舶人员应意识到在紧急情况下采取应急措施的重要性，并为此做好充分的准备。只有这样，才能有效保护自己和其他成员的安全，避免悲剧的发生。

二、人员落水的应急程序

发现人员落水时，就近投下救生圈并大声呼喊，通知驾驶台说明落水部位。

值班驾驶员应迅速按下 GPS 上的 SAVE 或 MOB 按钮，获取人员落水概位，并指定专人紧盯落水者。

立即向落水者一舷操满舵甩开船尾，然后根据外界环境，适时选择采用单旋回法

(270°操纵/立即行动时)、威廉逊旋回法(延迟行动时)、斯恰诺旋回法(人员失踪时)和双半旋回法(立即行动时)等进行搜救。

(1)单旋回法

单旋回法,又称一次回旋法、安德森回旋法,如图 2-4-4 所示。

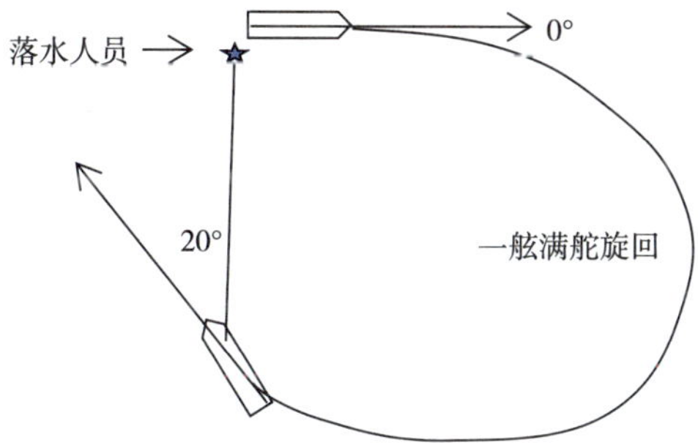

图 2-4-4　单旋回法

单旋回法是一种 270°回转的方法,适用于发现落水者较早,且落水者可见的情况,即适用于"立即行动"的情况。其特点是能以最短的时间(与其他旋回方法相比)驶向落水者。其操船步骤为:

①向落水者一舷操满舵,以加快旋回速度;

②距落水者方位尚剩 20°舷角时,操正舵,并紧急停船;

③如落水者难以被看到,则应在改向 250°时回正舵,一边停船,一边去努力发现落水者。

(2)威廉逊旋回法

威廉逊旋回法如图 2-4-5 所示。

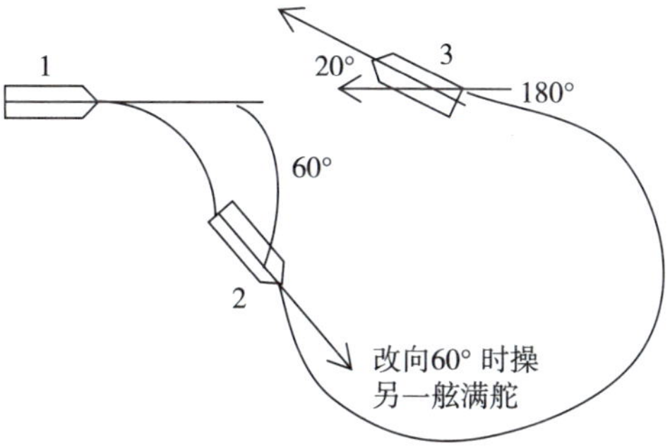

图 2-4-5　威廉逊旋回法

该方法最适用于发现落水者尚早,但采取行动较晚,难以看到落水者的情况,即适用于"延迟行动"的情况。该方法能够使船舶较准确地回到原航向的相反航向上,在夜间或能见度不良时是有效地接近落水者的操船方法。但该法不适用于"立即行动",因其耗时过长。其操船步骤为:

①向落水者一舷操满舵;

②转向角达 60°时,操反舷满舵;

③船首向距原初始航向的相反航向差 20°时,回舵;

④把定在初始航向的相反航向上向前搜寻,发现落水者时,适时停船,并操纵船舶接近落水者。

(3)斯恰诺旋回法

斯恰诺旋回法如图 2-4-6 所示。

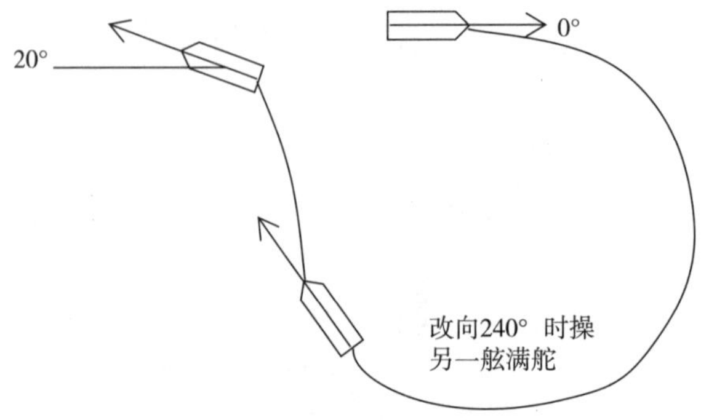

图 2-4-6 斯恰诺旋回法

该方法适用于海上航行发现本船有失踪者,或已知有人落水,但发现较晚,而船已驶出相当距离,且根本看不到落水者时,即适用于“人员失踪”的情况。该法不适用于“立即行动”的情况。与威廉逊旋回法相比,该方法驶回原航向相反航向不够准确,但可节省 1~2 n mile 的航程。其操船步骤为:

①向任何一舷操满舵;

②当船舶改向达 240°时,操另一舷满舵;

③船首向与原航向的相反航向差 20°时,回正舵;

④把定在原航向的相反航向上向前搜寻,发现落水者时适时停船,并操纵船舶。

(4)双半旋回法

双半旋回法适用于“立即行动”,要求始终见落水者。其操纵方法如图 2-4-7 所示。操纵要点如下:

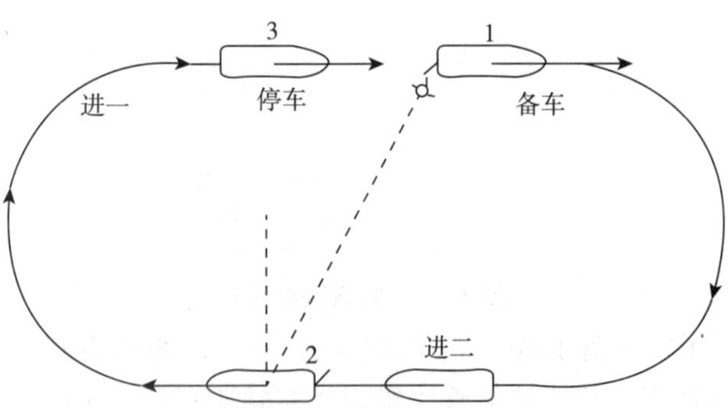

图 2-4-7 双半旋回法

①向落水者一舷操满舵,旋回 180°并保持改航向航行;

②当落水者方位达到正横后 30°处,再一次操满舵旋回 180°;

③由落水者上风处定向驶近,适时减速,接近落水者。

发出人落水救生警报,全体船员迅速按应变部署表的安排到达各自岗位。

船长立即报告公司指定人员，并据船位报告就近港口主管机关或海上搜救中心。

船长或驾驶员用 VHF 通报附近船舶及就近港口当局。

应变部署表的职责规定，救生人员应于救生信号发出后 2 min 内穿着救生衣，携带规定的救生器材到达指定地点，同时做好释放救生艇的准备工作。

大副应做好急救准备，指挥操纵救生艇，三副负责指挥释放/回收救生艇。

在救生警报信号发出后，机舱值班人员在轮机长的领导下即刻做好主机随时变速的准备；医生做好抢救落水者的医疗急救准备。

保持与公司的联系，按公司应急小组的指示(意见)指导搜救。

将搜救情况报告公司，并按公司指示做好善后处理工作。

三、演练程序及沟通示例

(一)演练程序

发现人员落水，立即向人员落水一侧操满舵，同时扔下在驾驶台相应舷侧的(带自亮灯浮和烟雾信号)救生圈，记下人员落水位置(标记于电子海图上)，鸣放人员落水声号(左舷三长两短，右舷三长一短)，紧盯落水人员。

(1)请船长上驾驶台，打电话到机舱要求备车。

(2)向船长报告相关情况(内、外)。

(3)船长命令大副、水头准备两舷救生艇，命令二副准备医药及急救器材。

(4)通过 VHF 对外广播(Pan-pan, pan-pan, pan-pan, this is MV. NING AN 1, call sign ×××, position ×××/×××. I have man overboard, search and rescue operation in progress, all the vessels in the vicinity please navigate with caution and keep a sharp look out, thank you. Out)。

(5)本船利用单旋回法行驶到落水人员上风附近时，船长命令放艇救人。

(6)人救起后向船长报告(落水人员并未受伤，生命体征正常)。

(7)通知机舱取消备车，恢复正常航行。

(8)通过 VHF 对外广播(Security, security, security, this is MV. NING AN 1, call sign ×××, position ×××/×××, search and rescue operation completed and the man survived, thank you. Out)。

(9)指示大副、水头收妥救生艇，二副及相关人员照顾好落水者，其余人员进行现场清理。

注意：本船行驶到落水人员附近时，要逐渐减速到维持航向的最低速度(3 kn 左右)，然后放艇救人。

(二)沟通示例

瞭望人员：报告驾驶员，左(右)舷发现人员落水。

驾驶员：

(1)舵工左(右)满舵；

(2)瞭望人员抛下左(右)救生圈，悬挂人员落水信号(悬挂 O 旗)；

(3)驾助通知船长上驾驶台并通知机舱备车;

(4)通知大副,准备左(右)救生艇,组织人员救助落水人员;

(5)报告交管中心并发布航行警告。

(驾驶员立即定下落水人员位置,驾助负责记录)

舵工:左(右)满舵。

瞭望人员:左(右)救生圈已抛出。

驾助:(利用内部通信对讲机)机舱,人员落水,请立即备车;船长,人员落水,请上驾驶台;大副,人员落水,准备左(右)救生艇,组织人员救助落水人员。

利用高频向交管中心报告:××× VTS,this is MV. ×××,call sign ×××,position ×××/×××. I have man overboard,search and rescue operation in progress,report to you. Out.

利用高频发布航行警告:Pan-pan,pan-pan,pan-pan,this is MV. ×××,call sign ×××, position ×××/×××. I have man overboard,search and rescue operation in progress,all the vessels in the vicinity, please navigate with caution and keep a sharp look out, thank you. Out.

驾驶台所有人员利用一切有效手段搜寻落水人员。

瞭望人员:(当船旋回到与落水者舷角或与原航向相反航向差 20°左右时)报告驾驶员,左(右)舷 20°发现落水人员。

驾驶员:正舵。

舵工:正舵,舵正。

(当落水人员靠近船,且船速低于 5 kn 时)

驾驶员:驾助通知大副,释放左(右)舷救生艇救人。

驾助:大副,释放左(右)舷救生艇救人。

大副:报告驾驶台,落水人员已救起,救生艇已回收,落水人员生命体征正常。

驾驶员:驾助,通知机舱,落水人员已经救起,恢复正常航行;通知交管中心,并发布航行警告。

驾助:机舱,落水人员已经救起,恢复正常航行。

向交管中心报告:××× VTS,this is MV. ×××,call sign ×××,position ×××/×××,search and rescue operation completed and the man survived,thank you. Out.

发布航行警告:Pan-pan,pan-pan,pan-pan,this is MV. ×××,call sign ×××,position ×××/×××,search and rescue operation completed and the man survived,thank you. Out.

当通知机舱恢复正常航行后,驾驶员要通知舵工左(右)舵,并逐级加车恢复到计划航线。

船舶避碰英语沟通示例:

NA1:MV. Target 12,this is MV. NING AN 1 calling,come in please.

T:MV. NING AN 1,this is Target 12. Go ahead please.

NA1:Target 12,this is MV. NING AN 1. I have man overboard,search and rescue operation in progress. Please keep clear of me. Over.

T:MV. NING AN 1,this is Target 12. I will keep clear of you. Over.

NA1:Thank you. Out.

四、人员落水的紧急反应

在海上的工作或旅行中,船员们要经常面对突发的风暴和巨大的海浪。意外总是无法预见和避免的,如果不知道该如何应对突发情况,就有可能陷入困境。如果发现人员落水,应第一时间向船长或相关方报告,让船上所有人都知道并请求救援。只有在确定有人落水后,才能采取后续应急措施。不要拖延时间,否则可能延误救援,造成更大的损失。特别是在立即行动时,应时刻关注,尽力辨别出落水者的位置。如果是在白天,可以根据水波的方向确定落水者的位置。如果是在晚上,可以打开探照灯提高发现和辨别落水者的概率。

船长作为船舶总指挥,在接到人员落水的报告后,应立即上驾驶台,发出人员落水的警报信号,指挥现场人员救助和紧急处置,并负责向船舶管理公司报告人员落水和现场救助及落水人员的身体状况。大副、轮机长应在现场组织人员准备好将落水人员救起的设备和器材,在成功地将落水人员救起后,要给予落水人员必要的医疗、救护和照顾。其他成员听从大副的指挥。

在船舶人员落水的情况下,救生艇和救生圈是最常用的救援设备。救生圈易于使用,只需要扔到落水者附近,即可让落水者在等待救援的过程中保持浮力。而救生艇可以提供更多的护盾和空间,可以在水中搭建一个良好的保护屏障,让更多的落水者得以安全获救。当救生艇和救生圈投放完成后,应选派救援人员进行救援。救援人员应该携带合适的救生设备和药品,确保在处理任何紧急情况时都有合适的设备和药物。救援后的患者应该得到及时的治疗,最好是由医护人员进行诊断和治疗。总之,在船舶人员落水的情况下,要保持冷静,及时报告,并根据需要投放救生艇和救生圈,尽可能快速地进行救援操作。我国《海上事故应急处置规定》也规定了对于船舶人员落水的应急程序,船员们需要进行相关的应急培训和演习,以便在关键时刻冷静应对。只有做好应急工作,才能让船舶人员在海上安全度日。

课后作业

一、主题研讨

人员落水的应急程序。

二、线下作业

在航海模拟器中进行人员落水的应急操纵。

船舶旋回运动演示

驶近落水者操船方法——威廉逊旋回法

驶近落水者操船方法——斯恰诺旋回法

驶近落水者操船方法——双半旋回法

三、模拟训练

模拟训练一：人员落水的应急反应

<table>
<tr><td colspan="2">本任务分小组进行：船舶操纵、避碰与驾驶台资源管理（三副）训练任务——人员落水的应急反应</td></tr>
<tr><td>任务要求、目标</td><td>在开阔水域航行中，突发船首左（右）舷人员落水，可正确操纵船舶进行单旋回（双半旋回/威尔逊旋回）等操纵行动；可按照人员落水应急程序采取正确的应对措施</td></tr>
<tr><td>船舶参数及初始状态</td><td>船舶参数：Bulk Carrier NING AN 1
Displacement 48,938 t，Length overall 194 m，Breadth 32 m，
Draught 9.2 m for./10.3 m aft.
初始状态：开始时间：1000 Local Time
开始位置：模拟练习指定位置
航向：355°；航速：13 kn
主机状态：Full Ahead
船舶吃水：9.0 m for./10.0 m aft.</td></tr>
<tr><td>外界环境</td><td>海区：新加坡海峡水域；
航行环境：风：NW/3 kn；流：340°/0.6 kn；能见度：12 n mile；开阔水域，周围船舶正常航行，模拟海上常规交通流状态；
驾驶团队：船长（由教师代替），值班驾驶员、舵工和瞭望人员（由学员代替）当值；
场景：（1）船舶准备备车，航行前往大连；
（2）值班驾驶员正在值班，另有瞭望人员和舵工协助；
（3）船长在驾驶台，值班驾驶员负责指挥；
（4）舵工正在操舵</td></tr>
<tr><td>操纵内容、流程</td><td>（1）检查设备的工作状况；
（2）停车并向落水者一舷操满舵，摆开船尾，以免船尾和螺旋桨打到落水者；
（3）安排人员投下就近的救生圈，记录人员落水位置；
（4）协助船长发出人员落水警报，启动人员落水应急部署；
（5）向相关主管机关通报，发布航警，要求附近航行的船舶主动避让；
（6）练习结束将设备归位；
（7）教师点评</td></tr>
<tr><td>学生任务完成情况</td><td></td></tr>
<tr><td>小组代表总结</td><td></td></tr>
<tr><td>教师评语</td><td></td></tr>
</table>

任务五　熟悉搁浅、触礁及船舶失火等应急程序

任务主题	船舶搁浅、触礁及船舶失火的应急程序
任务导读	在船上建立应对各种可能的事故情况的反应程序，其根本出发点在于保护人命、财产和海上环境安全。按照现行国际、国内法律法规，应甄别船舶各种紧急情况风险并建立应急程序，有针对性地进行演练，做好充分的准备和应对工作，确保海上人命和财产的安全，保护海洋环境
任务要求	能够按照船舶搁浅、触礁及船舶失火的应急程序进行船舶操纵
学习目标	(1)学习船舶应急程序的流程； (2)理解并能阐述船舶搁浅、触礁及船舶失火的应急程序； (3)培养学员成为对工作认真负责、精益求精的技能型人才
知识结构	搁浅、触礁及船舶失火等应急程序：船舶搁浅、触礁；船舶失火；其他应急程序
学习重难点	船舶搁浅、触礁及船舶失火的应急程序
考核方式	通过学习，掌握相关内容，积极参与讨论，完成相关作业和测试

任务须知

一、船舶搁浅、触礁

搁浅是指船舶进入实际水深小于船舶吃水的区域,不能正常行驶。这通常发生在航行过程中船舶发生机械故障,或因掌握方向不当而误入浅滩,或因控制不当而被风吹在河床浅处或海滩边,失去了浮力,无法航行。触礁则是指船舶触碰礁石致损或驶上海岸、礁石及其他坚硬物体并搁置在上面,失去进退自由,在短时间内难以脱险的情况。

(一)搁浅前的紧急措施

航行中的船舶不论因何种原因致使搁浅或触礁不可避免时,切忌惊慌失措,应设法采取减轻搁浅程度防止船体损伤扩大的措施:

(1)如搁浅水域的地形和地貌不明,应立即停车,可行时立即抛双锚,减小船的冲力;

(2)如明了搁浅水域情况,船尾方向水域开阔、水深充裕且船舶航向与浅滩垂直,应立即停车、倒车,可行时抛双锚;

(3)如明了搁浅处仅为航道中新生的小沙滩,应全速前进并左右交替满舵。

应注意尽量避开礁石,不得已时宁可使船首受损也要保护好舵和推进器。

(二)搁浅后的紧急措施

(1)当船已搁浅时应立即停车迅速查明情况,搁浅情况未判明前不应盲目动车脱浅;

(2)运用一切可能的手段保证船舶整体的水密性;

(3)显示适当的船舶搁浅信号;

(4)通知有关主管机关,报告船舶应急管理小组,获取岸基支持;

(5)探明船舶搁浅情况后,决定是自力脱浅还是请求外援,切忌盲目用车,否则容易造成船体损伤扩大,损坏舵、推进器和主机等,甚至造成船舶的迅速沉没;

(6)如判定需要外援,应立即发出救助请求,且不可延误。

(三)船舶触礁、搁浅后船长的应急职责

(1)担任应急行动的总指挥,立即发出堵漏应急警报信号。召集船员按应急计划中的应急程序进行应急。

(2)督促大副迅速查明触礁、搁浅的部位,摸清事故是否造成船体破损以及是否有进水情况。督促轮机部检查机舱是否破损进水、设备是否受损。

(3)根据触礁造成的后果(如船体破损、油污等),决定或与现场指挥商定具体的应急方案,督促、检查、指导现场指挥实施该应急方案。

(4)根据触礁、搁浅的具体情况,结合当时以及未来的天气、海况、潮汐情况,做出船舶能否起浮、脱浅的判断,并确定起浮脱浅方案,督促大副、轮机长组织实施该方案。

(5)根据当时水文、气象、环境以及事态可能的发展进行综合评估判断:船舶的安全是否受到严重威胁;是否需要采取固定船位的措施;是否需要请求外来援助;是否需要弃船等。如触礁后有沉没危险,应迅速发出求救信号,并决定是否弃船。

(6)尽可能地把抢救情况及时报告船公司,听从公司的进一步指示。

(7)在成功采取应急措施以后,指导现场指挥将触礁、搁浅发生的时间,事故发生时的船位,事故是否引起漏损、油污、人员伤亡,应急的经过,货物受损情况,船舶及其设备受损情况等,谨慎、详细地记入航海日志,同时将这些情况报告船公司。

(8)按规定拟写并递交海事声明(在发生共同海损的情况下)和海事报告。根据情况申请临时检验、附加检验和(或)公证检验。

(四)船舶搁浅应急处置预案

航行中发现船舶即将搁浅时,值班驾驶员应立即停车和发警报召集船员,报告船长和通知机舱。

船长报告公司指定人员或其替代人员并获得指示,根据搁浅、触礁事故位置报告附近港口主管机关,事故危及船员、船舶安全时报告海上搜救中心。

在船长的指挥下,大副率水手长、木匠等人测量船舶六面水尺,确定搁浅、触礁部位,了解和探测搁浅水域底质。驾驶台当值人员在驾驶台协助船长,详细记录搁浅、触礁时间、概位(船位),显示规定的号灯、号型。所有探测结果必须及时报告船长,供判断和决策。如发现船舶进水,应立即按堵漏应变部署、进水应急计划,组织排水、水密隔离和堵漏,同时判断可否立即动车脱浅。

轮机长指挥机舱人员检查主机、舵机和辅助机械有无损坏并报告船长。根据船长指示备妥主副机。

船长应根据各方反馈的信息,结合外界的风流和潮汐情况进行综合分析,并估算自力脱浅所需拉力,采取适当行动,使船舶重新起浮或保持安全状况。

若船舶在低潮时搁浅,应积极采取调整前后吃水、减少压载水或淡水、转移燃油或压载水、转移部分货物或物料等起浮措施,在下一高潮到来前做好一切起浮准备。

当船舶或人员安全受到严重威胁时,应立即联系海事部门或向就近船舶请求协助施救。

船舶若运用本船主机和锚具自力脱浅不成功,船长应立即申请外力脱浅或救援。候援期间,船方应尽力固定船位,包括调整载荷和使用锚具等。应警惕潮水和风流对船舶强度和稳性的不良影响,防止船舶破损和断裂、打横、被风浪推上高滩、严重横倾乃至倾覆。

二、船舶失火

船舶失火是造成财产损失和人员伤亡的严重事故。船舶火灾应急程序的完善和实施是保障船员人身安全和船舶财产安全的重要措施。

在船舶航行过程中,若发现火灾,应及时使用船上报警系统报警,并通知其他船员和上级主管部门,尽快组织火灾应急处置。在火灾应急处置中,应按照船舶失火应急预案,采取适当措施进行灭火和疏散;根据火灾的程度和影响范围,采用适当的灭火方式,保障船员的人身安全和船舶财产安全。

在控制住火灾后,船员应及时检查和检修船舶设备,防止"死火复燃",避免再次出现火灾。如有船员受伤,应及时应急救援。

(一)船舶消防应急预案

船员无论在任何场所发现明火或烟雾,应立即用现场附近的消防器材、设备去扑灭明火。同时拉响就近的火警报警器(前部失火:报警警铃短声连放一分钟后,一长声;中部失火:报警警铃短声连放一分钟后,二长声;后部失火:报警警铃短声连放一分钟后,三长声;机舱失火:报警警铃短声连放一分钟后,四长声)并大声呼喊,向驾驶台及全体船员报警。

1.机舱灭火应急预案

(1)机舱发生火灾,无论火灾大小,也无论船舶是否在航行、锚泊或靠泊装卸货物,值班人员都应首先触发火警装置并报告轮机长、驾驶台或船长。

(2)机舱火警报警发出后,全船人员迅速按照船舶应变部署表的安排到达各自岗位。轮机长在船长的领导下行使机舱应急消防现场指挥职责,并保证与船长的通信联络畅通。

(3)轮机长迅速做出判断报告船长。

(4)船长迅速报告公司指定人员,并视情况报告港口主管机关或海上搜救中心。

(5)启动消防泵(必要时启动应急消防泵)立即供水,接妥皮龙带、水枪待命。立即关闭机舱各区域的防火门,将火势控制在局部区域,以防波及驾驶台、电台、船员生活区等重要区域。安排人员搬移邻近火场的易燃易爆物,防止火势蔓延引发爆炸,并对着火部位周围壁板进行喷水冷却。

(6)火势、起火部位不明时,可派出熟悉现场的两名探火员进行探明火源工作。他们应身着消防员装备,携带必要的消防员用具,仔细探明火源位置、火势和火的性质,并及时报告现场指挥和船长。

(7)如探明为初起小火,应立即组织消防队进行现场扑救。如为小面积油类火,可以使用泡沫灭火器、干粉灭火器进行扑救,或用水雾水枪利用水雾窒息法灭火;如为电器火,应立即切断有关部位电源,切断通风,然后施救。

(8)清查有无人员被困,抢救被困人员。灭火人员应注意对自身安全的保护,防止烟雾窒息或烫伤。

(9)如火灾无法用小型灭火器和水扑灭,应立即撤离人员,果断封舱,操纵速闭装置,关掉油舱柜速闭阀和滑油柜速闭阀。现场指挥应及时清点人数,确认人员全部撤离机舱,封闭机舱并报告船长。船长指令打开大型 CO_2 系统(或其他大型灭火系统)灭火,释放量一次放足。封舱至少 24 h,不得擅自开启,并及时检查 CO_2 灭火效果。开舱前必须派探火员进行探火(二次探火须从逃生孔进入),确认火灭方可开舱,以保安全。

(10)用大量水灭火时,注意保障船舶具有适当的稳性。

2.船舶货舱灭火应急预案

(1)无论航行还是停泊时货舱发生火灾,无论火灾大小,发现人员应迅速以有效手段立即报告驾驶台或船长。

(2)货舱火警报警发出后,全船人员迅速按照船舶应变部署表的安排到达各自岗位。

(3)大副在船长的领导下行使货舱应急消防指挥职责,灭火过程中应保持与船长的通信联络畅通。

(4)立即启动消防泵(必要时启动应急消防泵)供水,接妥皮龙带、水枪待命。安排人员搬开邻近的易燃易爆物,防止火势蔓延。

(5)大副应迅速做出初步判断,报告船长;船长应迅速报告公司指定人员,报告港口主管机关或海上搜救中心。

(6)大副应视火情,派出熟悉现场的两名探火员,他们身着消防员装备,携带必要的消防用具,探明火源位置、火势和火的性质。大副根据探火员的报告做出具体判断。

(7)探火结果如是初期小火,根据火的类别,立即组织消防队进入现场采取不同的措施扑救。与此同时,三副做好释放 CO_2 的准备。

(8)灭火中注意货物特性,有无忌水、爆炸物品,并注意有关部位电源是否切断。

(9)灭火人员注意对自身安全的保护,防止烟雾窒息或烧烫伤;注意清查有无被困人员及伤员的抢救工作。

(10)若舱内火灾扑灭困难,应果断封舱,打开大型 CO_2 系统(或其他大型灭火系统),释放 CO_2 窒息灭火,同时货舱外部使用水冷却。根据舱容 CO_2 释放量一次放足。释放 CO_2 后,货舱封闭至少 24 h,不得擅自开启,并及时检查 CO_2 灭火效果。注意观察相邻货舱的舱壁温度。根据 CO_2 释放后的时间、相邻货舱的舱壁温度、货舱外部温度进行判断,安排二次探火,确认火灭方可开舱,以保安全。

(11)船长应正确指挥操纵船舶,适当调整航向、航速,尽力使火场处于下风方向。

(12)始终保持通信畅通。根据公司指示联系代理、港口主管机关取得外援。情况紧急时,船长应当机立断,申请外援后报公司。

(13)火灾扑灭后注意防止复燃。注意保护火灾现场,请示主管部门意见后再清理现场。

3.生活区灭火应急预案

(1)无论船舶是在航行还是在停泊,生活区发生火灾,无论火势大小,发现人员应首先以有效手段立即报告驾驶台或船长。

(2)生活区火警报警发出后,全船人员迅速按照船舶应变部署表的安排携带消防器材到达各自岗位,准备实施灭火。

(3)大副在船长的领导下,行使应急消防现场指挥职责,并保持与船长的通信联络畅通。

(4)大副应迅速做出火情初步判断,报告船长。关闭通风,切断电源,关闭内外通道防火门。

(5)船长应立即报告公司指定人员,视情况根据船位报告附近港口主管机关或海上搜救中心。

(6)大副应视火情,派出熟悉现场的两名探火员。他们身着消防员装备,携带必要的消防用具,探明火源位置、火势和火的性质,报告现场指挥。大副根据探火员的报告做出具体判断,报告船长。

(7)如是初期小火,根据火的性质,立即组织消防队员携带灭火器材进入现场扑救。关闭相应区域的防火门,将火势控制在局部区域,以防波及驾驶台、电台等重要部位。

(8)若是船员居住房间起火,应清查有无人员被困,做好抢救被困人员的准备。组织主要力量扑灭火头,控制火势发展,搬移相邻房间(区域)易燃易爆物。相邻舱壁注意降温,防止火势蔓延。

(9)如果采取的灭火措施或火灾已危及船舶的安全运转,应报告船长。

(10)生活区发生火灾后,船长应指挥船员正确操纵船舶,适当调整航向、航速,尽力使火场处于下风方向。必要时备妥救生艇、筏,一旦灭火失效则进入弃船程序。

(11)船长应保持与公司的联系,获得指示,船舶在港内或近岸航行时,船长有权联系代理、港口主管机关申请援助并报告公司。

(12)火灾扑灭后注意防止复燃,经检查确认火已彻底扑灭后方可恢复自然通风。

(二)预防措施

为了防止船舶火灾事故的发生,船舶应当合理安排船舶的日常操作和维护流程,并加强船舶设备的检查和保养工作。同时,应制定相关的规章制度和操作规程,对船舶设备和人员管理进行严格的监督,确保船舶的安全运行。

1.进行日常检查

应定期对船上的火灾应急设备和灭火器材等应急设施进行检查和维护,避免出现设备损坏和无法使用的情况。对一些易发生故障和火灾的设备,如锅炉、发动机、电气设备等,需要加强监管和维护。

2.培训应急知识

应定期对船员进行应急培训,提高其应急处置能力和技能,增强应急意识,确保船员具备足够的操作技能和安全意识。船舶的火灾演练和培训应当全面、系统,并有计划地进行,确保船员能够在火灾发生时做出正确的反应,并正确使用火灾应急设备。

3.遵守安全规定

船员在航行过程中应严格遵守船舶安全规定,不得违反规定使用明火,保持厨房、卫生设施的正常使用。建立健全的人员管理制度,对船员的日常工作进行监督和评估,确保每一位船员都能够履行自己的工作职责,尽职尽责。

4.做好防火安全工作

切实做好船舶防火安全工作至关重要。在船舶上,应科学合理地设置完备的消防设施以及充足、有效的灭火器。同时,需严格按照相关标准与规范,定期开展消防演练活动,并且对消防设施进行细致入微的检查工作,通过这些举措,全力避免火灾事故的发生。此外,还需着重加强船舶火灾监测与报警装置的建设与维护。要知道,船舶的火灾监测和报警装置是保障船舶整体安全不可或缺的关键构成部分,其良好的运行状态能够为及时发现火灾隐患并迅速采取应对措施提供坚实可靠的支持。

5.加强船舶的隐患排查和整改工作

隐患排查应当包括船舶的设备、电气系统、管道系统等方方面面,确保船舶的各项设备和系统都处于正常的工作状态,及时发现和排除安全隐患。要加强船舶的日常巡检工作,确保船舶的设备和系统处于正常的工作状态。

总之,预防船舶火灾事故的发生需要全面、系统和有计划的工作。所有相关方应当共同努力,加强船舶的维护保养和管理工作,确保船舶的安全运行。同时,相关部门和机构也应当加强对船舶的监管和检查工作,确保船舶管理人员和船员都能够履行自己的安全责任,保障船舶的安全运行。

三、其他应急程序

ISM 规则 A 部分第八节要求,"对于船上可能出现的紧急情况,公司应建立标识、描述和反应程序,制订应急训练和演习计划……"。建立船舶紧急预案旨在保证船长和船员在船舶发生事故或紧急情况时做出有效反应,提供应急操作指南,最大限度地减少因船舶紧急情况造成的人员伤亡、环境污染和财产损失。

船舶和船管公司对船上的所有紧急情况应进行标识、描述,制订应急反应计划或预案。船舶的紧急情况大致可分为 4 类 23 种。如果针对上述每一种可能发生的紧急情况,都制订不同类型的应变行动计划,则会造成大量的重复工作。

该指南提供了制定公司和船上人员对紧急情况做出有效反应的程序的框架。其目的是:利用整体系统的构成帮助公司将规则要求转化成行动要求;将有关船上的紧急情况融合进这一系统中;帮助编制协调应急计划,使船上人员接受,并在紧急情况下得到正确应用;为取得一致,鼓励各国政府采用整体系统的结构制订各种船上应急计划。

(一)识别紧急情况

船舶紧急情况可能单独发生,也可能形成连锁反应。例如火灾或爆炸可能会导致船舶失控,船舶失控可能导致碰撞、搁浅,如图 2-4-8 所示。

无论是人为因素、船舶设备故障因素还是环境因素,船舶的安全管理体系、应急预案、救援措施等对于应对紧急情况都至关重要。有效的安全管理可以降低船舶紧急情况的发生概率和损失程度。

(二)制定应急程序

为了应对船舶突发事件,船舶管理公司应制定船岸应急反应程序和应急反应手册,成立应急反应领导小组,保证在任何时候,均能及时对船舶发生的紧急情况做出正确的反应。制定应急程序的原则如下:

(1)控制事故。不使事故扩大,同时救治伤员(如果有)。

(2)消除威胁。以消除对人员的威胁、对船舶和货物的威胁、对海洋环境的威胁为顺序。

(3)保持船舶的浮性和浮态(吃水、稳性、横倾、纵倾)。

(4)防止发生其他紧急情况。

(三)应急训练和演习

船长负责船舶的应急演习并对应急演习做出评估。大副和轮机长分别负责甲板部、轮机部应急行动的训练。

为确保船舶人员能在任何时候对船舶所面临的危险、紧急情况和事故做出反应,需要按要求训练和提高船舶相关人员处理紧急情况的技能,使其熟悉自己的岗位职责。

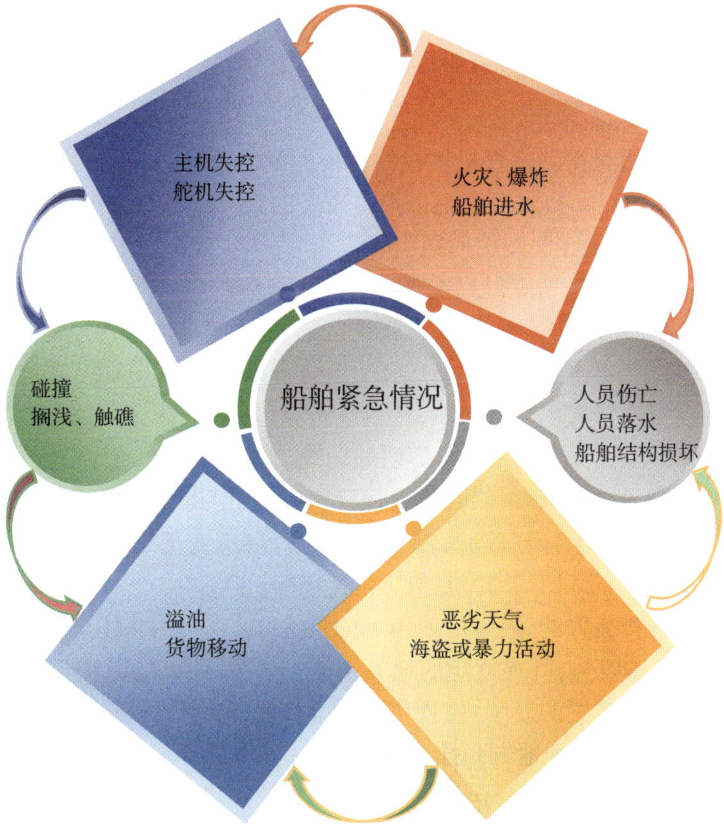

图 2-4-8 船舶紧急情况

1.配备训练手册

每艘船舶应备有训练手册,其内容应包括船上配备的各种救生设备的使用和最佳救生方法,并尽量附有适当的图示说明。训练手册应在驾驶台、机舱集控室、船员餐厅、娱乐室等公共场所和每个船员房间配备。船舶应按训练手册的要求经常进行应急训练。

2.船上训练和授课

(1)船员上船后应对其进行使用包括救生艇、筏设备在内的船上救生设备、消防设备和防污染设备的船上训练。每次授课内容可以包括船舶救生设备、消防设备和防污染设备的不同部分,但在任何两个月的期限内应包括该船的全部救生设备、消防设备、防污染设备的训练。

(2)每名船员每月至少参加一次弃船、消防演习。若有 25%以上的船员调动,该船应在离港后 24 h 内进行弃船演习和消防演习。

(3)每月应至少进行一次防油污演习,按油污应急计划进行演练。

(4)每三个月至少进行一次应急操舵演习;在台风季节到来之前的一个月必须进行一次应急操舵演习。参加演习的人员至少包括驾驶员、水手长、木匠、水手、轮机长、轮机员、电机员。

(5)船舶驶近海盗出没海域前,按海盗袭击紧急情况的反应措施的要求,进行一次防海盗演习。

(6)其他紧急情况的演习,由船长做出一年的演习计划,根据实际情况进行。

(四)配备应急文件

(1)防火控制图应得到主管机关授权机构的批准,永久展示、张挂于公共场所的明显位置,并放置在两舷梯口水密筒内。消防设备的布置要符合防火控制图的要求,消防设备的变动应及时记录在消防控制图上。

(2)船上油污应急计划应得到主管机关授权机构的批准。应变部署表在开航前由三副编制、大副审核、船长审批,并永久张挂在驾驶台、机舱集控室、餐厅、会议室、生活区走廊等明显地方。如船员发生变动,应马上修订该表。

(3)溢油应变部署表由三副编制,轮机长审核,船长批准,并永久张挂在驾驶台、机舱集控室、餐厅、会议室、生活区走廊等明显地方。如船员发生变动,应马上修订该表。

(4)应急手册、须知手册由船长负责保管,分别放置到驾驶台、集控室。

(5)船员应变任务卡:由三副编制、大副审核;将应变部署表中每名船员在不同应急情况时的不同任务分列于卡上,此卡应张挂在船员床头。

(6)救生设备和装置的显示:应使用 IMO A.654(16)号决议《与救生设备和装置有关的符号》中推荐的符号,并在规定的地方张挂。

(7)消防设备和装置的显示:应使用 IMO A.760(18)号决议《消防设备图形符号》中推荐的符号,并在规定的地方张挂。

(五)紧急情况的反应措施

以下简单列出船舶几种紧急情况的反应措施。

1.船体结构损坏紧急情况的反应措施

船体受力构件或水密结构因锈蚀、老化或受外力作用等,会导致其强度和水密性受到损坏以致危及船舶安全。

(1)一旦发现船舶结构损坏,船长应立即向船舶管理公司报告。

(2)船舶在港内发生结构损坏,须按规定向海事主管机关报告。

(3)船舶在航行中发生船体结构损坏,船舶首先应立足于自救,采取减速、改变航向等措施以避免剧烈摇摆,减缓损坏速度。

(4)如航行至目的港有重大危险时,可驶往就近港口。若情况危急,可考虑择地搁浅或抢滩。

(5)当结构损坏导致船体进水时,应执行船体进水紧急情况的反应措施。

(6)当救助无望、情况紧急时,船长应当果断弃船,执行弃船紧急情况的反应措施。

2.船体进水紧急情况的反应措施

船舶进水是指船舶在航行或停泊时,由于船体破损、设备故障、自然灾害(如大风浪袭击)、搁浅、触礁、碰撞、爆炸、船舶老旧、水密失效、严重横倾、武器攻击、造船缺陷等原因,导致船舱内水位上升,威胁船舶的浮力和稳定性。如果进水速度大于排水速度,将会危及船舶安全。

(1)船长、大副应熟悉并掌握船舶稳性计算书上的有关稳性资料,作为船舶进水后迅速判断危险局面的依据。

(2)按要求配备船舶堵漏器材,并保持这些器材处于良好的技术状态,存放地点要保证立即可取。

(3)船舶发生碰撞、触礁、搁浅等事故,造成船壳板破洞进水,或在大风浪中甲板上严重上浪,或波浪冲击,船壳板损坏,致使舱室进水,应立即发出紧急警报,组织船员执行应急部署,使用堵漏器材进行堵漏并采取其他抗沉措施。同时船长应向公司指定人员及海事主管机关(若在港口及附近)报告,并保持联系。

(4)首先查找破洞,判明哪些舱室破损进水。其方法是:根据船舶横、纵倾状况,估计破洞大概位置;舱室的空气管如有流水声或水流漏出,则可判定该舱进水;测量水舱、压载舱等处的水位变化,如水位增加,则可判定该舱进水,应进舱或开舱查看进水情况,判断破洞的概位,并进一步探明破洞的大小。

(5)发生破洞进水紧急情况,船长立即命令启用排水系统。如查明属于双层底舱或首尾尖舱进水,一般不会因进水而失去全部储备浮力;如货舱或机舱进水,会丧失储备浮力,应立即全力排水,以争取时间进行堵塞破洞。

(6)根据进水量和船舶排水能力,船舶应迅速判断是否具有足够的自救能力。

(7)关闭水密门、窗等装置,加固破损区域,阻止进水漫延;使用堵漏器材控制船体破损进水。

(8)切断经过进水部位的电源。

(9)如他船撞入我船体造成破洞,危及我船安全时,应马上通知他船用慢车顶住,待我船采取相应措施后,再协商退离方案。危急情况下,若条件许可,慢车顶推到附近浅滩坐浅。

(10)如发现排水及堵漏已无法控制船舶下沉,要尽可能选择就近抢滩,力争避免船舶全损。

(11)如就近无法抢滩,破洞无法堵塞,已属进水后稳性及不沉性资料指示的危险范畴,经确认无法避免船舶沉没时,船长应立即发出求救信号,当机立断发弃船令,转入弃船应急部署。

(12)当船舶货舱或燃油舱破损造成油污染时,立即执行船上油污应急计划。

3.海盗袭击紧急情况的反应措施

(1)开航前措施

①船舶应认真执行航前(离港)安全检查制度。在离码头或起锚开航前,船长均应对此提出总体部署和要求。按照部门职责,分区包干,重点对船舶中可能藏匿人员的部位,如锚链舱、干隔舱、泵房、救生艇、烟囱等部位进行细致的检查,以防人员潜入。

②开航前视航线情况采取相应的封闭措施。如封闭船内通道,盖好锚链孔盖板,锁好门户,尤其要锁好甲板通道,把船员舱室、驾驶台、机舱和报房定为安全区,并做周密的布防。但在采取上述措施时,也应适当做好万一发生火警或其他紧急事件需要逃生的必要手段。

(2)在海盗、劫匪经常活动的水域航行时的措施

①无论是白天还是黑夜,船舶均应加强观察瞭望,特别对于一些航向、航速飘忽不

定的船只,注意观察其行踪,保持警惕性。尤其在2000—0600时,应指派人员值班,保证巡视守护不间断。

②特别是航行在海上犯罪活动猖獗的重点海域的船舶,除保持正常航行值班外,必须建立专门负责观察、瞭望海上犯罪活动的值班巡查制度,严密监视、观察海面情况,防范海上抢劫和海盗偷袭。发现可疑船只或异常情况时,应立即采取防范应急措施,动员全体船员进入戒备状态;要立即向当地公安边防、海上110、海岸电台、海上搜救中心及船公司报告,利用一切通信手段进行遇险报警。

③船舶在航行途中遭遇不明船艇拦截时,不能轻易停船,一定要认真甄别船艇身份,积极通过公用遇险频道与船艇联络,获知对方的船艇编号、联系电话和所属执法部门。在白天气象条件和能见度均较好的情况下,船舶可通过船艇编号、标志、人员着装、对方出示的执法证件等进行甄别,在确认其执法身份后方可按对方指令停车或到就近港口接受检查。

(3)在海盗、劫匪经常活动的区域停港或锚泊时的措施

①指派人员进行防盗值班。值班人员要佩戴对讲机,夜间还要配备手电筒及防护器械。防盗值班与正常值班人员应能保证有效的配合协作,实施巡视和监控。

②在港内或锚地时,甲板和船舷外、船首、船尾要保持灯光明亮,必要时可开启探照灯向周围水面探射。

③禁止船员与当地小艇做任何交易,严禁无关小艇靠近,以防海盗、海匪窥视和踩点。

(4)发现海盗、劫匪袭击船舶时的措施

①报告船长、鸣放警报,开启全船的通用广播系统,由船长指挥,下达抗击海盗、劫匪的各项指令。

②用最快捷有效的手段向陆岸有关部门(当局)报告和向邻近船舶通报情况。

③开启甲板灯,用探照灯照射海盗船,严密监视其行动,同时燃放示警火箭信号。

④立即启动消防泵,接妥消防水带,准备高压水用于阻击,使其无法靠近。

⑤如海盗用带钩的绳套企图登船,则可用太平斧砍断绳索。

⑥指派人员到受袭击的相反方向观察,防止劫匪的多点攻击。

⑦如果劫匪已经登船,船长应在尽力保证船舶安全的同时,使船舶的航行指挥权尽可能保持在船员手中。如果可行,应将船员撤至安全区并确保所有船员都在该安全区内。封闭所有通道并保持与基地的联络,同时寻求就近的援助。单个船员应避免与大伙分开。

⑧如果劫匪已经控制了船舶,如有可能,设法与他们谈判以求维持对船舶航行的指挥权并营救人质。切勿与他们发生正面冲突。船员应避免与劫匪发生直接冲突,因为这将增加暴力与伤害的危险,应优先考虑给劫匪留出撤离大船的通道。

课后作业

一、主题研讨

搁浅、触礁的应急程序。

二、线下作业

线下到航海模拟器进行搁浅、触礁的应急演练。

三、模拟训练

模拟训练:船舶搁浅应急反应

本任务分小组进行:船舶操纵、避碰与驾驶台资源管理(三副)训练任务——船舶搁浅应急反应	
任务要求、目标	在近岸水域航行中,船舶突发搁浅事故,可正确采取减少搁浅损失的应急操纵行动,可按照船舶搁浅应急程序采取正确的应对措施
船舶参数及初始状态	船舶参数:Bulk Carrier NING AN 1 Displacement 48,938 t,Length overall 194 m,Breadth 32 m, Draught 9.2 m for./10.3 m aft. 初始状态:开始时间:1000 Local Time 开始位置:模拟练习指定位置 航向:355°;航速:13 kn 主机状态:Full Ahead 船舶吃水:9.0 m for./10.0 m aft.
外界环境	海区:新加坡海峡水域; 航行环境:风:NW/3 kn;流:340°/0.6 kn;能见度:12 n mile;开阔水域,周围船舶正常航行,模拟海上常规交通流状态; 驾驶团队:船长(由教师代替),值班驾驶员、舵工和瞭望人员(由学员代替)当值; 场景:(1)船舶准备备车,航行前往大连; (2)值班驾驶员正在值班,另有瞭望人员和舵工协助; (3)船长在驾驶台,值班驾驶员负责指挥; (4)舵工正在操舵
操纵内容、流程	(1)检查设备的工作状况; (2)搁浅前后紧急操船,根据船位及富余水深的变化,判断船舶即将搁浅,紧急用车用舵防止搁浅或尽可能减少损失; (3)明确搁浅后的应急部署,报告船长,显示搁浅信号,协助启动应急程序; (4)通知人员测量周围水深,检查船体、机器设备、油水舱、货物、海面污染情况,连续监测周围水深变化情况; (5)向相关主管机关通报,发布航警,要求附近航行的船舶主动避让; (6)练习结束将设备归位; (7)教师点评
学生任务完成情况	
小组代表总结	
教师评语	

附 录

附录一 《海船船员考试大纲》(2022 版)(适任理论考试篇)

第一部分 船长及甲板部船员

船舶操纵与避碰(500 总吨及以上船舶船长、大副)

9101:3000 总吨及以上船舶船长

9102:500~3000 总吨船舶船长

9103:3000 总吨及以上船舶大副

9104:500~3000 总吨船舶大副

考试大纲	适用对象			
	9101	9102	9103	9104
1 协调搜寻和救助行动				
1.1 搜救组织	√	√	√	√
1.2 救助程序				
1.2.1 遇险报警信息确认、转发	√	√		
1.2.2 遇险信息确认后的紧急行动	√	√		
1.2.3 船上准备工作	√	√		
1.2.4 不能参加救助的船舶	√	√		
1.3 搜救计划的制订知识	√	√	√	√
1.4 搜寻基点和最可能区域的确定方法和程序				
1.4.1 搜寻基点确定方法和程序	√	√	√	√
1.4.2 最可能区域确定方法和程序	√	√	√	√
1.5 搜寻方式				
1.5.1 平行线搜寻	√	√	√	√
1.5.2 扇形搜寻	√	√	√	√
1.5.3 扩展方形搜寻	√	√	√	√
1.5.4 海空协同搜寻	√	√	√	√
1.6 搜寻方式根据情况的有效应用	√	√	√	√
1.7 救助落水人员的程序和应急操作与指挥				

续表

考试大纲	适用对象			
	9101	9102	9103	9104
1.7.1 救助落水人员的程序	√	√	√	√
1.7.2 救助落水人员的应急操作与指挥	√	√	√	√
1.8 作为现场协调员的职责	√	√		
1.9 对外通信联系与协调	√	√	√	√
2 确立值班安排和程序				
2.1《1972 年国际海上避碰规则》				
2.1.1 适用范围	√	√	√	√
2.1.2 责任	√	√	√	√
2.1.3 一般定义,包括船舶、机动船、帆船、从事捕鱼船、限于吃水船、失去控制的船舶、操纵能力受到限制的船舶、在航、长度和宽度、水上飞机、互见、能见度不良和地效船等十三个名词的定义	√	√	√	√
2.1.4 号灯与号型	√	√	√	√
2.1.5 声响与灯光信号:基础知识、信号种类、适用、使用方法和注意事项	√	√	√	√
2.1.6 瞭望	√	√	√	√
2.1.7 安全航速	√	√	√	√
2.1.8 碰撞危险:判断原则、手段与方法,雷达正确使用,雷达标绘及其相当的系统观察方法,罗经方位法使用注意事项	√	√	√	√
2.1.9 避免碰撞的行动	√	√	√	√
2.1.10 狭水道条款	√	√	√	√
2.1.11 分道通航制条款	√	√	√	√
2.1.12 帆船条款	√	√	√	√
2.1.13 追越局面	√	√	√	√
2.1.14 对遇局面	√	√	√	√
2.1.15 交叉相遇局面	√	√	√	√
2.1.16 让路船的行动	√	√	√	√
2.1.17 直航船的行动	√	√	√	√
2.1.18 船舶之间的责任	√	√	√	√
2.1.19 能见度不良时的行动规则	√	√	√	√
2.2 航行值班应遵循的原则(内容、应用和意图)				
2.2.1 保持安全值班的目的	√	√	√	√
2.2.2 值班人员的值班时间的强制性标准	√	√	√	√
2.2.3 为保证安全值班应采取的措施	√	√	√	√
2.2.4 值班安排的总体要求	√	√	√	√
2.2.5 值班安排和应遵循的原则的基本规定	√	√	√	√
2.3 驾驶台值班驾驶员承担的责任及要求			√	√
2.4 驾驶台瞭望的要求				
2.4.1 瞭望的目的			√	√
2.4.2 值班驾驶员作为唯一瞭望人员的条件			√	√

续表

考试大纲	适用对象			
	9101	9102	9103	9104
2.4.3 为保持正规瞭望值班安排应考虑的因素			√	√
2.5 驾驶台交接班的有关要求				
2.5.1 交班驾驶员应注意的事项			√	√
2.5.2 接班驾驶员应注意的事项			√	√
2.6 船舶航行、操纵和避让行动的有关要求				
2.6.1 助航仪器的使用、定期检查			√	√
2.6.2 通知船长的时机			√	√
2.6.3 引航员在船时驾驶人员的职责	√	√	√	√
2.6.4 特殊情况下的操纵和避让行动的要求	√	√	√	√
2.7 船舶在锚泊时驾驶台人员的职责			√	√
2.8 防止滥用酒精、药物控制的标准和方法				
2.8.1 酗酒、滥用药物的危害	√	√		
2.8.2 酒精控制标准及方法	√	√		
2.8.3 药物控制标准及方法	√	√		
2.9 船员疲劳的原因及预防疲劳的方法				
2.9.1 STCW 规则为防止疲劳作出的指导性意见	√	√	√	√
2.9.2 船员疲劳的原因及影响因素	√	√	√	√
2.9.3 预防疲劳的方法	√	√		
2.10 驾驶台航行值班报警系统(BNWAS)的作用,目的,配置要求,报警方式和工作方式等				
2.10.1 BNWAS 的作用和目的	√	√	√	√
2.10.2 配置要求	√	√	√	√
2.10.3 报警方式	√	√	√	√
2.10.4 工作模式	√	√	√	√
2.11 VDR 与 S-VDR 的组成、目的、存储的信息、报警的处置				
2.11.1 VDR 与 S-VDR 的组成、目的			√	
2.11.2 存储的信息			√	
2.11.3 报警的处置			√	
3 航行中的应急反应				
3.1 抢滩程序、操作和注意事项				
3.1.1 抢滩程序、操作	√	√	√	√
3.1.2 抢滩注意事项	√	√	√	√
3.2 搁浅前应采取的应急操船措施,危害及损害的评估和控制,搁浅后应采取的措施和脱浅方法及脱浅拉力的估算				
3.2.1 搁浅前应采取的应急操船措施	√	√	√	√
3.2.2 搁浅危害及损害的评估和控制	√	√	√	√
3.2.3 搁浅后应采取的措施	√	√	√	√
3.2.4 脱浅方法及脱浅拉力的估算	√	√	√	√

续表

考试大纲	适用对象			
	9101	9102	9103	9104
3.3 碰撞前、后应采取的应急操船措施,碰撞后损害的评估和应变部署,碰撞后续航、抢滩或弃船时的注意事项				
3.3.1 碰撞前应采取的应急操船措施	√	√	√	√
3.3.2 碰撞后应采取的应急操船措施	√	√	√	√
3.3.3 碰撞后损害的评估和应变部署	√	√	√	√
3.3.4 碰撞后续航、抢滩或弃船时的注意事项	√	√	√	√
3.4 损害控制评估,包括本船损害情况确认及减轻损害的方法等				
3.4.1 本船损害情况确认	√	√	√	√
3.4.2 减轻损害的方法措施	√	√	√	√
3.5 应急操舵,包括应急舵转换,操舵方法,驾驶台与舵机间通信等				
3.5.1 应急舵转换	√	√	√	√
3.5.2 应急操舵方法	√	√	√	√
3.5.3 驾驶台与舵机间通信	√	√	√	√
3.6 船舶失控的应急反应程序				
3.6.1 主机故障	√	√		
3.6.2 舵机失灵	√	√		
3.6.3 全船失电	√	√		
3.7 应急拖带前的准备工作,应急拖带前拖带功率的估算、拖缆要求及布置,拖带过程中的船舶操纵及拖缆检查,解缆程序及注意事项				
3.7.1 应急拖带前的准备工作			√	√
3.7.2 应急拖带前拖带功率的估算	√	√	√	√
3.7.3 拖缆要求及布置	√	√	√	√
3.7.4 拖带过程中的船舶操纵及拖缆检查	√	√	√	√
3.7.5 解缆程序及注意事项	√	√	√	√
4 在各种条件下操纵和操作船舶				
4.1 接、送引航员时的操船方法,SOLAS 关于引水梯的布置要求				
4.1.1 引航船接、送引航员时的操船方法	√	√	√	√
4.1.2 SOLAS 关于引水梯的布置要求	√	√	√	√
4.1.3 直升机接、送引航员时的操船方法及注意事项	√	√	√	√
4.2 浅水效应及其对操船的影响,富余水深的确定,受限水域操作方法及掉头所需水域的估算及操船方法,首尾波的危害及预防				
4.2.1 浅水效应、船体下沉量	√	√	√	√
4.2.2 富余水深的确定	√	√	√	√
4.2.3 受限水域操作方法	√	√	√	√
4.2.4 掉头所需水域的估算	√	√	√	√
4.2.5 掉头操船方法	√	√	√	√
4.2.6 首尾波的危害及预防	√	√	√	√
4.3 桥区安全航行方法和注意事项				

续表

考试大纲	适用对象			
	9101	9102	9103	9104
4.3.1 桥区水域的特点	√	√		
4.3.2 桥区水域航行方法	√	√	√	√
4.3.3 桥区航行注意事项	√	√	√	√
4.4 船舶操纵性能及其应用				
4.4.1 船舶变速运动性能	√	√	√	√
4.4.2 旋回性能	√	√	√	√
4.4.3 航向稳定性和保向性	√	√	√	√
4.4.4 船舶操纵性试验	√	√	√	√
4.4.5 风对船舶操纵的影响	√	√	√	√
4.4.6 流对船舶操纵的影响	√	√	√	√
4.5 船间效应,岸壁效应及其对操船的影响				
4.5.1 船间效应	√	√	√	√
4.5.2 岸壁效应及其对操船的影响	√	√	√	√
4.6 拖船的运用及与被拖船之间的相互作用				
4.6.1 拖船的种类及其特点	√	√	√	√
4.6.2 拖船使用方式	√	√	√	√
4.6.3 协助操船所需拖船功率的估算	√	√	√	√
4.6.4 拖船作用下的船舶运动规律	√	√	√	√
4.6.5 拖船助操注意事项:拖缆及其系带、吊拖的拖缆长度、拖力大小和方向、防止横拖和倒拖等	√	√	√	√
4.7 螺旋桨、舵设备、系泊设备及其运用,侧推器的应用				
4.7.1 螺旋桨及其运用	√	√	√	√
4.7.2 舵设备及其运用	√	√	√	√
4.7.3 系泊设备及其运用	√	√	√	√
4.7.4 侧推器的应用	√	√	√	√
4.8 靠离泊作业方法				
4.8.1 靠泊前的准备工作	√	√		
4.8.2 靠泊操纵要领及其注意事项	√	√		
4.8.3 尾系泊的操纵方法及其注意事项	√	√		
4.8.4 离泊前的准备工作	√	√		
4.8.5 离泊操纵要领及其注意事项	√	√		
4.8.6 缆绳系离浮筒的准备工作	√	√		
4.8.7 锚链系离浮筒的准备工作	√	√		
4.8.8 系浮筒的操纵要领及其注意事项	√	√		
4.8.9 离浮筒的操纵要领及其注意事项	√	√		
4.8.10 船舶并靠的操纵要领和注意事项	√	√		
4.9 锚设备及其运用				
4.9.1 锚设备	√	√	√	√
4.9.2 锚地选择方法	√	√		

续表

考试大纲	适用对象			
	9101	9102	9103	9104
4.9.3 各种环境条件下锚泊作业方法	√	√	√	√
4.10 走锚、锚链绞缠等处置方法				
4.10.1 单锚泊船的偏荡、缓解偏荡的方法	√	√	√	√
4.10.2 走锚的判断及应急措施	√	√	√	√
4.10.3 锚链绞缠清解	√	√	√	√
4.11 船舶进出船坞、船闸等操纵方法				
4.11.1 船舶进出船坞的操纵方法及注意事项	√	√	√	√
4.11.2 船舶进出船闸的操纵方法及注意事项	√	√	√	√
4.12 大型船舶操纵				
4.12.1 大型船舶的构造特点及操纵性能特点	√		√	
4.12.2 大型船舶在受限水域操纵特点	√		√	
4.12.3 大型船舶靠泊操纵要领	√		√	
4.12.4 大型船舶离泊操纵要领	√		√	
4.12.5 大型船舶拖船配置及数量	√		√	
4.12.6 大型船舶锚泊操纵	√		√	
4.13 大风浪中的船舶操纵、避离台风操纵				
4.13.1 船舶在大风浪中航行时所遭受的危害	√	√	√	√
4.13.2 大风浪航行前的准备工作	√	√	√	√
4.13.3 大风浪中的操船方法及其注意事项	√	√	√	√
4.13.4 避离台风操纵	√	√	√	√
4.14 救助与拖带,释放与回收救助艇筏或救生筏的方法与注意事项,救助落水或救助艇筏上幸存人员的方法				
4.14.1 救助遇险船舶及实施拖带作业	√	√	√	√
4.14.2 恶劣天气下释放救助艇或救生艇筏的方法与注意事项	√	√	√	√
4.14.3 恶劣天气下回收救助艇或救生艇筏的方法和注意事项	√	√	√	√
4.14.4 救助落水人员的应急操船方法和注意事项	√	√	√	√
4.14.5 救助艇筏上幸存人员的操船方法和注意事项	√	√	√	√
4.15 冰区水域的船舶操纵				
4.15.1 进入冰区操纵	√	√	√	√
4.15.2 冰区通行操纵	√	√	√	√
4.15.3 冰困后的措施	√	√	√	√
4.15.4 破冰船护航及拖带	√	√	√	√
4.15.5 冰区锚泊、靠泊、停泊及航行注意事项	√	√	√	√
4.16 使用分道通航制和船舶交通管理区域的船舶操纵				
4.16.1 进入或离开 TSS 或 VTS 区域的准备工作	√	√	√	√
4.16.2 在分道通航制和船舶交通管理区域的船舶操纵	√	√	√	√
4.17 船舶进出港操纵				
4.17.1 港内水域特点	√	√		
4.17.2 船舶进出港操纵注意事项	√	√		

续表

考试大纲	适用对象			
	9101	9102	9103	9104
5 船舶轮机基本知识				
5.1 船舶动力装置的工作原理,包括柴油机、汽轮机和燃气机,传动装置、主机遥控系统				
5.1.1 柴油机的工作原理	√	√	√	√
5.1.2 汽轮机的工作原理(如适用)	√	√	√	√
5.1.3 燃气机的工作原理(如适用)	√	√	√	√
5.1.4 传动装置	√	√	√	√
5.1.5 主机遥控系统	√	√	√	√
5.2 船舶辅机,包括辅机组成,造水机、泵系统、舵机、发电机与配电系统、制冷与空调系统、减摇装置、污水处理装置、油水分离器、焚烧炉、甲板机械和液压系统	√	√	√	√
5.3 轮机术语、轮机值班原则与安排、载运危险品的轮机值班要求				
5.3.1 轮机术语	√	√	√	√
5.3.2 轮机值班原则与安排	√	√	√	√
5.3.3 载运危险品的轮机值班要求	√	√	√	√

船舶操纵与避碰(500总吨及以上船舶二/三副)

9105:500总吨及以上船舶二/三副

考试大纲	适用对象
	9105
1 船舶操纵	
1.1 船舶变速性能,旋回性能,航向稳定性和保向性及其影响因素	
1.1.1 变速性能	√
1.1.2 旋回性能	√
1.1.3 航向稳定性和保向性及其影响因素	√
1.2 载重量、吃水、纵倾、航速和龙骨下水深对旋回圈和冲程的影响	
1.2.1 载重量、吃水、纵倾、航速和龙骨下水深对冲程的影响	√
1.2.2 载重量、吃水、纵倾、航速和龙骨下水深对旋回圈的影响	√
1.3 船舶操纵性试验,IMO船舶操纵性衡准的基本内容	
1.3.1 船舶操纵性试验	√
1.3.2 IMO船舶操纵性衡准的基本内容	√
1.4 风对操船的影响,流对操船的影响	
1.4.1 风对操船的影响	√
1.4.2 流对操船的影响	√
1.5 救助落水人员的程序和应急操作,初始行动	
1.5.1 看到人员落水时的立即行动	√
1.5.2 驾驶台收到落水人员报告时采取的行动	√
1.5.3 救助落水人员的操船方法及注意事项	√
1.6 浅水效应及其对操船的影响,富余水深的确定	
1.6.1 浅水概念及浅水效应定义	√
1.6.2 浅水效应对操船的影响	√
1.6.3 船体下沉量及其影响	√
1.6.4 浅水区航行注意事项	√
1.6.5 富余水深的确定	√
1.7 船间效应、岸壁效应及其对操船的影响	
1.7.1 船间效应	√
1.7.2 岸壁效应及其对操船的影响	√
1.8 螺旋桨、舵设备、锚设备和系泊设备的组成、特点及使用方法	
1.8.1 螺旋桨设备的组成、特点及使用方法	√
1.8.2 舵设备的组成、特点及使用方法	√
1.8.3 系泊设备的组成、特点及使用方法	√
1.8.4 锚设备的组成、特点及使用方法	√
1.9 锚泊、系泊和系浮筒的准备工作、操作要领和注意事项,操纵用锚适用时机,适用方法和注意事项	
1.9.1 锚泊准备工作、操作要领和注意事项	√
1.9.2 系泊准备工作、操作要领和注意事项	√
1.9.3 系浮筒准备工作、操作要领和注意事项	√

续表

考试大纲	适用对象
	9105
1.9.4 操纵用锚适用时机、适用方法和注意事项	√
1.10 引水梯的布置方法和要求	√
1.11 大风浪中船舶操纵、避离台风操纵	
1.11.1 大风浪操纵	√
1.11.2 避离台风操纵	√
1.12 船舶进出港操纵	√
1.13 特殊水域操纵	
1.13.1 狭水道中的船舶操纵	√
1.13.2 桥区水域的船舶操纵	√
1.13.3 岛礁水域的船舶操纵	√
1.13.4 冰区水域的船舶操纵	√
1.13.5 使用分道通航制和船舶交通管理水域的船舶操纵	√
1.14 船舶标准锚泊、系泊、系浮筒用语	√
1.15 拖带程序、安全注意事项	
1.15.1 拖带程序	√
1.15.2 安全注意事项	√
2 操舵控制系统	
2.1 随动操舵系统的种类与基本控制原理	
2.1.1 操舵系统的种类	√
2.1.2 操舵系统的基本控制原理	√
2.1.3 自动舵系统的基本控制原理	√
2.1.4 自动舵的性能标准	√
2.2 应急控制系统的特点与使用要领	
2.2.1 应急控制系统的特点	√
2.2.2 应急控制系统的使用注意事项	√
2.3 自动舵的操舵转换方式;随动舵、自动舵、非随动舵的转换及适用的场合	√
2.4 自动舵调节旋钮的使用	
2.4.1 自动舵警报种类	√
2.4.2 自动舵旋钮调节	√
2.5 自动舵的局限性及使用注意事项	
2.5.1 自动舵局限性	√
2.5.2 自动舵使用注意事项	√
2.6 船舶标准舵令、操舵程序、操舵方法	√
3 避碰规则	
3.1 适用范围	
3.1.1 适用的水域、适用的船舶、我国的保留	√
3.1.2 可制定特殊规则的水域、制定机关与国际规则的关系	√
3.1.3 显示额外信号的船舶、制定部门、对额外信号的要求	√
3.1.4 特殊构造或用途的船舶特殊信号规定与要求	√

续表

考试大纲	适用对象
	9105
3.1.5 分道通航制水域适用的相关避碰规定	√
3.2 责任：适用对象，疏忽种类，背离规则的条件、目的和注意事项	
3.2.1 适用对象	√
3.2.2 疏忽种类	√
3.2.3 背离规则的条件	√
3.2.4 背离规则的目的	√
3.2.5 背离规则时的注意事项	√
3.3 一般定义：船舶、机动船、帆船、从事捕鱼的船舶、限于吃水的船舶、失去控制的船舶、操纵能力受到限制的船舶、在航、船舶的长度和宽度、水上飞机、互见、能见度不良和地效船十三个名词的定义	
3.3.1 船舶、机动船、帆船、从事捕鱼船、水上飞机和地效船	√
3.3.2 限于吃水船、失去控制的船舶、操纵能力受到限制的船舶	√
3.3.3 在航、长度和宽度	√
3.3.4 互见、能见度不良	√
3.4 号灯与号型：基础知识、各类船舶号灯与号型的显示与识别	
3.4.1 基础知识	√
3.4.2 在航机动船应显示的号灯号型	√
3.4.3 拖带与顶推应显示的号灯号型	√
3.4.4 在航帆船应显示的号灯号型	√
3.4.5 从事捕鱼的船舶应显示的号灯号型	√
3.4.6 相互临近处捕鱼的渔船额外信号	√
3.4.7 失去控制的船舶应显示的号灯号型	√
3.4.8 操纵能力受到限制的船舶应显示的号灯号型	√
3.4.9 限于吃水的船舶应显示的号灯号型	√
3.4.10 从事引航任务的船舶应显示的号灯号型	√
3.4.11 锚泊船应显示的号灯号型	√
3.4.12 搁浅船应显示的号灯号型	√
3.5 声响与灯光信号：基础知识、信号种类、适用、使用方法和注意事项	
3.5.1 基础知识	√
3.5.2 信号种类	√
3.5.3 各信号的适用情况	√
3.5.4 声响与灯光信号的使用方法	√
3.5.5 使用声响与灯光信号时的注意事项	√
3.6 瞭望：适用范围与目的、瞭望人员与手段	
3.6.1 适用范围与目的	√
3.6.2 瞭望人员	√
3.6.3 瞭望的手段	√
3.7 安全航速：含义与要求、决定因素	
3.7.1 安全航速的含义与要求	√

续表

考试大纲	适用对象 9105
3.7.2 确定安全航速应考虑的因素	√
3.8 碰撞危险:判断原则、手段与方法,雷达的正确使用,雷达标绘及其相当的系统观察方法,罗经方位法使用注意事项	
3.8.1 判断碰撞危险的原则	√
3.8.2 判断碰撞危险的手段与方法	√
3.8.3 雷达的正确使用	√
3.8.4 雷达标绘以及与雷达标绘相当的系统观察	√
3.8.5 罗经方位判断碰撞危险时应注意的问题	√
3.9 避免碰撞的行动:时机、幅度和效果,避让有效性查核要求,减速或把船停住的时机与要求,本船转向与变速避让效果及 CPA 和 TCPA 的变化规律,不应妨碍的责任与行动要求,不应妨碍的船舶与不应被妨碍的船舶之间的责任关系	
3.9.1 避碰行动的时机要求	√
3.9.2 避碰行动的幅度要求	√
3.9.3 避碰行动的效果要求	√
3.9.4 查核避让行动的有效性	√
3.9.5 减速或把船停住的时机与要求	√
3.9.6 本船转向与变速避让效果及 CPA 和 TCPA 的变化规律	√
3.9.7 不应妨碍的责任与行动要求	√
3.9.8 不应妨碍的船舶与不应被妨碍的船舶之间的责任关系	√
3.10 狭水道:狭水道与航道的定义,适用范围,航行原则,不应妨碍的义务,狭水道航行注意事项	
3.10.1 狭水道与航道的定义	√
3.10.2 狭水道条款的适用范围	√
3.10.3 狭水道的航行原则	√
3.10.4 不应妨碍的船舶的义务	√
3.10.5 狭水道航行的注意事项	√
3.11 分道通航制:分道通航制和沿岸通航带定义及组成,适用范围,与规则其他条款的关系,使用分道通航制和沿岸通航带的原则,穿越分道通航制的航法,进入分隔带或分隔线的规定,应特别谨慎航行的区域,避免锚泊,不应妨碍的规定,免受约束的船舶	
3.11.1 分道通航制和沿岸通航带定义及组成	√
3.11.2 分道通航制条款的适用范围	√
3.11.3 与规则其他条款的关系	√
3.11.4 使用分道通航制和沿岸通航带的原则	√
3.11.5 穿越分道通航制的航法	√
3.11.6 进入分隔带或分隔线的规定	√
3.11.7 应特别谨慎航行的区域	√
3.11.8 避免锚泊	√
3.11.9 不应妨碍的规定	√
3.11.10 免受约束的船舶	√

续表

考试大纲	适用对象
	9105
3.12 帆船条款:适用范围、避让责任和行动	√
3.13 追越局面:适用范围,构成要件,局面特点,避让责任与行动,与其他条款的关系	
3.13.1 适用范围	√
3.13.2 追越局面构成要件	√
3.13.3 追越局面的特点	√
3.13.4 避让责任与行动	√
3.13.5 追越条款与规则其他条款之间的关系	√
3.14 对遇局面:适用范围,构成要件,局面特点,避让责任与行动,危险对遇的理解及避让特点	
3.14.1 适用范围	√
3.14.2 对遇局面构成要件	√
3.14.3 对遇局面的特点	√
3.14.4 避让责任与行动	√
3.14.5 危险对驶局面的理解及避让特点	√
3.15 交叉相遇局面:适用范围,构成要件,局面特点,避让责任与行动	
3.15.1 适用范围	√
3.15.2 交叉相遇局面的构成要件	√
3.15.3 交叉相遇局面的特点	√
3.15.4 避让责任与行动	√
3.16 让路船的行动:让路责任的确定,避让原则	
3.16.1 让路责任的确定	√
3.16.2 避让原则	√
3.17 直航船的行动:直航船定义,保向保速的含义及适用时机,可独自采取行动的时机及注意事项,采取最有助于避碰行动的时机及注意事项,让路船的责任	
3.17.1 直航船的含义	√
3.17.2 保向保速的含义及适用时机	√
3.17.3 可独自采取避让行动的时机及行动的注意事项	√
3.17.4 应采取最有助于避碰行动的时机及行动的注意事项	√
3.17.5 让路船的责任	√
3.18 船舶之间的责任:确定船舶之间责任的原则,与其他条款之间的关系以及互见中让路责任的确定,机动船、帆船以及从事捕鱼的船舶与其他船舶之间的责任,限于吃水的船舶与其他船舶之间的责任,水上飞机与其他船舶之间的责任,地效船与其他船舶之间的责任	
3.18.1 确定船舶之间责任的原则	√
3.18.2 与其他条款之间的关系以及互见中让路责任的确定	√
3.18.3 机动船与其他船之间的责任	√
3.18.4 帆船与其他船之间的责任	√
3.18.5 从事捕鱼船与其他船之间的责任	√
3.18.6 限于吃水的船舶与其他船之间的责任	√

续表

考试大纲	适用对象 9105
3.18.7 水上飞机与其他船之间的责任	√
3.18.8 地效船与其他船之间的责任	√
3.19 能见度不良时的行动规则：一般规定，避让行动规定	
3.19.1 一般规定	√
3.19.2 避让行动规定	√
4 航行值班	
4.1 航行值班中基本原则的内容、应用和意图	
4.1.1 保持安全值班的意图	√
4.1.2 值班人员的值班时间的强制性标准及 STCW 规则为防止疲劳作出的指导性意见	√
4.1.3 值班安排的总体要求	√
4.2 驾驶台瞭望的要求	
4.2.1 值班驾驶员作为唯一瞭望人员的条件(瞭望人员)	√
4.2.2 为保持正规瞭望值班安排应考虑的因素(驾驶台瞭望要求)	√
4.3 驾驶台交接班的有关要求	
4.3.1 交班驾驶员应注意的事项	√
4.3.2 接班驾驶员应注意的事项	√
4.4 船舶航行、操纵和避让行动的有关要求	
4.4.1 助航仪器的使用、定期检查	√
4.4.2 使用雷达	√
4.4.3 使用主机和施放声响信号设备	√
4.4.4 自动舵的使用	√
4.4.5 沿岸航行	√
4.4.6 在良好天气中的值班	√
4.4.7 通知船长的时机	√
4.4.8 引航员在船(引航员在船时驾驶员的职责)	√
4.4.9 能见度不良值班(特殊情况下的操纵和避让行动的要求)	√
4.5 船舶在锚泊时驾驶值班人员的职责	√
4.6 船舶港内以及装卸危险品时驾驶值班人员的职责	
4.6.1 港内值班职责	√
4.6.2 装卸危险品时值班职责	√
4.7 渔区航行与避让	
4.7.1 渔场知识	√
4.7.2 渔船种类与作业特点	√
4.7.3 渔船避让要点	√
4.8 船舶内部通信设备和船舶报警系统及使用方法	√
4.9 船舶常规指令	√
4.10 主要航海国家的国旗、常见国际信号旗及船舶挂旗方法	√
5 搜寻与救助	

续表

考试大纲	适用对象
	9105
5.1 搜救组织	√
5.2 遇险和应急信号的判明	√
5.3 搜寻基点和最可能区域的确定方法	√
5.4 搜寻方式	√
5.5 救助落水人员的程序和应急操作	
5.5.1 救助落水人员的程序	√
5.5.2 救助落水人员的应急操作	√
6 应急反应	
6.1 抢滩程序、操作和注意事项	
6.1.1 抢滩程序、操作	√
6.1.2 抢滩注意事项	√
6.2 搁浅前应采取的应急操船措施,危害及损害的评估和控制,搁浅后应采取的措施和脱浅方法及脱浅拉力的估算	
6.2.1 搁浅前应采取的应急操船措施	√
6.2.2 搁浅危害及损害的评估和控制	√
6.2.3 搁浅后应采取的措施	√
6.2.4 脱浅方法及脱浅拉力的估算	√
6.3 碰撞前、后应采取的应急操船措施,碰撞后损害的评估和应变部署,碰撞后续航、抢滩或弃船时的注意事项	
6.3.1 碰撞前应采取的应急操船措施	√
6.3.2 碰撞后应采取的应急操船措施	√
6.3.3 碰撞后损害的评估和应变部署	√
6.3.4 碰撞后续航、抢滩或弃船时的注意事项	√
6.3.5 堵漏器械和堵漏方法	√
6.4 协助遇险船舶措施,包括应急通信的建立,应急拖带前的准备工作,拖缆要求及布置,拖带过程中的船舶操纵及拖缆检查,解缆程序及注意事项;应急拖缆配置和布置要求	
6.4.1 应急拖带前的准备工作	√
6.4.2 拖缆要求及布置(应急拖缆配置和布置要求)	√
6.4.3 拖带过程中的船舶操纵及拖缆检查	√
6.4.4 解缆程序及注意事项	√
6.4.5 应急通信的建立	√
7 驾驶台资源管理	
7.1 驾驶台资源管理概念、作用与目的	
7.1.1 驾驶台资源管理概念	√
7.1.2 驾驶台资源管理作用与目的	√
7.2 驾驶台资源的组成、分配与排序	√
7.3 驾驶台组织结构及职责	√

续表

考试大纲	适用对象 9105
7.4 通信与沟通的定义、方式及特点,有效沟通的原则,与引航员沟通要点,通信与沟通障碍及改进方法	
7.4.1 通信与沟通的定义、方式及特点	√
7.4.2 有效沟通的原则	√
7.4.3 与引航员沟通要点	√
7.4.4 通信与沟通障碍及改进方法	√
7.5 决策的概念、特点、主要类型、决策的过程与要点	
7.5.1 决策的概念、特点	√
7.5.2 决策的主要类型	√
7.5.3 决策的过程与要点	√
7.6 领导力的含义与作用,领导的类型与风格,船舶领导力	
7.6.1 领导力的含义与作用	√
7.6.2 领导的类型与风格	√
7.6.3 船舶领导力	√
7.7 情景意识含义、组成,情景意识丧失的征兆,提高情景意识水平的途径,保持良好的情景意识	
7.7.1 情景意识含义	√
7.7.2 情景意识组成	√
7.7.3 情景意识丧失的征兆	√
7.7.4 提高情景意识水平的途径	√
7.7.5 保持良好的情景意识	√
8 用视觉信号发出和接收信息	
8.1 国际信号规则	
8.1.1 主要的国际信号旗	√
8.1.2 旗意的解释	√
8.1.3 代旗的正确使用	√
8.1.4 当信号不明白时,应采取的行动	√
8.1.5 如何终止信号的显示	√
8.1.6 所列的信号名字,说出其明语意思	√
8.1.7 识别信号的使用	√
8.1.8 带补充码的单字母信号的用法	√
8.1.9 信号的组成	√
8.1.10 补充码和补充表的使用	√
8.1.11 单字母信号的意思	√
8.1.12 破冰船与被援助船之间的单字母信号	√
8.1.13 国际信号规则中的遇险信号	√
8.2 莫尔斯信号通信	
8.2.1 并会区分 Morse 信号中的数字和字母	√
8.2.2 用闪光灯收发遇险信号 SOS	√

续表

考试大纲	适用对象
	9105
8.2.3 声响信号中的推荐信号	√
8.2.4 仅在符合《国际海上避碰规则》的要求中所示的单字母信号	√

船舶操纵与避碰(未满500总吨船舶)

9107:未满500总吨船舶船长
9108:未满500总吨船舶大副
9109:未满500总吨船舶二/三副

考试大纲	适用对象		
	9107	9108	9109
1 船舶操纵和操作小船动力装置			
1.1 船舶变速性能、旋回性能、航向稳定性和保向性			
1.1.1 船舶变速性能	√	√	√
1.1.2 旋回性能	√	√	√
1.1.3 航向稳定性和保向性	√	√	√
1.2 船舶操纵性试验、IMO船舶操纵性衡准的基本内容			
1.2.1 船舶操纵性试验	√		
1.2.2 IMO船舶操纵性衡准的基本内容	√		
1.3 风对操船的影响、流对操船的影响			
1.3.1 风对操船的影响	√	√	√
1.3.2 流对操船的影响	√	√	√
1.4 浅水效应及其对操船的影响、富余水深的确定			
1.4.1 浅水效应及其对操船的影响	√	√	√
1.4.2 富余水深的确定	√	√	√
1.5 锚泊、系泊和系浮筒的准备工作、操作要领和注意事项,操纵用锚适用时机、适用方法和注意事项			
1.5.1 锚泊准备工作	√		
1.5.2 锚泊操作要领和注意事项	√		
1.5.3 系泊准备工作	√		
1.5.4 系泊操作要领和注意事项	√		
1.5.5 系浮筒的准备工作	√		
1.5.6 系离浮筒操作要领和注意事项	√		
1.5.7 操纵用锚适用时机,使用方法和注意事项	√		
1.6 引水梯布置要求	√	√	√
1.7 小船动力装置工作原理与操作			
1.7.1 船舶动力装置的组成、类型	√	√	√
1.7.2 柴油机的类型及工作原理	√	√	√
1.7.3 动力装置的操作(备车、机动操纵管理、运转中的管理、经济航速、到港前及完车后的操作)	√	√	√
1.8 辅机种类与操作			
1.8.1 辅机种类	√	√	√
1.8.2 辅机的操作	√	√	√
2 海上避碰规则			

续表

考试大纲	适用对象		
	9107	9108	9109
2.1 一般定义:船舶、机动船、帆船、从事捕鱼的船舶、限于吃水的船舶、失去控制的船舶、操纵能力受到限制的船舶、在航、船舶的长度和宽度、水上飞机、互见、能见度不良和地效船十三个名词的定义			
2.1.1 船舶、机动船、帆船、水上飞机、地效船		√	√
2.1.2 从事捕鱼船、限于吃水船、失去控制的船舶、操纵能力受到限制的船舶		√	√
2.1.3 在航、长度和宽度		√	√
2.1.4 互见、能见度不良		√	√
2.2 号灯与号型:基础知识、各类船舶号灯与号型的显示与识别			
2.2.1 基础知识	√	√	√
2.2.2 在航机动船号灯与号型的显示与识别	√	√	√
2.2.3 拖带与顶推船号灯与号型的显示与识别	√	√	√
2.2.4 在航帆船号灯与号型的显示与识别	√	√	√
2.2.5 从事捕鱼的船舶号灯与号型的显示与识别	√	√	√
2.2.6 相互临近处捕鱼的渔船额外信号显示与识别	√	√	√
2.2.7 失去控制的船舶号灯与号型的显示与识别	√	√	√
2.2.8 操纵能力受到限制的船舶号灯与号型的显示与识别	√	√	√
2.2.9 限于吃水的船舶号灯与号型的显示与识别	√	√	√
2.2.10 从事引航任务的船舶号灯与号型的显示与识别	√	√	√
2.2.11 锚泊船号灯与号型的显示与识别	√	√	√
2.2.12 搁浅船号灯与号型的显示与识别	√	√	√
2.2.13 地效船和水上飞机号灯与号型的显示与识别	√	√	√
2.3 声响与灯光信号:基础知识、信号种类、适用、使用方法和注意事项			
2.3.1 基础知识		√	√
2.3.2 信号种类、适用、使用方法和注意事项		√	√
2.4 瞭望:适用范围与目的、瞭望人员与手段			
2.4.1 适用范围与目的	√	√	√
2.4.2 瞭望人员	√	√	√
2.4.3 瞭望手段	√	√	√
2.5 安全航速:含义与要求、决定因素			
2.5.1 安全航速含义与要求	√	√	√
2.5.2 安全航速决定因素	√	√	√
2.6 碰撞危险:判断原则、手段与方法,雷达正确使用,雷达标绘及其相当的系统观察方法,罗经方位法使用注意事项			
2.6.1 碰撞危险:判断原则	√	√	√
2.6.2 碰撞危险手段与方法	√	√	√
2.6.3 雷达正确使用	√	√	√
2.6.4 雷达标绘及其相当的系统观察方法	√	√	√
2.6.5 罗经方位法使用注意事项	√	√	√

续表

考试大纲	适用对象		
	9107	9108	9109
2.7 避免碰撞的行动:时机、幅度和效果,避让有效性查核要求,减速或把船停住的时机与要求,本船转向与变速避让效果及 CPA 和 TCPA 的变化规律,不应妨碍的责任与行动要求,不应妨碍的船舶与不应被妨碍的船舶之间的责任关系			
2.7.1 避免碰撞的行动的时机	√	√	√
2.7.2 避免碰撞的行动的幅度	√	√	√
2.7.3 避免碰撞的行动的效果	√	√	√
2.7.4 避让有效性查核要求	√	√	√
2.7.5 减速或把船停住的时机与要求	√	√	√
2.7.6 本船转向与变速避让效果及 CPA 和 TCPA 的变化规律	√	√	√
2.7.7 不应妨碍的责任与行动要求	√	√	√
2.7.8 不应妨碍的船舶与不应被妨碍的船舶之间的责任关系	√	√	√
2.8 狭水道条款:狭水道与航道的定义,适用范围,航行原则,不应妨碍的义务,狭水道航行注意事项			
2.8.1 狭水道与航道的定义	√	√	√
2.8.2 狭水道适用范围	√	√	√
2.8.3 狭水道的航行原则	√	√	√
2.8.4 不应妨碍的船舶的义务	√	√	√
2.8.5 狭水道航行的注意事项	√	√	√
2.9 分道通航制条款:分道通航制和沿岸通航带定义及组成,适用范围,与规则其他条款的关系,使用分道通航制和沿岸通航带的原则,穿越分道通航制的航法,进入分隔带或分隔线的规定,应特别谨慎航行的区域,避免锚泊,不应妨碍的规定,免受约束的船舶			
2.9.1 分道通航制和沿岸通航带定义及组成		√	√
2.9.2 分道通航制适用范围、与规则其他条款的关系		√	√
2.9.3 使用分道通航制和沿岸通航带的原则		√	√
2.9.4 穿越分道通航制的航法		√	√
2.9.5 进入分隔带或分隔线的规定		√	√
2.9.6 应特别谨慎航行的区域		√	√
2.9.7 避免锚泊		√	√
2.9.8 不应妨碍的规定		√	√
2.9.9 免受约束的船舶		√	√
2.10 帆船条款:适用范围、避让责任和行动		√	√
2.11 追越局面:适用范围,构成要件,局面特点,避让责任与行动,与其他条款的关系			
2.11.1 适用范围	√	√	√
2.11.2 追越局面构成要件	√	√	√
2.11.3 追越局面的特点	√	√	√
2.11.4 避让责任与行动	√	√	√

续表

考试大纲	适用对象		
	9107	9108	9109
2.11.5 追越条款与规则其他条款之间的关系	√	√	√
2.12 对遇局面:适用范围,构成要件,局面特点,避让责任与行动,危险对遇的理解及避让特点			
2.12.1 适用范围	√	√	√
2.12.2 对遇局面构成要件	√	√	√
2.12.3 对遇局面的特点	√	√	√
2.12.4 避让责任与行动	√	√	√
2.12.5 危险对驶局面的理解及避让特点	√	√	√
2.13 交叉相遇局面:适用范围,构成要件,局面特点,避让责任与行动			
2.13.1 适用范围	√	√	√
2.13.2 交叉相遇局面的构成要件	√	√	√
2.13.3 交叉相遇局面的特点	√	√	√
2.13.4 避让责任与行动	√	√	√
2.14 让路船的行动:让路责任的确定,避让原则			
2.14.1 让路责任的确定	√	√	√
2.14.2 避让原则	√	√	√
2.15 直航船的行动:直航船定义,保向保速的含义及适用时机,可独自采取行动的时机及注意事项,采取最有助于避碰行动的时机及注意事项,让路船的责任			
2.15.1 直航船定义	√	√	√
2.15.2 保向保速的含义及适用时机	√	√	√
2.15.3 可独自采取行动的时机及注意事项	√	√	√
2.15.4 采取最有助于避碰行动的时机及注意事项	√	√	√
2.15.5 让路船的责任	√	√	√
2.16 船舶之间的责任:确定船舶之间责任的原则,与其他条款之间的关系以及互见中让路责任的确定,机动船、帆船以及从事捕鱼船与其他船舶之间的责任,限于吃水的船舶与其他船舶之间的责任,水上飞机与其他船舶之间的责任,地效船与其他船舶之间的责任			
2.16.1 确定船舶之间责任的原则	√	√	√
2.16.2 与其他条款之间的关系以及互见中让路责任的确定	√	√	√
2.16.3 机动船与其他船之间的责任	√	√	√
2.16.4 帆船与其他船之间的责任	√	√	√
2.16.5 从事捕鱼船与其他船之间的责任	√	√	√
2.16.6 限于吃水的船舶与其他船之间的责任	√	√	√
2.16.7 水上飞机与其他船之间的责任	√	√	√
2.16.8 地效船与其他船之间的责任	√	√	√
2.17 能见度不良时的行动规则:一般规定,避让行动规定			
2.17.1 一般规定	√	√	√
2.17.2 避让行动规定	√	√	√

续表

考试大纲	适用对象		
	9107	9108	9109
2.18 责任:适用对象,疏忽种类,背离规则的条件、目的和注意事项			
2.18.1 适用对象	√	√	
2.18.2 疏忽种类	√	√	
2.18.3 背离规则的条件	√	√	
2.18.4 背离规则的目的	√	√	
2.18.5 背离规则的注意事项	√	√	
3 值班原则			
3.1 航行值班中基本原则的内容、应用和意图			
3.1.1 适于值班的条件		√	√
3.1.2 值班安排和应遵循的原则,包括持证、航次计划、海上值班等		√	√
3.2 驾驶台值班驾驶员承担的责任及要求	√	√	√
3.3 驾驶台瞭望的要求			
3.3.1 驾驶台瞭望的目的		√	√
3.3.2 驾驶台单人瞭望的条件		√	√
3.4 驾驶台交接班的有关要求			
3.4.1 对交班驾驶员的有关要求	√	√	√
3.4.2 对接班驾驶员的有关要求	√	√	√
3.5 船舶航行、操纵和避让行动的有关要求			
3.5.1 助航仪器的使用、定期检查		√	√
3.5.2 通知船长的时机		√	√
3.5.3 引航员在船时驾驶员的职责		√	√
3.5.4 特殊情况下的操纵和避让行动的要求		√	√
3.6 船舶在锚泊时驾驶台人员的职责	√	√	√
3.7 船舶港内以及装卸危险品时驾驶员的职责	√	√	√
4 自动舵的使用			
4.1 应急控制系统的特点与使用要领	√	√	√
4.2 自动舵的操舵转换方式:自动、随动和非随动的转换及适用场合	√	√	√
4.3 自动舵调节旋钮的使用	√	√	√
4.4 使用自动舵的注意事项	√	√	√
5 应急反应			
5.1 抢滩程序、操作和注意事项	√		
5.2 搁浅前应采取的应急操船措施,危害及损害的评估和控制,搁浅后应采取的措施和脱浅方法及脱浅拉力的估算			
5.2.1 搁浅前应采取的应急操船措施	√	√	√
5.2.2 搁浅的危害及损害的评估和控制	√	√	
5.2.3 搁浅后应采取的措施	√	√	
5.2.4 脱浅方法及脱浅拉力的估算	√	√	
5.3 碰撞前、后应采取的应急操船措施,碰撞后损害的评估和应变部署,碰撞后续航、抢滩或弃船时的注意事项			

续表

考试大纲	适用对象		
	9107	9108	9109
5.3.1 碰撞前应采取的应急操船措施	√	√	√
5.3.2 碰撞后应采取的应急操船措施	√	√	√
5.3.3 碰撞后损害的评估和应变部署	√	√	
5.3.4 碰撞后续航、抢滩或弃船时的注意事项	√	√	
5.4 应急操舵,包括应急舵转换,操舵方法,驾驶台与舵机间通信等			
5.4.1 应急舵转换,驾驶台与舵机间通信	√	√	
5.4.2 应急舵操舵方法	√	√	
5.5 应急拖带前的准备工作,拖缆要求及布置,拖带过程中的船舶操纵及拖缆检查,解缆程序及注意事项			
5.5.1 应急拖带前的准备工作,拖缆要求及布置	√	√	
5.5.2 拖带过程中的船舶操纵及拖缆检查,解缆程序及注意事项	√		
6 对海上遇险信号的反应			
6.1 搜救组织	√	√	√
6.2 遇险和应急信号的判明(避碰规则第三十七条遇险信号)	√	√	√
6.3 搜寻基点和最可能区域的确定方法			
6.3.1 收到遇险信号后应立即采取的行动	√	√	√
6.3.2 赴援途中应采取的行动及驶近现场搜寻	√	√	√
6.3.3 确定搜寻基点和最可能区域	√	√	√
6.4 搜寻方式	√	√	√
6.5 救助落水人员的程序和应急操作			
6.5.1 看到人员落水时的立即行动	√	√	√
6.5.2 救助遇难船舶落水人员	√	√	√
6.5.3 救助落水人员的操船方法及注意事项	√	√	√

附录二 《海船船员适任评估大纲》(2022 版)(适任实操评估篇)

第一部分 船长及甲板部船员

船舶操纵、避碰与驾驶台资源管理(船长/大副)

考试大纲	适用对象			
	3 000 总吨及以上船长	500~3 000 总吨船长	3 000 总吨及以上大副	500~3 000 总吨大副
1 在各种条件下操纵和操作船舶				
1.1 船舶操纵性能	√	√	√	√
1.2 能见度不良			√	√
1.3 受限水域			√	√
1.4 VTS 控制区域			√	√
1.5 冰区航行			√	√
1.6 接送引航员操纵	√	√		
1.7 旋回试验	√	√		
1.8 冲程试验	√	√		
1.9 锚泊作业	√	√	√	√
1.10 靠离泊作业	√	√		
2 确立值班安排和程序				
2.1 能根据 MLC 和 STCW 国际公约进行有效的值班安排	√	√		
2.2 VDR 与 S-VDR 操作			√	
2.3 BNWAS 操作	√	√	√	√
2.4 碰撞事故案例分析	√	√	√	
3 驾驶台资源管理(BRM)				
3.1 协调搜寻和救助行动				
3.1.1 能根据遇险性质和外部环境制订正确的搜救协调计划	√	√		
3.1.2 能根据险情协助船长制订正确的搜救协调计划			√	√
3.1.3 能根据有关信息确定搜寻基点,按照正确的搜寻方式进行搜寻	√	√	√	√
3.1.4 协调各搜救船舶	√	√		
3.1.5 人员落水时能采用正确合理的方式接近落水人员并进行救助	√	√	√	√

续表

考试大纲	适用对象			
	3 000 总吨及以上船长	500~3 000 总吨船长	3 000 总吨及以上大副	500~3 000 总吨大副
3.1.6 能与遇险船舶、各搜救船舶、岸基等进行有效的沟通与协调	√	√	√	√
3.1.7 能与飞机进行有效的沟通与协调	√	√		
3.2 使用有助于指挥决策的从导航设备和系统获得的信息,以保持航行安全				
3.2.1 能够使用各种导航信息保持航行安全	√	√		
3.2.2 搜救计划与协调训练	√	√		
3.2.3 各种导航系统的操作控制			√	√
3.2.4 目标跟踪标绘操作应用			√	√
3.2.5 使用各种系统(包括 ARPA/TT/AIS/ECDIS)导航信息保持航行安全与盲航训练			√	√
3.3 通过使用协助指挥决策的 ECDIS 和关联导航系统,以保持航行安全				
3.3.1 计划航线检查与审核	√	√		
3.3.2 航行监控功能查验与应急处理	√	√		
3.3.3 关联导航系统的显示与处理	√	√		
3.3.4 电子海图误差、故障及风险识别	√	√		
3.4 航行中的应急反应				
3.4.1 各种船舶应急反应演练	√	√		
3.4.2 能进行实船应急拖带功率的估算	√	√		
3.4.3 能进行操舵方式转换并能进行应急操舵;			√	√
3.4.4 能进行各种应急反应训练(包括碰撞、搁浅、溢油、失控(舵机故障、主机故障、失电)、救助落水人员)			√	√
3.5 根据航次计划引导航行(船上实习或实验室)				
3.5.1 能够根据具体的航次指令制订航次计划			√	√
3.5.2 能制定各种航行条件下对应的航行安全措施,并充分考虑到所在海域的航行条件			√	√
3.5.3 分道通航制、VTS 区域航行规定和船舶报告程序			√	√
3.6 航行及其监控(模拟器训练)				
3.6.1 狭水道航行			√	√
3.6.2 沿岸航行			√	√
3.6.3 分道通航制区域航行			√	√
3.6.4 VTS 区域航行			√	√
3.6.5 能见度不良时的航行			√	√
3.6.6 潮汐影响大的区域航行			√	√
3.6.7 大风浪航行			√	√

续表

考试大纲	适用对象			
	3 000 总吨及以上船长	500~3 000 总吨船长	3 000 总吨及以上大副	500~3 000 总吨大副
3.6.8 航海日志记载和航次记录			√	√
3.7 定位和确定各种定位方法获取的最终船位的精度	√	√		
3.8 保持船舶、船员和旅客的安全、保安及救生、消防和其他安全系统的工作状态				
3.8.1 能正确发出各种演习信号	√	√		
3.8.2 能正确识别和判断各种演习信号			√	√
3.8.3 能熟知各种应急准备内容与流程	√	√	√	√
3.8.4 能正确指挥和协调各种应急	√	√		
3.8.5 能携带任务分工的使用设备或器材及时赶往现场待命			√	√
3.8.6 能正确和有效完成应急任务	√	√		
3.8.7 能正确和有效完成指定任务			√	√
3.9 制订应急和损害控制计划并处置紧急情况				
3.9.1 能制订和审核应急反应计划	√	√		
3.9.2 能协助船长制订应急反应计划			√	√
3.9.3 破损控制图和水密装置的关闭操作	√	√	√	√
3.9.4 消防员装备的放置，能正确使用。消防设备的配置及布置，防火控制图，能指挥和参与消防演习	√	√	√	√
3.9.5 能根据救生艇筏进行配员，救生艇筏的布置与存放；指挥和参与救生艇筏的降落与登乘，安排并指挥救生应急训练与演习	√	√	√	√

船舶操纵、避碰与驾驶台资源管理(二/三副)

考试大纲	适用对象 500 总吨及以上二/三副
1 船舶操纵	
1.1 操舵控制系统	
1.1.1 自动舵的三种操舵转换方式	√
1.1.2 自动、随动和非随动三种操舵方式各自的使用时机	√
1.1.3 自动舵各功能调节旋钮的正确使用方法	√
1.1.4 按照操作程序在驾驶台操舵	√
1.1.5 在舵机房应急操舵	√
1.2 操纵船舶	
1.2.1 能够使用正确的撇缆方法辅助靠、离泊及拖带作业	√
1.2.2 能够正确完成系离泊作业	√
1.2.3 能够正确完成系、离浮筒作业	√
2《1972 年国际海上避碰规则》的内容、应用和意图的全面知识	
2.1 号灯号型识别及运用	√
2.2 灯光声响信号识别及运用	√
2.3 瞭望的基本手段和方法	√
2.4 正确判断船舶的会遇态势和局面	√
2.5 理解“早、大、宽、清”的含义,并根据该原则采取适当的避碰行动	√
2.6 正确应用狭水道、分道通航制水域的航行和避让原则	√
2.7 理解和应用能见度不良时的行动原则	√
2.8 防碰撞、防海损时的技巧:慢、准、稳,适时使用舵、车、声号等手段	√
3 驾驶台资源管理(BRM)	
3.1 使用来自导航设备的信息保持安全航行值班	
3.1.1 利用从各导航设备中获取有用的信息,做出正确的判断,采取有效的行动。(防止出现信息过载及获取不足、判断不准、行动不力的问题)	√
3.2《船舶报告制的一般原则》和 VTS 程序使用报告制	
3.2.1 能进行规定的船舶报告	√
3.2.2 能按定线制规定安全航行	√
3.3 驾驶台资源管理综合训练	
3.3.1 各种特殊条件下的操船训练(各种紧急情况、限制水域、恶劣天气海况等)	√
3.3.2 各种局面的和环境条件下的船舶避让训练	√
3.3.3 船舶内外各种资源的综合运用训练	√
3.4 应急反应	
3.4.1 不明的船舶搁浅的应急操船	√
3.4.2 船舶碰撞前的应急操船	√
3.5 对海上遇险信号的反应	
3.5.1 能立即判明遇险和应急信号	√
3.5.2 能根据有关信息确定搜寻基点,并按照正确的搜寻方式进行搜寻	√

续表

考试大纲	适用对象 500总吨及以上二/三副
3.5.3 有人落水时能立即采取正确的应急初始行动，能采用正确合理的方式接近落水人员并进行救助	√
3.6 监督遵守法定要求	
3.6.1 按规定记载航海日志	√
3.7 计划并引导航行和定位	
3.7.1 能正确识别和选取可用于船舶定位的陆标和航标	√
3.7.2 能准确测定物标的方位和距离	√
3.7.3 正确在海图上绘画船位线并确定观测船位	√
3.7.4 准确评价观测船位的精度	√
3.7.5 能正确识别并使用各种助航标志	√
3.7.6 根据资料或观测准确估计外界风、流(包括潮流)参数	√
3.7.7 根据风、流和船速参数进行航迹推算	√
3.7.8 能用正确的方法测定风流合压差	√
3.8 航行值班中应遵守的原则的全面知识	
3.8.1 能正确使用《驾驶台程序指南》，保障值班秩序	√
3.8.2 能正确使用船上内部通信设备	√
3.8.3 能使用工作语言就有关值班职责的事宜与其他值班船员进行沟通	√
3.8.4 能按照要求正确识别和升降主要航海国家的国旗和常见信号旗	√

船舶操纵、避碰与驾驶台资源管理(未满 500 总吨)

考试大纲	适用对象		
	未满 500 总吨船长	未满 500 总吨大副	未满 500 总吨二/三副
1 船舶操纵			
1.1 自动操舵			
1.1.1 自动舵的三种操舵转换方式和使用时机	√	√	√
1.1.2 自动舵各功能调节旋钮的正确使用方法	√	√	√
1.1.3 自动、随动和非随动三种操舵方式各自的使用时机			√
1.2 操纵船舶			
1.2.1 船舶系泊操作训练	√		
1.2.2 船舶锚泊操作训练	√		
1.3 应急反应			
1.3.1 船舶碰撞应急反应训练	√	√	√
1.3.2 船舶搁浅应急反应训练	√	√	
1.3.3 船舶搁浅初始应急反应			√
1.3.4 船舶失控(主机故障、舵机故障、失电等)应急反应训练	√	√	√
2《1972 年国际海上避碰规则》的内容、应用和意图的全面知识			
2.1 号灯号型识别及运用			√
2.2 灯光声响信号识别及运用			√
2.3 对遇、交叉、追越等局面的判断及采取相应行动	√	√	√
2.4 能见度不良时应采取的相应措施	√	√	√
2.5 能在船舶定线制区域安全航行	√	√	√
2.6 在 VTS 区域按要求进行船舶报告	√	√	√
3 驾驶台资源管理(BRM)			
3.1 对海上遇险信号的反应			
3.1.1 能立即判明遇险和应急信号	√	√	√
3.1.2 能根据有关信息确定搜寻基点,并按照正确的搜寻方式进行搜寻	√	√	√
3.1.3 有人落水时能采用正确合理的方式接近落水人员并进行救助	√	√	√
3.2 按规定记载航海日志			√
3.3 测深仪、计程仪、AIS 和北斗、GPS 接收机的操作	√	√	
3.4 雷达操作	√	√	√
3.5 应用和解释从船用气象仪器上获取信息的能力	√	√	√
3.6 使用海图和诸如航路指南、潮汐表、航行通告、无线电航行警告和船舶定线资料等航海出版物的全面知识和能力		√	
3.7 使用 ECDIS 的全面知识和能力		√	

参考文献

[1] 洪碧光. 船舶操纵. 大连:大连海事大学出版社,2016.

[2] 王凤武,张卓. 驾驶台资源管理. 2 版. 大连:大连海事大学出版社,2008.

[3] 薛一东,庄仕成,白军. 船舶引航驾驶台资源管理. 大连:大连海事大学出版社,2019.

[4] 薛满福,王国栋,魏爱民.船舶操纵与避碰(船舶操纵).大连:大连海事大学出版社,2021.

[5] 房希旺,胡建国,杲庆林. 船舶操纵. 大连:大连海事大学出版社,2019.

[6] 赵月林,赵越,黎冬楼.船舶操纵与避碰(船舶避碰与值班).大连:大连海事大学出版社,2022.

[7] 交通运输部海事局. 船舶值班与避碰. 北京:人民交通出版社,2022.

[8] 交通运输部海事局. 船舶操纵. 北京:人民交通出版社,2022.

[9] Barbara G. Kanki, José Anca, Thomas R Chidester. Crew Resource Management. 3rd ed. New York:Academic Press,2019.

[10] Captain Aj Swift Fni. Bridge Team Management. 2nd ed. London:The Nautical Institute,2004.